埃利奥特·阿伦森

（1932—　　）

阿伦森的代表作

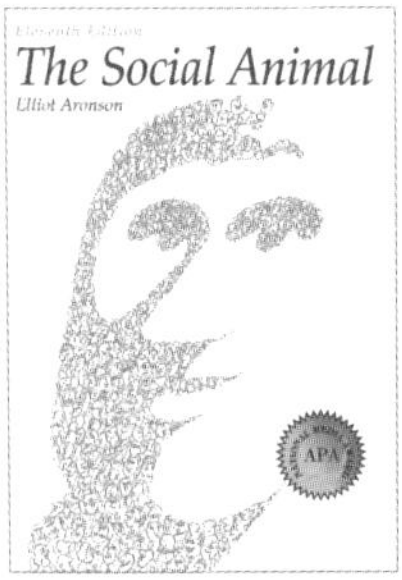
The Social Animal
Elliot Aronson
APA

NINTH EDITION
SOCIAL PSYCHOLOGY
ARONSON
WILSON
AKERT
SOMMERS

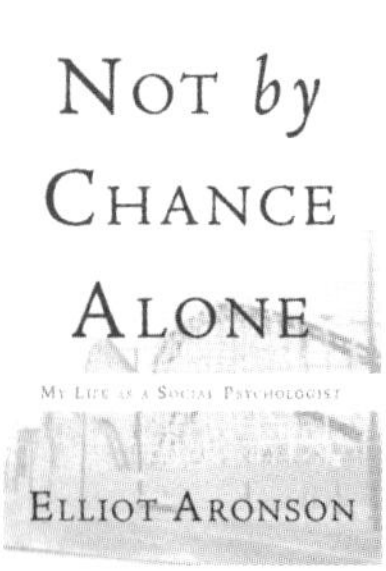
NOT by CHANCE ALONE
ELLIOT ARONSON

Mistakes Were Made (but not by me)
Why We Justify Foolish Beliefs, Bad Decisions, and Hurtful Acts
CAROL TAVRIS and ELLIOT ARONSON

心理学大师人际关系思想经典研究书系

俞国良　主编

◎ 费斯廷格人际关系思想解析

钟毅平 / 著

◎ 勒温人际关系思想解析

郭本禹 / 著

◎ 阿希人际关系思想解析

张丽锦 / 著

◎ 米尔格拉姆人际关系思想解析

汪新建 / 著

◎ 纽科姆人际关系思想解析

辛志勇 / 著

◎ 伯科威茨人际关系思想解析

谷传华 / 著

◎ 阿伦森人际关系思想解析

佐斌 / 著

◎ 罗森塔尔人际关系思想解析

边玉芳　周丹 / 著

阿伦森人际关系思想解析

ALUNSEN RENJI GUANXI SIXIANG JIEXI

佐斌◎著

人民教育出版社
PEOPLE'S EDUCATION PRESS

·北京·

图书在版编目（CIP）数据

阿伦森人际关系思想解析 / 佐斌著．—北京：人民教育出版社，2019.4
（心理学大师人际关系思想经典研究书系）
ISBN 978-7-107-31998-3

Ⅰ．①阿… Ⅱ．①佐… Ⅲ．①阿伦森—人际关系学—思想评论 Ⅳ．① C912.11

中国版本图书馆 CIP 数据核字（2019）第 073079 号

心理学大师人际关系思想经典研究书系
阿伦森人际关系思想解析
作　　者 佐　斌
责任编辑 韩华球
装帧设计 李宏庆

出版发行 人民教育出版社 出版发行
（北京市海淀区中关村南大街 17 号院 1 号楼　邮编：100081）
网　　址 http://www.pep.com.cn
经　　销 全国新华书店
印　　刷 北京盛通印刷股份有限公司
版　　次 2019 年 4 月第 1 版
印　　次 2019 年 8 月第 1 次印刷
开　　本 890 毫米 ×1 240 毫米　1/32
印　　张 11.75
字　　数 226 千字
印　　数 0 001~1 500 册
定　　价 38.80 元

“心理学大师人际关系思想经典研究书系”总序

大师和经典是一对孪生兄妹。大师必有经典，经典往往出自大师。转型期社会中的人难免有点儿浮躁，更需要读点儿经典加以充实。

大师,《辞海》的解释是“指有巨大成就而为人所宗仰的学者或艺术家”；经典，泛指典范性、权威性的作品或著作，既具有开放性、超越性和多元性的特征，也是原创性文本和独特性阐释的有机结合。本书系就是对心理学大师及其人际关系经典理论、著作或实验的解读与评析。

众所周知，人际关系是社会心理学的核心，有的心理学家甚至把社会心理学当作一门研究人际关系的学问。人际关系在社会生活的各个领域、各个方面有着广泛的应用，发挥着极其重要的作用。日益发达的互联网通信技术和现代化交通工具使地球变得越来越小，计算机技术使远隔千山万水、未曾谋面的陌生人之间的对话成为可能，人际关系已成为决定人们能在多大程度上增加知识和技能、对社会做出成就和贡献，以及满足自己的物质和精神生活需要的条件。人们已经普遍意识到，对人际关系进行深入、细致的研究是社会发展和现实生活向心理学工作者提出的新挑战，也是人类自我实现和完善的迫切需要。诚如休斯敦（B. K. Houston）所言，研究人际关系的兴趣日益高涨的原因在于，良好的人际关系有利于生活幸福、心理健康和身体健康。正所谓“人生的美好是人情的美好，人生的丰富是人际关系的丰富”。

艾宾浩斯（H. Ebbinghaus）曾说过，“心理学有一长期的过去，但仅有一短期的历史”，这个判断同样适用于社会心理学的人际关系研究。人际关系作为一种社会心理现象，有其悠久的历史，可以追溯到远古时代，但作为专用名词是在20世纪初由美国人事管理协会率先提出来的。对人际关系的实验研究始于20世纪20年代，主要是莱维特（H. Leavitt）等人对人际关系行为模式的研究、纽科姆（T. M. Newcomb）等人对人际关系结构的研究、梅奥（E. Mayo）等人对人的工作积极性的研究。在随后的几十年里，实验研究成为西方人际关系研究的主流，到目前在美国仍占有强大的优势。尽管从20世纪初到现在仅仅百余年，但人际关系研究的发展势头迅猛，出现了异乎寻常的繁荣景象，不仅理论学说迭出，名人名论皇皇，各类论文、研究报告如恒河沙数，而且出现了具有持久影响力的名篇鸿著。为了使人们对人际关系研究百余年的科学史、代表作有一个基本了解，对前辈大师关于人际关系的滔滔宏论和著述及其来龙去脉有进一步的认识，在人民教育出版社文化教育编辑室刘立德主任、曾红梅编审的热情鼓励和大力支持下，我们承担了历史赋予的责任。

有鉴于我国以往出版过的几本社会心理学名著选编，包括我主编的《社会心理学经典导读》，涉及人际关系篇幅小、范围窄，我们希望“心理学大师人际关系思想经典研究书系”从解析和评述相结合的视角，全面系统地解读心理学大师的人际关系著述和思想。然而，要从卷帙浩瀚的文献中撷取最能充分反映和代表人际关系领域的思想精粹，显然不是一件轻松的事。为此，我们几经酝酿，全面考虑并列出20世纪以来，亦即社会心理学作为一门独立学科以来，著名心理学家在人际关系领域的代表性、权威性论著，并以此为线索，来建构书系的框架体系。对每位入选的心理学大师，我们既考虑其在心理学史上的地位，也考虑其在人际关系研究领域的贡献。美国广受欢迎的心理学期刊《普通心理学评论》（*Review of General Psychology*）2002年第6卷第2期刊登了“20世纪一百位最著名的心理学家”评选结果（含四位诺贝尔奖获得者），研究者通过三个量化指标和三个质性指标，对20世纪最杰出的心理学家进行了排名，提供了九十九位心理学家的名单，留下一个空额给读者以想象的余地。我们选择了其中被定位为社会心理学家的八位大师，有人们熟悉的费斯廷格（L. Festinger，第五名）、勒温（K. Lewin，第十八名）、阿希（S. E. Asch，第四十一名）、米尔格拉姆（S. Milgram，第四十六名）、纽科姆（第五十七名）和罗森塔尔（R. Rosenthal，第八十四名），也有人们并不十分熟悉的伯科威茨（L. Berkowitz，第七十六名）和阿伦森（E. Aronson，第七十八名）。他们的论著、实验研究的影响力和权威性已有定论。

“心理学大师人际关系思想经典研究书系”选择以上八位在人际关系研究领域卓有建树的心理学大师，对他们的人际关系思想及其应用进行了详细解读。每册书针对一位心理学大师来组织内容：首先介绍成长经历和教育背景等生平事迹，选译人际关系研究的经典论文或重要著作的重要章节，对人际关系领域的经典名著进行解读；其次对人际关系思想或理论及其产生的社会文化背景进行论述，对人际关系思想或理论进行评价，阐述应用人际关系思想或理论于社会生活的中外相关经典案例，特别是在政治、经济、军事、法律、新闻、教育、文化、医疗和环境等领域的应用案例；最后从总体上论述心理学思想或理论在心理学流派形成和发展中的贡献。

选择上述八位大师及其著作作为我们解析的对象，主要是基于书系的全面性、经典性和权威性，以便人们能系统把握社会心理学问世百余年来各派名家在人际关系领域的经典实验和重要思想，也希望为社会心理学的人际关系研究百余年历史留下一个“足迹”和“画外音”。

本书系可供全日制高等院校心理学专业和哲学、法学、社会学、教育学、经济管理、新闻传播、公共关系、社会工作等相关专业的高年级本科生和研究生使用，也可供从事人际关系研究的科研工作者学习、参考，还适合党政领导干部、企事业管理工作者和人力资源管理工作者阅读。

需要特别说明的是，作为一名教师，我始终有一个心愿：希望能把大师引介给学生，带着学生来到大师的经典面前，让他们能与大师进行跨时空的对话、交流，并设法站在“巨人”的肩膀上，看得更远，想得更深，做得更实。因此，这几年我陆续主编了《社会心理学经典导读》、《心理健康经典导读》（上、下册）和“心理学大师心理健康经典论著通识丛书”（17册）。“心理学大师人际关系思想经典研究书系”就是这项工作的延续。作为书系主编，虽然我确定了书系的编写原则、结构、内容和体例，但各册书均是各位作者的劳动成果。作者分别来自北京师范大学、南开大学、中央财经大学、华中师范大学、陕西师范大学、南京师范大学、湖南师范大学等“985工程”或“211工程”高校，他们大都是具有教授职称并担任博士生导师的中青年心理学专业工作者。这些中国社会心理学界的翘楚都是我的良师益友。面对他们的欣然加盟和无私奉献，我至为感激，无以为报，只能真诚地道一声：谢谢！

忝为主编，我始终忐忑不安并被焦虑困扰，唯恐因我的过失和错误，影响了作者的声誉，耽误了出版社的计划。两年多来，全力以赴，断不敢玩忽职守，更不敢懈怠和偷工减料，希望能给社会、给读者贡献有价值的精神食粮。至于是否遂愿，只有留待时间去评判了。另外，书系中收录了少量翻译的文字，由于多种原因，我们未能及时与原著者取得联系，敬请见谅，并请原著者或有关人士在书系出版后与书系作者或出版社联系。书系中或有不足、纰漏，恳请专家学者和读者朋友批评斧正。

俞国良

2017年5月于北京西海探微斋

目录

第一章 引言

作为美国心理学会（APA）120多年历史中唯一包揽三个主要奖项的当代心理学家，埃利奥特·阿伦森（Elliot Aronson，1932— ）曾荣获杰出写作奖（1975）、杰出教学奖（1980）和杰出研究奖（1999），他对社会心理学的贡献不言而喻。阿伦森于1992年当选美国艺术科学院院士，他的主要研究领域是社会影响、态度改变、认知失调、人际吸引等。要想更全面、深入地理解这位社会心理学大师的思想，先要从了解他成长和发展的时代背景开始。

第一节　激荡多变的社会背景

1932年，阿伦森出生于美国的犹太人家庭，彼时全球正笼罩在经济大萧条的暗淡氛围里。阿伦森度过了战争纷乱的童年和少年期后，青年时代的他，师从社会心理学家利昂·费斯廷格（L. Festinger），于1959年在斯坦福大学获得博士学位，随即赴哈佛大学任助理教授。阿伦森一生曾在多所大学任教，直至1994年他在加利福尼亚大学圣克鲁斯分校宣布退休——他在这里执教25年，度过了其职业生涯的大部分时光。退休后，他被返聘到斯坦福大学心理学系继续进行社会心理学的教学活动。

在阿伦森跋涉在心理学领域长达半个世纪的时间里，他所处的世界和美国社会发生着巨变。阿伦森（2012）在自传中，对于其所处的社会背景这样写道：

> 我经历过经济大萧条、第二次世界大战、麦卡锡猎巫运动、人权运动、性解放运动、“要做爱，不作战”反战运动、女权运动、新左派运动和新右派运动。虽然有时觉得自己跟不上时代的步伐，但这些事件都给我留下了深刻的印象。

作为社会心理学家的阿伦森，是亲历当时美国社会发展、历史变迁的一分子，这些社会背景因素不可避免地、潜移默化地影响了他对人的心理本质和对社会心理学使命的看法。

一、美国经济的衰落与复苏

阿伦森个人成长早期正处于美国经济大起大落的时代，从20世纪20年代的大繁荣到30年代的大萧条，再到美国“新政”和20世纪后期的经济繁荣，这段历史考验着每个美国人对国家的信心和对自由市场的看法。

在20世纪30年代美国爆发经济大萧条之前，美国曾迎来经济发展历史上的“黄金十年”。1929年，美国工业产值占全世界工业总产值的48.5%，超过了当时世界上三个主要工业国家英、法、德的总和；20年代的美国经济繁荣以汽车、电机和建筑三大产业为支柱，但是其他产业发展也很快，如化工、家电和公共事业公司等（何顺果，2007）。可以说，当时的美国在经济总量上已经取代老牌资本主义国家英国，成为世界经济最为发达的国家。这样的经济形势让当时的美国人都以自己的国家制度和政治理念而自豪，也为美国即将成为世界经济的霸主而感到兴奋。

多方面的原因造就了20世纪20年代美国经济的繁荣。从政治和经济制度方面看，美国在19世纪末就已经完成了由农业国向工业国的转变，并进行了一系列倾向于市场的社会改革；从国际市场方面看，第一次世界大战的物资消耗极大地促进了作为中立国的美国国内的经济发展；从生产方式上看，大规模流水线的采用以及泰勒“科学管理”理念的实施都极大地提高了当时的生产效率。但是，表面的繁荣埋下了危机的种子，如资本高度集中造成财富分布不均，产品过剩但消费市场饱和，垄断集团挤压市场自由竞争的空间等。

1929年，空前的经济危机使得美国的金融业、工商业、农业等各行业均遭受惨重损失，国家经济陷入崩溃边缘。罗斯福（F. D. Roosevelt）当选美国总统后，开启了美国“新政”：他利用总统拥有的行政权力，一方面大力兴办国家和公共工程，增加个人收入，适当控制通货膨胀，并建立社会保障制度；另一方面抑制大资产阶级和垄断集团的利益，保证自由、公平的市场竞争环境。“罗斯福新政”帮助美国度过了经济大萧条时代，迎来了20世纪后半期的繁荣时代。

二、美国与苏联的全面对抗

美国经济的大起大落和美国在国际政治关系上的变化，尤其是“冷战”时期美国和苏联在意识形态上的对抗，给每一个美国人都带来了不同程度的影响。阿伦森（2012）在自传中就提到他在高中时期对苏联的看法：“我一直认为苏联是邪恶和残暴的化身，因此也觉得美国共产党员都是潜伏的间谍，理应被揪出来接受惩罚，而麦卡锡正是这么做的。”事实上，阿伦森当时对苏联的偏见正是其以后开始研究社会心理学的起因之一。

第二次世界大战（以下简称二战）爆发时，美国固守孤立主义的外交政策，然而，随着日本偷袭珍珠港，美国也卷入二战。

随着二战结束和老牌资本主义国家的迅速衰落，世界进入了美苏这两个超级国家争霸的时代。美国提出了“杜鲁门主义”，目的是遏制以苏联为首的共产主义的蔓延。这种对抗由意识形态开始，从军备竞赛到太空科技，从教育改革到科学研究，甚至导致了“古巴危机”，滑向了战争的边缘。美国和苏联的妥协和竞争解决了战争的危机，同时也极大影响了当时的国际政治经济关系。如美国为防止共产主义在欧洲的“扩散”，大力推行复兴欧洲的“马歇尔计划”；同时，苏联为赢得更多的国际力量，也制定了与“马歇尔计划”相似的“莫洛托夫”计划。直到20世纪末，东欧剧变和苏联解体，美国和苏联全面对抗的“冷战”时代才宣告结束。

三、此起彼伏的社会运动浪潮

在美国忙于国内经济发展并试图取得国际霸主地位的同时，美国民众却对国家的所作所为和其宣扬的普世价值观念产生了怀疑。由此产生了20世纪中期此起彼伏的社会运动，这些社会运动在破坏美国社会传统价值的同时，也激发了美国社会新一轮的深刻变革。此时阿伦森正处于求学结束即将进入学界的时期，他于1950年进入布兰迪斯大学读本科，1954年在卫斯理大学读研究生，1959年博士毕业于斯坦福大学心理学系。他亲历了美国运动的高潮期。在某种程度上，这也许能够解释阿伦森为什么会选择社会心理学作为自己毕生的追求。

二战后美国各种社会问题交织在一起，其中种族矛盾尤为尖锐，几乎是全部社会问题的焦点。尽管在19世纪美国内战之后，黑人问题已经在法律上得到一定的解决，但法律赋予黑人的公民权、选举权和相关的经济权利并没有得到真正落实。1955年，马丁·路德·金（M. L. King）领导了黑人人权运动。1962年，美国参与越战，这场战争耗费了大量的人力、物力和财力，直接给成千上万个美国家庭带来了痛苦，因而爆发了反战运动。反战运动和人权运动交织在一起，引起了美国社会中激进人士的强烈反应。他们领导了“新左派”运动，严厉批判美国社会的种族歧视、性别歧视和分配不公现象，认为美国社会的主要弊病是对人的压抑。这一系列的社会运动动摇了美国人对其传统价值观的固守，使得当时的学生和年轻人走向了另一个极端——追求和夸大个人价值和欲望，并进一步引发了“性解放运动”和“女权运动”。面对国外越战的失败和国内此起彼伏的社会运动，当时的美国政府采取各种措施进行深刻的社会改革，不仅着力消除种族隔离、缩小贫富差距、改善福利条件，还在黑人人权问题上取得了突破性的进展，将美国的社会经济改革推进到新的阶段。

四、高科技革命与社会结构巨变

20世纪中叶，二战对高科技革命的催化作用得到凸显。一方面，战争需要加速原有的各个自然学科和与军事相关的物理学的发展；另一方面，包括爱因斯坦（A. Einstein）在内的大批顶尖的欧洲科学家移居远离战场的美国，使得美国的科学技术在原子能、电子计算机、生物材料和空间技术等各个方面都得到了突破性的发展。美国政府敏锐地察觉到这次科技革命的来临，随即将发展高科技产业作为联邦国家的基本国策，并投入大量的人力、物力和财力。于是，20世纪60—70年代，美国在高科技领域取得了诸多重大进展。这次由美国主导、在全世界展开的科技革命涉及各学科的尖端领域，带动了相关领域的突破，并且很好地解决了从科学原理转变为生产技术的难题。

科学技术的高速发展必然带来生产力水平的提高，这使得美国率先进入知识经济时代，科学技术成为经济发展的第一要素。到20世纪末，这场科技革命已经极大地改变了美国的经济结构，知识产业取代现代工业并占据了经济总量的半壁江山，而另一半则由服务业、现代农业和现代工业三个部分组成。随着各种科学技术在农业、工业中的应用，从事体力劳动的人口比例迅速下降，高素质的产业工人成为主流。他们拥有较高的教育水平，掌握了某种高科技知识，成为某方面的专业人员。这使得美国社会逐渐地从工业社会向知识经济时代的后工业社会迈进，形成了与20世纪初完全不同的社会风貌。

第二节 “脱欧入美”的哲学思潮

19世纪末到20世纪中后叶，是阿伦森求学成长并开始学术研究的时期，美国社会的哲学思潮表现出明显的“脱欧入美”特点。对美国社会和学界产生重要影响的实证主义、存在主义和现象学都来自欧洲，但只有产生于美国本土的实用主义（虽然也受到欧洲哲学家的重要影响）才代表了美国人自己的哲学思潮。

一、孔德的经验实证主义

孔德（A. Comte）是19世纪中叶法国著名的哲学家，是实证主义哲学和社会学的创始人，是当代科学哲学的鼻祖之一。孔德在考察了当时的自然科学和人文科学之后，出版了六卷本的《实证哲学教程》。他认为哲学应当重视感觉经验的检验作用，拒绝通过理性抽象把握感觉材料，拒绝回答关于世界本质和起源的形而上学问题，而是通过从现象的归纳得出基本规律。他把哲学和科学的关系作为自己理论的核心，试图总结出18—19世纪科学得以发展、知识得以产生的本质规律。孔德所指的“实证”有着丰富的含义，他强调知识是可靠的而非可疑的，是肯定的而非否定的，是明确的而非模糊的，是现实的而非幻想的，是有用的而非无用的。由此可见，这里的“知识”所拥有的更多的是自然科学（如物理学）规律的特点，也就意味着孔德实际上是在用自然科学的特点来改造哲学和其他社会科学。

孔德的经验实证主义对心理学的影响主要是通过两条方法论原则实现的。一是经验证实的原则，即强调任何概念和理论都必须以可观察的事实为依据，能为经验所证实。超出事实与经验范围的任何概念和理论都应划为非科学的一类。二是客观主义原则，这一原则强调认识过程中主体和客体的分离，主体知识应绝对反映客观事物的特点，不掺杂个人的态度、情感、信念和价值等主观因素。换言之，在主体的概念和理论之外，在客体之间必须有一一对应的关系，否则这些概念和理论都不是科学的知识（叶浩生，2006，第204页）。20世纪初，实证主义经由行为主义学派传入心理学，对心理学的科学原则产生了极大影响，至今仍是评判一项心理学研究是否科学的重要标准之一。

二、存在主义哲学思潮

存在主义哲学在西方具有巨大影响，按照其时间顺序可分为三个阶段。第一阶段：起源。存在主义哲学源于19世纪丹麦宗教哲学家克尔凯郭尔（S. A. Kierkegaard），他反对用本质来界定存在的西方哲学传统，认为人的存在先于本质，存在就是一种“自由选择”的可能性，因而存在就是指个体通过个人自我抉择、自我承担来实现自我，在这个过程中体会到绝望和忧惧。第二阶段：发展。进入20世纪，德国哲学家海德格尔（M. Heidegger）和雅斯贝尔斯（K. T. Jaspers）继续探讨了存在的问题。海德格尔把人类看作一种特殊的存在，是能够意识到自己存在的存在，因此应该通过主客体关系的分析来理解人的存在及本质（叶浩生，2006，第347页）。第三阶段：应用。二战之后，法国哲学家萨特（J. P. Sartre）、马塞尔（G.Marcel）、梅洛-庞蒂（Merleau-Ponty）等成为存在主义的主要代表。他们运用存在哲学的观点解析西方的当代社会，重点探讨了西方社会中个体的空虚和孤独，以及现代社会中人类存在的荒诞和意识的虚无，试图通过个体的自我抉择、自我承担来摆脱危机感。

结合当时的社会背景，我们可以清晰地看到存在主义实际上是从个体的角度出发，反对世界强加给个体的各种规定性，为个体在社会面前的盲从感到悲哀，因此希望通过分析个体的存在状态找到自我超越的途径。20世纪50年代，存在主义风行美国，并且极大地影响了心理学的研究，此时人本主义心理学开始以存在主义为基础，专注新的研究领域，如个人的尊严和成长、个体的自由选择、个体的创造和责任等。

三、胡塞尔的现象学

胡塞尔（E. Husserl）的现象学以意识研究为核心，他认为我们关于世界的所有看法都是通过认识获得的，意识是我们认识世界的唯一途径，我们在认识世界之前就要摒弃以往的自然思维，即认为人类认识的起点在外界，把外在事物的客观性、不证自明性作为认识的前提。胡塞尔受其老师布伦塔诺（F. C. Brentano）创立的意动心理学（Act Psychology）的影响，但是他认为意识不是作为经验的心理活动，而是排除了特殊心理因素的纯粹意识。要使事物显现出其自身的本质，就必须强调所谓的现象学态度，即"搁置"对事物已有的所有判断，通过现象还原、本质还原和先验还原等一系列现象学方法去发现事物的本质。在此基础上胡塞尔提出了自己的真理观，他认为真理并不是主观认识和外部事物的一致，而是现象学角度的意识的对应模式——"明见的体验"。

由此可见，胡塞尔是在布伦塔诺的意动心理学基础上，提出了现象学哲学的基本构想。他试图一方面以超越自我的方式对认识外部现象的基础结构进行深入的分析，另一方面从自我的立场对这些对象的"意向性"结构做了深入分析（叶浩生，2006，第364页）。我们把现象学与实证主义进行对比就可以发现，现象学是一种更加偏向人文性质的哲学，它与存在主义一起极大地影响了心理学中偏向人文主义的流派。与存在主义影响心理学的研究主题不同的是，现象学所强调的整体论、以问题为中心、如实描述、非还原论、先质后量等观点，对心理学的方法论产生了重要影响。这些观点不仅当时成为某一学派（如人本主义心理学、格式塔学派）的方法论基础，而且已经融入了当代心理学的主流，成为与实证主义对立的心理学方法论基础。

四、实用主义哲学

实用主义哲学的创始人是皮尔斯（C. S. Peris）、詹姆士（W. James）和杜威（J. Dewey），这里“实用”一词是“做事”“实践”“实验”“实效”的意思。皮尔斯首先提出了实用主义的原则，即理解一个概念的关键是看它的结果或实际意义，无论这个概念是句子、命题还是假设，检验过程都需要实验或经验的证实。詹姆士则指出，实用主义与其说是一种独立的思想体系，毋宁说是对哲学问题的思考方法，真理并不是一种绝对而是一项社会成就，是每个社会和每一个人都要自己去造成的东西（何顺果，2007，第197页）。此后，杜威进一步发展了实用主义，提出了工具主义的认识论和方法论，并以此为基础进行教育学、历史学方面的研究。

细心比较就会发现，实用主义哲学和前文所述的实证主义、存在主义和现象学至少有两点不同。第一，与前三者形成于欧洲，通过“脱欧入美”对美国产生的巨大影响不同，实用主义哲学是美国本土原创的哲学派别。第二，在实用主义哲学中，后两位核心人物詹姆士和杜威本身就是美国本土的第一代心理学家（机能心理学的代表人物），詹姆士更有“美国心理学之父”的称誉，这一点不同于前三者对心理学发展的间接影响。可以说，实用主义哲学是美国气质最为浓郁的哲学派别，也是美国真正的“官方哲学”。它对美国心理学的影响不仅表现在直接指导了美国第一个本土心理学派——机能主义心理学的研究，更为重要的是它所宣扬的实用、实践、实效的观点已经深入到美国心理学的骨髓，与美国的时代精神一脉相承，启迪着之后的心理学研究。

第三节　自然科学的巨大影响

一、达尔文的进化论

达尔文（C. R. Darwin）是19世纪最伟大的生物学家，是生物进化论的奠基人之一。达尔文在其1859年出版的《物种起源》中提出生物进化论的基本观点，即生存竞争、适者生存和自由选择。他认为自然界的生存资源是有限的，一个物种不可能无限制地繁衍自己的后代，因此物种之间和物种之内天然地存在着生存竞争。竞争导致不适应环境的物种和个体消失，适应环境的物种和个体也跟随环境的变化而变化。物种的起源和发展都是自然环境对物种进行选择的结果，其总体思想可用“物竞天择”来概括。现代生物学已经证明物竞天择的进化过程，实际上就是物种基因被自然环境选择的过程。

达尔文的进化论用自然选择的进化观来解释生物的遗传和变异，有力地打击了神创说、物种不变等错误观念，对心理学的发展产生了重要影响。首先，达尔文把心理看作生物进化赋予人的一种机能，强调心理适应环境的作用，为机能主义心理学的产生奠定了基础。其次，达尔文强调从动物到人类心理进化与发展的连续性，从而直接促进了比较心理学和动物心理学研究的开展。最后，进化论将个体变异作为心理发展的一个重要方面，促进了儿童与发展心理学、心理测量以及个体差异心理学的研究（叶浩生，2006，第160—162页）。

二、巴甫洛夫的经典条件反射理论

巴甫洛夫（I. P. Pavlov）是19世纪末20世纪初的俄国生理学家，他在研究消化腺的生理机制时意外发现了条件发射现象，随后创立了条件反射理论。他在实验中发现，狗在看到食物或吃东西前会流口水，如果每次喂食前先摇铃铛，连续几次之后即使没有食物出现，只要听到铃铛声音，狗就会流口水。巴甫洛夫通过实验验证了他的观察，并将这个现象命名为“条件反射”。他认为狗看到食物流口水是一种无条件的反射，是不学就会的本能反应，其中食物属于无条件刺激，狗听到铃铛声流口水是一种条件反射，是后天学习的结果，其中铃铛声属于条件刺激。条件反射的根本原因是无条件刺激与条件刺激在时空上相近，且通过数次练习（或强化）使得这两个刺激在大脑皮质上形成了联结。

巴甫洛夫的条件反射理论对心理学的影响是及时而深远的。它在传入美国的初期就直接影响了华生（J. B. Watson）的行为主义，并且与华生强调行为的研究和环境刺激的决定作用相吻合。华生把条件反射法作为他排斥主观内省法而推崇客观观察法的实验技术，后来他又把条件反射作为解释刺激—反应的联结学习和一切习得性行为的理论基础；新行为主义者斯金纳（B. F. Skinner）在条件反射的基础上发明斯金纳箱，提出了操作性条件反射原理（车文博，1998，第363页）。经典条件反射（Classical Conditioning）理论的深远影响表现为其对心理学科学方法的启示：生理学的研究方法可否为心理学所用？生理层面的指标对心理学有何种意义？这些问题依然困扰着当前最热门的认知神经科学等心理学分支。

三、物理学场论及操作主义思想

19世纪末20世纪初物理学取得了许多重大的进步，在电磁学领域，麦克斯韦（J.C. Maxwell）提出了电磁场理论，认为“场”不是物质粒子之间相互作用力的简单总和，而是一种全新的结构，并且有其自身的规律，如果不考虑“场”的因素，就无法描述单个粒子的运动规律。此后，“场”的概念和思想进一步扩大到温度、密度和引力等领域。物理学场论思想对格式塔学派和社会心理学产生了重要影响。苛勒（W. Köhler）在《精致和固定状态中的物理格式塔》（1920）一书中，采用了物理学场论（Field Theory），认为脑也是具有“场”特性的物理系统，从而论证知觉与人脑活动是同型的（叶浩生，2006，第249页）。被称为“实验社会心理学之父”的勒温（K. Lewin）也深受物理学场论思想的影响，他在《拓扑心理学》一书中提出心理场（Psychology Field）概念，用来说明个体过去现在所有的生活经验和其未来的思想愿望组成的一个总和，以此为基础来研究人的需要、紧张和意志等动力因素。从现代心理学来看，勒温定义的心理场类似个人的认知结构。

此外，20世纪初物理学的操作主义（Operationism）也对心理学尤其是科学心理学的变量测量、变量定义和实验操作产生了深刻的影响。操作主义的创始人布里奇曼（P. W. Bridgman）是美国实验物理学家、科学哲学家，他认为科学概念的定义和测量都应由其实验操作的方式和程序来决定，只有这样的定义和测量才是科学有效的。操作主义给心理学家提供了一种可能性，即可以从实践、操作的层面定义变量，而不是从理论分析的层面，这样就可以保证心理学研究的可重复性，大大提高了研究的可行性和科学性。因此，操作主义自诞生之日起，就被西方心理学界奉为心理学实验的“金科玉律”，直到今天，它依然是衡量心理学研究是否科学的核心标准。

四、计算机科学与人工智能的影响

计算机是20世纪最伟大的发明之一，计算机科学则是紧紧围绕计算机及其周围现象和规律的一门新兴科学。由于它本身具备数据计算、逻辑计算和存贮记忆的功能，因此在计算机诞生之初，人们就开始探讨计算机能否取代人脑的功能，并由此诞生了人工智能科学。人工智能之父图灵（A. M. Turing）提出了著名的“图灵测验”（The Turing Test），即一个人向计算机发问，计算机做出回答，如果另一个不知情的人不能从回答中区别是人在作答还是计算机在作答，那么计算机就通过了测验，也就说明计算机在这个方面达到了人类的水平。但遗憾的是，科学家的追求至今还没有实现。然而对计算机科学和人工智能的研究给心理学家打开了一个窗口，那就是从计算机解决问题的角度反思人类自己的心智规律。因此，心理学家开始把人类的大脑比喻为计算机，把人类的心理活动比喻为计算程序，这就极大地促成了当代心理学的“认知转向”。

计算机与人脑工作机理的相似性，使计算机成为信息加工认知心理学的重要研究工具。利用这一工具，信息加工认知心理学家对思维的成果进行了广泛的实验验证。这不仅是方法的突破，更是理论的创新，因为在此之前，思维的研究只能在内省的范畴内进行。由于计算机模拟研究的客观性，使信息加工认知心理学家克服了该研究的缺陷，对很多过去难以研究的心理学问题，如概念形成、问题解决、创造性思维等展开了广泛的研究（叶浩生，2006，第388页）。

第四节　百家争鸣的心理学派

一、行为主义的确立和没落

行为主义的创始人是美国心理学家华生，他于1913年在《心理学评论》杂志上发表了《行为主义者心目中的心理学》，这标志着行为主义的诞生。他以实证主义为方法论基础，并深受条件反射理论和操作主义的影响。他认为心理学是自然科学纯客观的实验分支学科，其研究目的是预测和控制行为。因此，他反对把意识作为心理学研究对象，反对用内省思辨的方法作为心理学的研究方法，提倡心理学应该使用自然科学的客观方法去研究人的行为而非意识。在此观点指导下，观察法、条件反射法、言语报告法、测验法等自然科学的客观方法率先被引入心理学的研究，华生以此对心理学研究方法进行了革命性的改造。华生抛弃“心理”只研究行为的观点遭到了强烈的批判，在他之后的行为主义者重新将意识、认知和动机等高级心理活动纳入心理学的研究范畴，试图回答人类行为的原因，提出了如操作性条件反射理论、社会学习理论等诸多影响深远的理论。

阿伦森求学的时代（1950—1959年）正是行为主义的黄金

时代，行为主义对阿伦森的影响主要是通过行为主义本身对心理学的重大贡献而实现的。第一，行为主义有力地促进了心理学的学科独立，凸显了客观主义方法及态度对心理学学科合法性的关键作用；第二，行为主义注重基础研究，使得实验心理学和学习心理学取得了突破性的进展，从而拓宽了心理学的研究领域；第三，新行为主义坚持用客观的科学方法研究人类的高级心理，试图用心理学来完整地解释人的心理和行为；第四，行为主义强调对行为的预测和控制，提倡心理学要面向社会，这极大地促进了心理学的广泛应用。总之，行为主义对心理学研究方法的革新、对心理学研究领域的拓宽、对高级心理研究的探索和对心理学应用的重视，都深刻地影响了当时包括阿伦森在内的无数心理学学子。但是，伴随行为主义、生物主义、客观主义、机械主义和还原论等局限性的日益凸显，行为主义也日渐受到人本主义和认知心理学的冲击，并最终走向了没落。

二、人本主义的诞生与壮大

人本主义心理学诞生于20世纪50年代的美国，在随后的20年得到迅速发展，并一举成为心理学的第三势力，至今仍是最富有影响力的心理学学派之一。马斯洛（A. H. Maslow）、罗杰斯（C. R. Rogers）和罗洛·梅（R. May）等是人本主义心理学的杰出代表，他们并不是一个组织严密、思想统一的学派，而是许多观点相近的心理学家、临床医生和其他研究者组成的松散联盟。

人本主义心理学家以现象学和存在主义为哲学基础，他们反对行为主义的环境决定论，认为行为主义者眼中只有动物的行为，没有人类真正的心理；他们也反对精神分析充满生物还原论倾向的性决定论，认为精神分析过多地关注人类的病态心理。因此，他们认为心理学应当以健康人的内在意识经验为研究对象，重视对人类精神生活的研究；在研究方法上，他们认为应当以问题为中心，让研究方法服务于研究对象，强调动态的整体研究，在具体方法上讲究折中融合和兼收并蓄；他们还认为应该把对于人性的研究放在心理学研究的核心地位，认为人性本善，人性是在成长的，自我可以进行自由选择。

人本主义的诞生与壮大时期正是阿伦森在布兰迪斯大学读本科（1950—1954年）的时期，原本阿伦森就读的是经济学专业，但是无意中旁听了一场马斯洛的讲座（当时马斯洛任教于布兰迪斯大学心理学系），阿伦森就从经济学专业转到了心理学系，并且师从马斯洛。可以说，人本主义心理学经由马斯洛直接影响了阿伦森，马斯洛不仅向阿伦森直接展示了心理学的使命和人本主义的追求，还完成了对阿伦森的心理学启蒙。

多年后，阿伦森（2012，第45页）在其自传中写道：

> 马斯洛还给我注入了充满生机而影响深远的人文主义观，他四处宣讲他的观点，这是他人生快乐的源泉。他的很多教诲都让我受益终生，对我影响最大的就是他对人类发展的乐观态度，他相信人们拥有成长、学习和改善自我的潜力，社会也可以变得更健康。这种乐观主义已融入我的血

液。受马斯洛的影响，我决定运用心理学的智慧和知识去改变人类的境况。虽然当时这只是一个模糊的想法，但却是马斯洛送给我的一份厚礼。

三、格式塔学派的兴起和演化

格式塔学派1912年诞生于德国，二战后在美国得到进一步的发展。“格式塔”（Gestalt）一词是指物体及其形式和特征，所以该学派又被称为完形心理学，其代表人物有韦特海默（M. Wertheimer）、苛勒（W. Kohler）和考夫卡（K. Koffka）等。格式塔心理学以康德（I. Kant）的先验论、胡塞尔的现象学和实证主义为哲学基础，并且受到物理学场论思想的影响。格式塔学派认为心理学应当研究完整的心理现象，包括直接经验以及行为与行为场。其中，直接经验是指知觉意识，即不仅要考察物理学意义上个体知觉处理的客观经验，还应关注个体知觉处理的主观经验。格式塔学派将这个观点应用于知觉组织原则的研究并取得了丰硕的成果。行为与行为场是指在解释行为时，应当注意行为与现实环境之间的关系，行为发生的现实环境和个体此时的心理状态就构成了行为场。在研究方法上，格式塔学派强调“面向事情本身”的现象学原则，并结合实证主义逐步发展了知觉现象学和现象学实验的研究方法。格式塔学派对心理学做出了重要贡献。第一，它运用实验结构反对元素主义心理学，维护了心理学的科学性；第二，它强调研究的整体论，不仅促进了人本主义心理学的兴起，也演化为现代心理学的基本研究原则；第三，它对于知觉组织的研究，不论是从研究领域、研究方法还是研究思路上，都奠定了此后认知心理学的理论基础；第四，它对场论思想的引进和对实验现象学方法的创造奠定了实验社会心理学的方法论基础。

格式塔学派诞生于德国，在美国完成了演化，并通过学派传承对美国社会心理学产生了独特的重要影响。“实验社会心理学之父”勒温在其中扮演了重要角色。他曾担任苛勒的研究助理，是格式塔学派中重要的一员。他的拓扑心理学思想完成了从格式塔学派到社会心理学思想的转变，并且他更加强调实验法在社会心理研究中的重要性。“勒温有一种深刻的信念，唯有以实验的研究和经验的理论为基础，社会心理学才能够成为一门真正的科学，真正地造福于人类社会。”（申荷永，1999，第112页）由此他进行了诸多的经典社会心理学研究，如团体动力学，形成了社会心理学界的“勒温传统”。这种“勒温传统”也经由其学生费斯廷格传递给了阿伦森，促使阿伦森完成其博士学业，正式进入社会心理学界。阿伦森（2012，第175页）曾在自传中写道：

> T组的创始人是库尔特·勒温，是公认的实验社会心理学之父。我总是将他视为“师爷”，因为他是利昂·费斯廷格的导师。

附录

表 1-1　阿伦森成长过程中的重要心理学事件和历史事件

时间	心理学事件	历史事件
1930—1940年	托尔曼的《动物和人的目的性行为》出版 赫尔的《心理、机制和适应性行为》出版 斯金纳的《有机体的行为》出版 考夫卡的《格式塔心理学原理》出版 苛勒的《格式塔心理学》出版 美国应用心理学协会（AIAP）成立	大萧条时代 罗斯福新政 二战开始
1940—1950年	赫尔的《行为的原理》出版 “新”美国心理学会（APA）成立 托尔曼的《鼠和人的认知图》出版	美国加入二战 第一台计算机诞生 二战结束，“冷战”开始
1950—1960年	人类智能的图灵测验，关于学习理论的达特茅斯回忆 罗杰斯的《来访者中心治疗》出版 斯金纳的《科学与人类行为》出版 马斯洛的《动机与人格》出版 科罗拉多“认知”研讨会 斯金纳的《言语行为》出版 纽厄尔、肖和西蒙合作开发“通用问题求解系统” 乔姆斯基的《评言语行为》出版	艾森豪威尔当选美国总统 朝鲜停战协议的签署 蒙哥马利巴士抵制运动 苏联发射“伴侣号”人造地球卫星 麦卡锡猎巫运动

续表

时间	心理学事件	历史事件
1960—1970年	《人本主义心理学》创刊 库恩的《科学革命的结构》出版 奈塞尔的《认知心理学》出版 罗洛·梅的《爱与意志》出版	柏林墙建成 肯尼迪遇刺 人类登陆月球 尼克松当选美国总统 人权运动
1970—1980年	《认知心理学》创刊 斯金纳的《超越自由与尊严》出版 威尔逊的《生物社会学》出版 西蒙获诺贝尔经济学奖；认知科学学会成立 瑟尔的《心、脑与科学》出版	水门事件 美国放弃越南，尼克松辞职 性解放运动，女权运动 琼斯镇大屠杀 新左派运动，新右派运动
1980—1990年	斯佩里、胡尔和威塞尔获诺贝尔生理学或医学奖 PDP研究小组发表《对并行分布式加工的考察》 美国心理科学协会（APS）成立	里根遇刺 “挑战者号”航天飞机爆炸 布什当选美国总统 柏林墙拆除，冷战结束
1990—	斯金纳去世 美国心理学会（APA）成立100周年	海湾战争 克林顿当选美国总统

注：摘编自《心理学史：心理学思想的主要流派》（[美]托马斯·哈代·黎黑著，蒋科等译，上海人民出版社2013年版）、《心理学通史》（叶浩生主编，北京师范大学出版社2006年版）。

第二章　阿伦森生平介绍

童年的阿伦森受到同伴欺凌，与父亲关系不融洽，又在哥哥的光芒下显得天资平平。父亲去世之后，在哥哥的鼓励之下，阿伦森逐渐找到自信；考上大学之后受到心理学家马斯洛的影响而步入心理学大门。他的学术研究生涯历经了多所大学，与费斯廷格、加德纳等著名心理学家交往密切。阿伦森擅长观察生活，他结合自己的成长经历和生活经验等设计出许多精巧的心理学实验，获得了丰富的研究成果。

第一节 童年经历

1932年，阿伦森出生于马萨诸塞州的切西尔。在他3岁时，举家搬迁到了里维尔，可是阿伦森的成长环境并没有得到丝毫改善。里维尔是一个贫民聚居区，小阿伦森身边充斥着赌徒和形形色色的卑劣之人。因此，在这样的成长环境中，阿伦森最终能摆脱贫困，并成为一名令人敬佩的心理学教授、研究者，的确是出人意料的。阿伦森在早年是一个非常腼腆、不起眼的孩子，在学校从来不主动发言，即使被教师点到名，说话也是吞吞吐吐的，因此教师并不看好他。除此之外，让小阿伦森在成长过程中更加痛苦的事情在于他们家是社区里唯一的犹太人家庭，为此，小阿伦森在童年时期饱受同伴的欺凌。而他也一直不明白为什么大家不喜欢他，怎样才能够得到大家的喜欢。他在自传中是这样回忆的：

> 记得一次遇袭后，我垂头丧气地坐在马路边，擦着流血的鼻子和破裂的嘴唇，心想我和他们根本不认识，他们为什么如此痛恨我？他们是生来就憎恨犹太人，还是被父母和牧师洗过脑？如果这些孩子多了解我一些，发现我只是一个邻家男孩，他们会不会喜欢我一些？如果他们喜欢我，会不会

减少对其他犹太人的恨意?（阿伦森，2012）

也正是因为童年这段遭受排斥的经历，让阿伦森对种族歧视这个话题产生了兴趣，并在多年后，用自己广为流传的“拼图教室”（Jigsaw Classroom）研究完美地解答了这个问题。

阿伦森的父亲哈里·阿伦森在8岁时从苏联移民到美国，靠着一辆手推车叫卖袜子和内衣等维持生活。哈里·阿伦森攒了足够的钱后便开了一家服装店并迎娶了一位中产阶级俄罗斯裔美国人。好景不长，几个孩子陆续降生之后，由于美国经济大萧条，阿伦森家的服装店倒闭了。他们一家人重新变成了穷光蛋，家庭矛盾在经济压力之下日益严重。阿伦森的母亲常常抱怨自己嫁错了人，不断唠叨着丈夫失去服装店这件事。家庭的餐桌俨然变成了战场，争吵之后阿伦森的父亲就去赌博。阿伦森与父亲的关系也十分冷淡。尽管他常常幻想着和父亲亲密地漫步与聊天的温馨场景，但实际上阿伦森与父亲之间的交流并不多。父亲并不重视阿伦森，跟他的谈话里总是拿别人家的小孩儿举例；而父亲每每失望和愤怒后，阿伦森对这位阴晴不定的父亲更加心存畏惧，父子感情也越来越淡漠。阿伦森很清楚父亲并不看好自己，就在父亲逝世前，阿伦森听到了父亲的心声：

当时他并未在意我也在场。父亲向母亲表示抱歉，自己走得太早，丢下了一个既无银行存款又无经济来源的家，尤其抱歉让孩子们生活得如此拮据。父亲并不特别担心宝宝，也就是11岁的女儿葆拉，认为她总能找到可靠的丈夫。他当然也不担心大儿子，已经上大学的贾森被父亲称为一个能干的人。可是他对母亲说，他很担心小儿子，认为如果没有自己的支持和督促，小儿子不会有大出息。父亲的言辞刺痛了我，但当时我对这样的评价并无异议。（阿伦森，2012）

父亲的早逝给阿伦森留下了一些遗憾，他希望自己当时能多了解父亲一些，也希望父亲能够看到当初看起来没有出息的自己也总算有所成就。但从另一个方面来说，如果不是父亲的逝世带走了对他负面性质的压抑，或许他也无法成长为当初自己觉得无法企及的人。

若说对童年的阿伦森影响最大的，就不得不提及他的哥哥贾森了。他的哥哥无论在学校还是家庭都表现得十分出色，受人喜爱。让人感慨的是，在这个“明星”哥哥的衬托下阿伦森显得更加笨拙，天资平平。幸运的是，聪明好学的哥哥在父亲早逝后，不仅仅在生活上充当了保护阿伦森不受邻家孩子欺负的“父亲”角色，更在精神上教会了阿伦森受用一生的生活哲学。虽然哥哥布道式的说教让阿伦森反感，但是哥哥对生活敏锐的洞察力为阿伦森的生活点亮了明灯。在阿伦森做兼职时，哥哥会告诉他其中的潜规则，让他明白“所见的未必是真实的”；在和他一起打牌的时候，哥哥会告诉他永远不要抱怨自己手里抓到的牌。从长远来看，好牌、一般的牌和烂牌出现的机会均等。任何白痴抓到“全家福”都会赢，打扑克的乐趣就在于想办法把手里的牌以最佳方式打出去。如果打法得当，再烂的牌也能赢。或许哥哥当时只是就事论事，但这种观点给阿伦森带来了很深远的影响。在18岁之前，哥哥贾森是家里唯一认为阿伦森很能干而且潜力无限的人。父亲去世时，阿伦森即将念高三。当时家庭召开会议，亲戚们共同商议阿伦森高中毕业后的前途，即使连阿伦森自己都不想继续念书的时候，哥哥是整个家庭里唯一坚持阿伦森应该上大学的人。哥哥认为大学是一片充满机遇的天地，并且希望阿伦森也能走入这片天地。在哥哥的激励下，毫不起眼的阿伦森发奋学习，并顺利地迈入了布兰迪斯大学的校门。事实证明，这是一个正确的也是影响阿伦森整个人生轨迹的决定。哥哥贾森与阿伦森亦兄亦父亦友的关系，无疑在阿伦森的心中留下了深深的烙印。哥哥早逝后，阿伦森喝小酒的习惯变成了酗酒，哥哥贾森也会出现在他的梦中：

> 我和贾森置身于一个大如洞穴的火车站，有点儿像纽约的中央车站。我们知道列车即将驶出，但没有车票，也搞不清我们要乘的那趟列车从哪一条铁轨出发。我们跑来跑去，始终找不到售票窗口。最后总算看到了，却是在远远的车站尽头。“你在这儿等着别动，我去买票”。贾森对我说。他攥着钱包飞奔而去，回来时气喘吁吁地递给我一张票，指着前方说：“赶快跑过去，停在那条铁轨上的列车就要出发了。”
>
> “你不跟我一起吗？”
>
> “我恐怕不能陪你了。从现在起，你得自己照顾自己。别担心，也别回头，一切都会顺利的。”
>
> 不知为何，听到他说这番话我并不惊讶。而且在梦中我也很惊讶自己居然能如此淡定。随即我深吸一口气，在列车开动的一刹那一跃而上。回头看时，贾森正伤心地朝我挥手

道别。（阿伦森，2012）

哥哥贾森在阿伦森的生命里那么重要的原因之一，就是鼓励并且帮助阿伦森找到自我，使他成为自己真正想要成为的人。那个外表看起来胆怯无能的笨孩子阿伦森其实也渴望着成就，并暗暗努力着。少年时期的阿伦森在某个暑假应聘了游乐场的短工。一开始他负责的游戏摊位是奶瓶游戏，后来被调到主打摊位——扑克摊位并负责找零，这使得他离主持人“话筒男”更近了一步。在那个游戏场，最令人羡慕的工作莫过于“话筒男”——负责招徕客人的服务人员。这份一小时超过三美元的工资待遇是所有人梦寐以求却不是每个人都能胜任的。毕竟，整个游乐场游客的火爆程度与他们的工作密切相关。阿伦森当然也对这份工作充满了向往。

工作中，阿伦森仔细地观察“话筒男”的表演过程，心中暗暗记下了招徕客人的开场白。在一次为“话筒男”替班时，阿伦森终于完美展示出自己私下所做的努力，成功招徕了很多客人，游戏场的生意异常火爆。自此，他终于得到了自己梦寐以求的工作——“话筒男”。更为重要的是，这件事使阿伦森有了自信，他开始相信，只要努力，自己有朝一日也能成为像哥哥贾森那样优秀的人。

第二节　求学之路

由于从小并不被大家看好，阿伦森也觉得自己没有什么令人骄傲的天资，他早年的学习成绩并不出色，对自己也一度丧失了信心，觉得自己不适合，也没有能力读大学。但是哥哥贾森的极力坚持和苦口婆心的劝说让阿伦森改变了主意。在发奋学习了一个学期之后，他的成绩终于有了起色。他出乎意料地在美国高考中考出了高分，并顺利地被布兰迪斯大学录取，还获得了奖学金。在阿伦森初入布兰迪斯大学时，家庭经济仍然十分拮据。事实上，他是靠着半工半读完成大学学业的。因此，阿伦森出于毕业后的择业考虑，不太情愿地选择了经济学专业。刚刚踏上大学这片自由的土地，很多事情对于阿伦森来说是新鲜的。他结识了与里维尔居民完全不同的人，他发现原来生活圈子里的人都眼界狭隘，而身边优秀的大学生则具有远见卓识，这让阿伦森学会了自己思考。大学同学还唤醒了他的政治意识，教会他如何从更为广阔的视角来认识世界，如何带着评判性的眼光看待问题。大学不仅仅为阿伦森的生活打开了另一个世界的大门，更帮助阿伦森的思想腾飞。阿伦森不再表现得像在里维尔时那样拘谨害羞，他意识到在这片全新的土地上，他完全可以成为自己想成为的样子。他甚至交了一个漂亮的女朋友——芭芭拉。两人常常一起出现在校园里，被大家称为“校园里最迷人的一对”。可是，对爱情的沉迷使得阿伦森减少了在学习上的投入。所幸，在同一所大学就读的贾森发挥了一个哥哥也是父亲的作用，及时地规劝了阿伦森，让他回到了学习的轨道上。

若说在生活上，是哥哥一手把阿伦森领进了新的世界，那么马斯洛可以称得上是把阿伦森带进心理学的第一人。一次偶然的机会，阿伦森步入马斯洛的心理学课堂。当时，马斯洛正在从心理学的角度解读种族和民族偏见，这唤起了阿伦森童年里那段记忆犹新的饱受欺凌的经历，阿伦森立即对心理学产生了极大的兴趣。第二天，阿伦森就转到了心理学系。马斯洛开放的心态和无私的爱心甚至让阿伦森希望马斯洛是自己未曾拥有的完美的父亲。可以说，马斯洛是阿伦森的第一位导师，是第一位对阿伦森的生活和学业都很上心的人。尽管马斯洛的理论表述不甚明确，从严格的意义上来说算不上一位科学家，但是他那种乐观主义的态度和人文主义观深深地影响了阿伦森，让他开始有了运用心理学的知识和智慧去改善人类境况的模糊想法。除了学术发展，阿伦森还通过马斯洛结识了薇拉，也就是与他共度一生的妻子。在大四那年，阿伦森与薇拉同为马斯洛的学生助理。薇拉娴静的气质、聪明的头脑和高雅的品位都深深地吸引了阿伦森。阿伦森也赶跑了其他的竞争者，成功地获得了薇拉的芳心。就在阿伦森毕业前夕，两人决定结婚。不过在此之前，更为要紧的是确定毕业之后的方向。阿伦森并不想当心理咨询师，但在导师的建议下还是选择了临床心理学专业。凑巧的是，此时卫斯理大学的麦克莱兰（D. C. McClelland）教授正为没有人申请硕士专业而着急。他写信给马斯洛，希望他能推荐合适的人选。就这样，这个好像为阿伦森特设的机会来到面前。阿伦森不仅幸运地通过了申请，还获得了兼职助教的职位。阿伦森一下子拥有了明确的生活目标、微薄但是可靠的经济来源和可以与之携手共度一生的人。可以说，阿伦森在布兰迪斯大学的本科学习阶段是圆满的。毕竟，心向往之的职业方向和一段美满的婚姻并不是每个本科生在大学毕业时都能够得到的。

来到卫斯理大学后，阿伦森和薇拉住在由营房改造成的宿舍区，尽管居室简陋，但两人关系十分融洽。薇拉是麦克莱兰的全职研究助理，而阿伦森是他的兼职助理。麦克莱兰一生都致力于成就动机的研究，他曾开发了一项测量成就动机的技术。在测验中，被试被要求根据一幅图片写一个结构式的故事，其过程类似于我们今天所说的主题统觉测验。事后，麦克莱兰及其助手根据故事内容对其中有关行为的成就动机进行评分。阿伦森认识麦克莱兰的时候，他正在思索为什么有的国家比另外的国家拥有更多高成就动机的人。他设想这可能与新教伦理有关，即新教国家鼓励努力工作而不贪图享乐，因而给年轻人灌输了更多的成就动机。但若要测量不同国家儿童的成就动机，就需要一种非言语的测量方法。阿伦森接受了这一挑战。他从斯泰因的无意识书写现象实验和作曲家乐谱手迹的差异中得到灵感，设计出了用涂鸦的方式测量成就动机的标准化测验。这种方法后来为麦克莱兰进一步深化，甚至用于研究古希腊和平时期和大动荡即将来临时期所绘制花瓶的区别。

在结束了硕士研究生的学习之后，阿伦森谢绝了麦克莱兰让他去哈佛大学继续共事的邀请，转而申请了斯坦福大学的博士。他被顺利录取，同时还获得了一年的助教职位。在斯坦福大学，阿伦森遇到了对他的学术生涯产生巨大影响的导师费斯廷格。费斯廷格是一位十分优秀同时也很严厉的人，传闻他的研究生因为备感屈辱，纷纷改换专业。所以一开始阿伦森并没有打算选择费斯廷格的课。但是一次偶然的机会，阿伦森的好友问他为什么没有选择费斯廷格的课，这激起了阿伦森的好胜心。就这样，阿伦森意外地进入了以铁石心肠著称的费斯廷格门下。每次上课都是一次巨大的考验，因为费斯廷格毫无征兆的发问常常令课堂里仅有的6个学生手足无措。费斯廷格在学术上持有严谨的态度，他一视同仁地要求他的学生。对于学生自己都不倾注心血的作业，费斯廷格也不会浪费更多的时间。他曾对阿伦森第一次上交的期中论文，如同对待垃圾一样嗤之以鼻。好在阿伦森是对自己有要求的人，在经过连续72个小时的修改后，阿伦森重新提交了论文。这次费斯廷格竟然停下手上的事情立刻读了论文，并把手放在阿伦森的肩上说："现在这篇值得一评了。"这件事成为师生二人消除隔阂的第一步，尽管此后费斯廷格的上课风格还是那么咄咄逼人，但阿伦森已经不再害怕了，而是更多地以敬仰的态度潜心向费斯廷格学习。

当时的心理学仍然由行为主义主导着，而费斯廷格提出的认知失调理论（Cognitive Dissonance Theory）虽然强调强化原则的重要性，但认为人们的行为远远比奖惩制度所预料的复杂。阿伦森认为这一理论的视角很新鲜有趣，当时他正在读一本关于非洲和南美洲土著部落的书，里面提及的成人仪式让他不由联想起认知失调理论，认为经历重重考验才能进入的团体比一般团体可能更具凝聚力。根据认知失调理论，认知“我千辛万苦才加入这个团体”和认知“可是这个团体其实没什么意思”相矛盾，为了使认知相协调，人们会调整自己的认知，觉得这个团体实际上是有意思的。这便是阿伦森所做的入门考试实验的灵感来源。在实验中，被试分为重度考验组和轻度考验组。重度考验组被试要向阿伦森背诵12个淫秽词语以及选自《查泰莱夫人的情人》中色情味道很浓的文字，而轻度考验组被试只需背诵一组跟性有关但不淫秽的词。背诵之后所有被试听到一段相同的有关性行为的讨论录音。实验结果正如假设所预料的，重度考验组比轻度考验组对小组讨论内容表现出更大的兴趣。这项实验后来成为认知失调理论的经典实验。而第一次实验的成就感无疑让阿伦森意识到自己对于实验设计有着一定的天赋，在这一成功实验的鼓励下，阿伦森在“影响实验”的研究道路上越走越远。

第三节 职业发展

1959年，阿伦森获得了博士学位，同时获聘哈佛大学的助理教授，正式开始了个人的职业生涯。能够来到自己童年想都不敢想的大学工作令阿伦森感到非常骄傲，可是这所理想园所存在的种种隔阂也让阿伦森感到不自在。

哈佛大学心理学系的第一道隔阂就是硬科学和软科学之间的鸿沟。硬科学心理学主要研究动物的学习过程、感知觉和生理心理学等，而软科学心理学则以社会心理学、人格心理学和临床心理学为主。处于两个群体的学者们彼此之间无法和睦相处。第二道隔阂就是拥有终身教授资格的资深教授与年轻的助理教授之间的隔阂。事实上，阿伦森在自传里曾描写道："大多数资深教授对待年轻教授的态度，就像巴黎本地人看待夏季游客一样，仿佛我们就是匆匆过客。"而在哈佛大学的会议上，那些知名学者在阿伦森看来都在半遮半掩地进行自我吹嘘。显然，阿伦森并不喜欢哈佛大学的学术氛围。不过，这并没有影响他在这里进行学术研究。事实上，阿伦森在哈佛大学的研究可谓是硕果累累。

虽然在哈佛大学任教和做研究让阿伦森感到很开心，但在哈佛大学任教两年之后，阿伦森仍然感到自己像一个局外人一样无法融入哈佛大学的氛围。因此，在收到明尼苏达大学的任教邀请，聘他为副教授并授予终身教授资格后，阿伦森和妻子决定去明尼苏达。不同于哈佛大学，明尼苏达大学的学术氛围相当轻松温馨。同事们也许没有哈佛大学的教授们那么杰出，但是他们都十分热情友善。明尼苏达大学不像哈佛大学那样等级森严，新进的助理教授和德高望重的教授之间会随意交谈，临床心理学家和实验心理学家之间能够和谐相处。在授予终身教授的制度上，明尼苏达大学更看重的是年轻教授的学术潜力，因此，年仅29岁的阿伦森能够获得终身教授的荣誉也就不足为奇了。可以说，这所大学处处都充满了温暖和人文关怀。为了方便学术交流，阿伦森提议让所有社会心理学家和研究生在每周二碰个面。他们常常在其中一人的家里开研讨会，一边享用着美食，一边讨论着研究问题。在实验室的大房间里，阿伦森和学生常常聚在一起聊天，话题除了学术问题，甚至还包括体育和八卦新闻。他们还给这个又大又自由的工作室起名为“牛棚”。就这样，学生和阿伦森越走越近，甚至就像一个大家庭。事实证明，这种轻松自由的学术氛围是有益的，它让阿伦森更好地洞察生活中的真实问题。

在明尼苏达大学，阿伦森同时收获的还有一段与加德纳（H. Gardner）的友谊。加德纳比阿伦森年长12岁，在当时已经颇有名望，因此，阿伦森起初对加德纳很是敬畏。两人的共同话题很多，友谊不久就突飞猛进。在《社会心理学手册》的编制过程中，加德纳邀请阿伦森撰写关于实验方法的一章。尽管刚开始阿伦森觉得自己还没有能力胜任这一章的编写工作，但在后来的尝试中，阿伦森不仅让自己的实验技能得到了提升，对于实验室研究的利弊也有了更深的认识，还试图提出自己的解决办法。后来，这本书的实验方法部分也经过了再版，成为社会心理学领域的经典之作。加德纳带给阿伦森的机遇不止于此。1964年，加德纳离开明尼苏达大学转而到得克萨斯大学任教。他同时邀请了阿伦森一起去。尽管阿伦森喜欢明尼苏达大学的氛围，但最终还是不敌他与加德纳的交情。一家人随即迁往得克萨斯。阿伦森在得克萨斯大学奥斯汀分校开始了自己崭新的职业道路。

在得克萨斯生活了10年后，阿伦森的孩子们都已长大，马上就要离开家散居各处了。阿伦森和妻子薇拉希望能够搬到一个可以让孩子留在身边的城市。大儿子哈尔已经成功地申请到了加利福尼亚大学圣克鲁斯分校，而正巧，该校校长也向阿伦森发出了热情的邀请，希望他能够加盟。让阿伦森对这所学校充满好感的另一个原因在于，当时阿伦森和妻子薇拉对会心团体十分感兴趣——他们是会心团体的领导人。而该校的主题正是创建课内外学习一体化社区，学生可以在会心团体里将课堂所学和实践结合起来，这正合阿伦森的心意。让阿伦森唯一不太满意的是他除了被任命为教授，还被安排兼任院长。显然，他并不想出任院长。好在当时克雷斯吉分校的女教授们正谋划着要推荐一名女教授出任院长一职，阿伦森的困扰解决了。一家人很快在圣克鲁斯开始了新的生活。圣克鲁斯临海，气候温暖宜人，学校的学术氛围也很自由，阿伦森对这所学校好感十足。阿伦森与办公室邻近的同事相处十分愉快，这些同事来自不同的学术领域，有历史学家、物理学家、诗人，还有哲学家。这样的办公室安排促进了不同学科之间的相互交流。事实上，阿伦森还跟那位哲学家合开了一门“生命周期的哲学和心理学基础”的课，这门课后来成为受到学生高度好评的课程。

阿伦森曾经评价说，自己遇到的最好的学生和最坏的学生都在这所学校。该校自由的学术氛围让学生的思维表现活跃，但同时也给阿伦森带来了麻烦。当时，阿伦森勉强同意担任代理系主任。研究生委员会正打算邀请一位饱受争议的学者詹森来系里做报告。詹森通过自己的研究得出结论说，不同种族的平均智商之所以存在差异是由于基因不同。这一结论在人权运动高涨的当时，无异于一条爆炸性新闻。所以詹森所到之处，人们常常会表现出过激行为，有时甚至威胁到他的人身安全。阿伦森虽然对詹森并无偏见，但是他更希望能够邀请到更有意思的学者来做报告。让阿伦森没有想到的是，邀请詹森的消息一经传出，在校园里就引发了动乱，数百名学生集会烧毁了詹森的著作和论文，并扬言在报告当天要大闹会场。阿伦森为了避免动乱的发生，悄悄把报告会的地址改在了一位教授的家中，报告才得以顺利举行。但是因为此事，那些集会的学生给阿伦森贴上了种族主义者的标签，在学生报纸上对他进行攻击。更令人不快的是，阿伦森还接到了恐吓电话，对方不怀好意地要求与阿伦森进行面谈。第二天，在三个孩子的陪同下，阿伦森来到约好的地方对学生开始讲演。他告诉学生自己也是出于无奈才更换报告会地点的，并且告诫学生学习时不仅仅要学习自己所赞成的东西，也要虚心聆听其他学者的观点，只有这样才能学有所得。讲演的效果很好，有的学生被说动了，甚至鼓起掌来。这也说明这些学生思维活跃，同时也善于聆听教诲。很多学生也就此喜欢上了阿伦森，阿伦森的课堂上总是有很多学生，他也因此获得了大学的年度教学奖。

在加利福尼亚大学，阿伦森还遭遇了一次职业危机——“性骚扰”指控。在会心团体中，阿伦森学习到触摸别人有利于减少人与人之间的障碍。因此，阿伦森将触摸别人视为一种温情关怀的表达。而当时高涨的女权运动则认为触摸都是不得体的，没有关注到触摸的适宜与不适宜之分。在一次心理学系的教授例会上，学校的性骚扰事务委员会代表要求男教授尽量避免带女研究生参加学术会议，甚至还要求只要听到教师和学生可能存在性关系的信息都要向她汇报。可是这个代表并未考虑到，当时女研究生在就业方面处于劣势，而带她们出席学术会议，结识更多的心理学家，能够增加她们的就业机会。阿伦森认为从社会心理学的角度来看，上报谣言不仅容易散布恐惧情绪，还可能会导致无辜的人受到牵连。具有讽刺意味的是，当时阿伦森的好几位同事都娶了自己曾经的女学生，这又怎么界定呢？因此，阿伦森在会上发言表示自己不会上报谣言。不久之后，学校的一些手写传单上赫然写着：“如果你觉得自己和阿伦森的任何交往经历可能跟性骚扰有关，请拨打性骚扰事务办公室电话，我们会确保投诉的匿名性。”尽管后来并没有任何人打电话投诉阿伦森，但这件事情还是一度让阿伦森心神不宁，担心自己真的被视为性骚扰者。

在完成虚伪范式的研究之后，年逾花甲的阿伦森对从事实证研究的兴趣日益减少，只希望能够继续授课，把自己多年在社会心理学领域的经验传授给学生，激发更多人对社会心理学的兴趣。如此一来，阿伦森又陷入了道德困境：虽然可以教教课拿着高薪，但加利福尼亚大学之所以聘请自己不就是因为看中了自己的研究能力吗？如果不再做研究，那么还有什么颜面享受以前的待遇呢？正巧这个时候金融危机爆发，加利福尼亚大学为了缩减开支，鼓励老教授提前退休，但只要老教授愿意，仍然可以讲授自己喜欢的课程。在这种情况下，阿伦森最终做出了“退休”这个艰难的决定。可是好景不长，新的系主任上任后大大缩减了课时津贴并单方面宣布不再与老教授续签教学协议。就这样，阿伦森失业了。好在斯坦福大学一听到这个消息，立刻邀请阿伦森去那里作为访问学者继续教学。斯坦福大学给了阿伦森相当宽松的工作环境，课程的开设全由阿伦森自己决定。阿伦森站在斯坦福大学的讲台上，心里充满了满足之情。他很感慨，40年前，自己的研究生涯在这里起步，如今的终点又回到了这里。这不能不说是一种巧合和圆满。尽管阿伦森原本的计划是一直工作到95岁，甚至幻想着自己死于讲台之上，但快速衰减的视力让这个计划成为泡影。阿伦森辞职了，就此彻底终结了自己的教学和研究生涯。

第四节　学术生涯

阿伦森曾先后任教于有不同影响力的大学，每所大学的环境氛围以及所处的时代背景各不相同，因此，阿伦森的学术研究生涯也可以根据学校来划分为不同的阶段。阿伦森个人的主要研究是从哈佛大学起步的。

一、哈佛大学时期

在哈佛大学任教期间，不得不提及的研究就是阿伦森对费斯廷格的认知失调理论做出的修正。当时的认知失调理论没有一个明确的适用范围，而费斯廷格也意识到了这一点。对此，在不断思考之前的入门考试实验的基础上，阿伦森终于意识到自己所做的认知失调实验之所以会成功，是因为它和“自我概念”联系在一起。起初入门考试实验的假设认为，认知“我千辛万苦加入这个团体”和认知“这个团体其实没什么意思”之间存在着失调，但经过阿伦森的修改，应该是认知“我是一个既聪明又能干的人”与认知“我通过重重入门考验加入了一个毫无价值的组织”之间存在着失调。显然，这虽然使得认知失调理论的适用范围更加清晰，但也将它局限在了自我的范畴之下。所以，费斯廷格也曾对阿伦森的小修改表示过不满。为了验证自己的设想，阿伦森和在斯坦福大学共过事的梅里尔（J. Merrill）共同设计了一个实验。为了对被试的自我概念进行操作，他们设计了一个哈佛社会敏感性测验，并邀请被试进行测试。但实际上，这并非真正的人格测验，测验结果是事前设定好的，即其中一半人将得到高成绩的反馈，而另一半人则将得到低成绩的反馈，这两组人都是随机选择的。所以，在这次测验之后，一半被试将认为自己的社会敏感性很好，而另一半人将认为自己的社会敏感性很差。接下来，为了创造认知失调的情境，在第二轮的测试中，一些人将得到与第一轮相反的反馈，其余人的反馈与第一轮保持一致。这时候，主试假装自己犯了错误，让被试重新测试第二轮，这就给被试提供了更改答案的机会。实验结果证实了阿伦森和梅里尔的假想：人们有保持自我一致的需求，那些预计自己得低分而且真正得了低分的人很少修改答案，而那些预计自己得低分却得到高分的人为了保持自我概念的一致性而修改了很多答案。阿伦森成功地用实验支持了自己对认知失调理论的修正。

阿伦森另一个不得不提的经典实验就是自我说服实验。那个时候的阿伦森已经是两个孩子的父亲了，就像许多父母所烦恼的，阿伦森也在为如何制止大一些的哈尔对弟弟尼尔施暴而苦恼。就在他和梅里尔的实验完成的庆功会上，阿伦森向梅里尔提及了自己的苦恼。两人联想到了他们在斯坦福大学完成的说谎实验，并且认为可以用同样的原理来帮助改变孩子的日常攻击行为。就这样，阿伦森和梅里尔设计的自我说服实验开始实施了。他们带着一些可爱的玩具来到哈佛大学附属幼儿园，选择四五岁的孩子来进行实验。首先，他们需要培养孩子们对玩具的喜爱之情。他们每天在幼儿园待两个小时，并持续了近一周。到第六天，他们询问了孩子们对于每个玩具的喜爱程度。到了第七天，他们把孩子带到同样的游戏室，但这次，孩子们第二喜欢的玩具被挑出来，放在离其他玩具约一米的地方。孩子们被告知不能玩他们第二喜欢的玩具。其中一半孩子接受的是轻度警告（我会有些生气），而另一半孩子接受的是重度警告（我会非常生气，会将所有玩具带回家，再也不来了。我会认为你是一个不懂事的小宝宝）。实验中所有的孩子都成功地抵制住了诱惑。当实验者再次返回，询问孩子们对玩具的喜爱程度时，结果不出所料，由于有强烈的外因阻止孩子们玩玩具，那些受到重度警告的孩子并没有改变他们对“禁玩玩具”的喜爱，有些孩子甚至比之前更加喜欢“禁玩玩具”了。而那些仅仅受到轻度警告的孩子由于缺乏外因干扰，他们就需要找出自己不去玩它的内因——他们其实并不是很喜欢这个玩具。阿伦森把这一实验发现应用在自己的儿子哈尔身上，也许是因为他的方法奏效，也许是其他的原因，哈尔最终停止了对弟弟尼尔的攻击行为。

阿伦森所做的实验研究并没有得到所有人的认可。事实上，在当时包括戈登在内的学者并没有意识到：在大多数假设的情境之下，人们并不会真正地知道自己到底会做出什么样的行为。就像后来在米尔格拉姆（S. Milgram）的服从实验中所表现出来的那样，只是询问人们在某种情境下的反应或许不能准确地反映人们的真实行为。但是有的学者对此持有异议，并认为阿伦森所做的高影响实验存在伦理问题。在高影响实验中，为了保持情境尽可能地接近真实生活，实验者需要对被试保持适当的欺骗。有些实验还可能对被试的身心造成潜在的伤害，最饱受争议的高影响实验之一——米尔格拉姆的服从实验就很明显地体现了这一点。但其实，为了尽量避免对被试的消极影响，阿伦森在每个实验之后都会向被试详细地解释实验的真实目的，确保被试不会受到实验的消极影响。这也为实验心理学的伦理道德问题提供了尝试性的解决办法。

二、明尼苏达大学时期

明尼苏达大学的研究氛围相当轻松，阿伦森和学生除了谈论学术问题，还常常谈及生活的方方面面。一次闲聊中，他们注意到官僚机构中的工作常常一拖再拖，效率低下。阿伦森假设，如果给人们规定完成任务的时间比实际所需要的时间长，人们就会真的以为需要更长的时间才能完成任务，原本可以早早完成的任务就会被拖延。他们设计了一个实验，让被试完成一项乏味的工作，其间，实验者借故离开实验室。对于其中一半被试，实验者离开的时间远远超过了被试完成任务所需的时间；而对于另一半被试，实验者留给被试刚好能够从容完成任务的时间。在完成随后的相似任务时，结果不出所料，那些之前获得了额外时间的被试比有充足时间的被试在实验任务上花费了更多的时间。

在明尼苏达大学任教期间，阿伦森决定深入研究有关人际吸引力的问题。在讨论我们为什么会喜欢一个人的时候，常识会告诉我们一个人越出色，我们应该越喜欢这个人。但是人的认知远比我们自己想象的要复杂，有时候太过优秀的人反而会给我们难以接近的印象，因而我们也许并不真正喜欢一个无所不能的人。相反，一个出色但也偶尔犯错误的人或许会更讨人喜爱。根据这一观点，阿伦森和同事一起设计了一个新的实验。实验中被试的任务是协助挑选选手代表明尼苏达大学参加比赛。接下来，被试会听到四位“选手”面试的录音，并根据录音告诉实验者自己对该名参赛选手的印象。这四位选手都是由一位研究生扮演的。他所扮演的第一位选手表现得近乎完美；第二位选手的表现也近乎完美，但犯了一个小错误；第三位选手表现平平；第四位选手表现平平，还犯了一个错误。最后的结果表明：不同于常识所告诉我们的，相对于表现完美的选手，被试更喜欢的其实是那位近乎完美却犯了小错误的选手；最不喜欢的是那位表现平平还犯了错误的选手。这便是著名的“出丑效应”（Pratfall Effect）。除此之外，生活经验或许表明我们对于那些喜欢我们的人会表现出更多的好感，也就是说，如果一个人越是赞美我们，我们将越喜欢他。但实际情况真的是这样吗？在阿伦森设计的实验情境中，一部分被试总是受到实验助手的正面评价，另一部分被试总是受到实验助手的负面评价，另一种情境下的被试先受到负面评价，然后评价慢慢变成正面的，最后一种情境下的被试先受到正面评价，然后评价慢慢变为负面的。按照常识我们应该更喜欢一直给予正面评价的人，但是实验结果表明，在先给予负面评价然后给予正面评价的情境下的实验助手更受被试喜爱。这说明我们对一个人的好感不仅仅与他们夸奖赞美我们的频次相关，同样不能够被忽略的是这些评价以怎样的方式给出的。

三、得克萨斯大学时期

阿伦森在奥斯汀的10年，正值越战，美国的反战游行此起彼伏，妇女解放运动和人权运动也在全国各地相继上演，种族歧视甚至在大学校园里都没能幸免。得克萨斯大学作为一所优秀的大学，在阿伦森刚到来的初期，它所招收的大都是白人学生。为了使教育资源分配得更加公平，阿伦森和同事用实验证明了种族歧视现象的存在，并在市政会议上支持通过立法来保持大学教育的公平性。在第二年，得克萨斯大学的校园里就多了不少黑人身影。但就是在这次公开演讲之后，阿伦森接到了来自偏激种族主义者的威胁电话。对方将阿伦森称为黑鬼情人，还扬言要去他家取了他的性命。尽管那人所说的事情并没有真的发生，但着实让阿伦森捏了一把汗，并留下极其深刻的印象。

在经历了这次恐吓事件之后，阿伦森越来越希望能够把自己的研究与改善人们的生活处境联系起来。1954年，奥斯汀废除了学校里的种族隔离制。这本应该是值得人高兴欢呼的好举措，但是要想真正解决种族问题，不只是废除种族隔离这么简单。事实上，大多数废除种族隔离后的学校都发生了骚乱，而黑人学生的学习境况和自尊心并没有得到提升。于是，阿伦森开始着手研究有关促进不同种族和谐相处的办法。首先，阿伦森派出研究生去教室观察可能存在的问题。他们发现由于之前的种族隔离政策，黑人和拉美裔儿童的教育水平落后白人孩子一大截，这就导致在课堂上教师提问时，黑人和拉美裔孩子表现得又笨又懒惰，而白人孩子则显得积极聪明。针对这一现象，阿伦森设计了互助小组的形式，每个小组包括不同种族背景的孩子，而只有小组的所有成员相互合作才能完成规定的学习任务。这种教学方法被称为“拼图教室”（The Jigsaw Classroom）。整个学习过程就如同拼图一样，每个学生都要贡献自己的一部分才能使拼图最终得以完成，如果有孩子不能跟上同伴的进度，那么其他的同伴为了小组荣誉就会向他伸出援助之手。实验结果是令人高兴的：与传统班级相比，实施拼图教学班级的学生对学校的喜爱程度更高，同学之间，不论是否同种族，大家都表现出更多的友爱。而少数族裔的孩子无论是在成绩上还是在自尊心上都表现出显著的提高。拼图教室的意义是深远的，它开创了一种促进不同种族学生相互学习、共同进步的正确方法。阿伦森也希望能够积极地把这种方法推广开来，使得更多的地区受益。然而，现实给他泼了一盆冷水。那些并没有发生大的危机的学校，希望维持现状而无意对当下体制的弊端做出更多的改革，因为改革意味着风险。这令他失望地发现，即使研究结果很有价值，可一旦与主流的政治意识形态不相吻合，还是会被人们忽视。

在奥斯汀任教期间，阿伦森开设了“社会心理学导论”课程。他很苦恼没有合适的教材给学生作为参考。开始他并没有自己编写教材的想法，只是结合自己的研究经历，偶尔写一点儿随笔给学生作为辅助阅读材料。后来这些随笔集录起来，成为一本薄薄的小册子，阿伦森将它命名为《社会性动物》。没想到的是，这本小册子出版后好评如潮，经过了多次再版，被翻译成14种语言，并获得了很多奖项。这本书成了阿伦森的代表作，也成了社会心理学的一个经典。

四、加利福尼亚大学时期

20世纪80年代，艾滋病开始在美国大学校园蔓延。由于缺少有效的治疗方法，因此抵御艾滋病主要靠预防，这就涉及如何劝说人们在性行为过程中使用安全套。传统的做法是告诫学生不使用安全套性行为的危险性，告诉学生如何正确使用安全套，或者通过有关使用安全套的浪漫性行为短片倡导学生使用安全套。但是这两种方法都没有奏效。阿伦森再次想起了认知失调理论（Cognitive Dissonance Theory），开始构思如何才能让学生进行自我劝导，以使行为的改变更大，也更为长久。在费斯廷格和卡尔史密斯（J. M. Carlsmith）实验提出的说谎范式的基础上，阿伦森提出了“虚伪范式”（Hypocrisy Paradigm）。在实验中，被试被邀请宣讲艾滋病的危害以及使用安全套的重要性，每一场演讲都被录像。在录像结束后，实验者故意让被试意识到自己没有使用安全套的行为，让他们注意到自己的虚伪。那么根据认知失调理论，为了保持自我认知“我是一个正直的人”的统一，被试将改变自己的行为。实验结果令人满意：相对于对照组实验组的被试购买安全套数量更多。同样的原理也被阿伦森应用到节水宣传上。通过虚伪范式诱发伪善进而让被试改变行为，这拓展了认知失调的研究领域，也为阿伦森的实验研究画上了一个完美的句号。

第三章　阿伦森名篇选译

作为一名实验社会心理学家，阿伦森和合作者发表了大量社会心理学实证研究论文。本章选取人际关系为主题的三篇代表性研究论文，分别呈现了尊重、相似性和喜爱度、评价者的外貌和评价性质对人际吸引的影响。通过这些研究，可以看到阿伦森对于人际关系影响因素这一基本科学问题的洞察和他的实验设计及操作的精细。

第一节 《人际吸引的决定因素：尊重的获得与失去》[1]

决定一个人（称其为P）是否会喜欢另一人（称其为O）的一个非常重要的因素是后者所做的行为与前者的关系。一些研究者已经发现，如果P认为O的行为对他来说是一种“奖励”，那么P会倾向于喜欢O（Newcomb，1956，1961；Thibaut and Kelley，1959；Homans，1961；Byrne，1961；Byrne and Wong，1962）。对P而言，一个显而易见的奖励便是O对于P的态度，如果O一直对P表现出积极的情感和评价，这种积极的情感和评价对于P来说就是一种奖励，会让P更喜欢O。

虽然上述观点已被证明是正确的（Newcomb，1956，1961），但喜欢他人和被喜欢之间的关系要更为复杂。可以做出推测，与O对P所做行为数量的影响相比较，O对P所做行为的先后顺序对P是否喜欢O的影响更大。简单地说，我们认为，P的“得到感或失去感”会起到非常重要的作用。具体来说，与一直持续不变的尊重相比较，尊重的获得是一种更有效的奖励，与之类似，

[1] 原文来自Aronson, E., & Linder, D. (1965). Gain and Loss of Esteem as Determinants of Interpersonal Attractiveness. *Journal of Experimental Social Psychology*, *1*(2), 156-171。由张晓斌、温芳芳翻译，佐斌审校。

与一直持续不变的不受尊重相比较，尊重的丧失是一种更有效的惩罚。所以，与O对P的行为一直积极时相比较，如果O对P的行为一开始是消极的，之后慢慢变得积极，此时P喜欢O的程度会更甚；并且即使在第二种情境中，O做出积极行为的数量要少于第一种情境，上述效应依然会发生。

这种“得—失效应”（Gain-loss Effect）的出现包括情感与认知两个方面的原因。当O从一开始就对P做出消极行为时，P会体验到诸多负面情绪，如焦虑、痛苦、自我怀疑及愤怒等。但当O的行为逐渐变为积极行为时，这种积极行为对于P来说不但是一种奖励行为，而且还会减少之前消极行为引发的各种负性情绪，故此时O的积极行为引发的奖励程度更高。所以，看似是矛盾的，但相比O之前所做的消极与惩罚行为，P随后会更喜欢O。

这个推理和杰拉德（H. B. Gerard）与格林鲍姆（C. W. Greenbaum，1962）的论证是类似的。杰拉德与格林鲍姆（1962）的实验是一个阿希式情境，在该情境中，研究者在被试做完判断任务后，对实验助手的行为进行操纵[1]。研究者对助手从“不同意被试的判断”（而是同意绝大多数人的判断）转变为“同意被试判断”的时间进行了操纵，结果发现，助手的判断发生改变的时间点和被试对助手的吸引力判断之间存在一个曲线关系：当合作者改变判断的时间点非常早或非常晚时，被试会最喜欢他。研究者预测并解释了对“晚转变者”喜欢程度较高的原因：因

[1] 本研究中的“实验助手”是配合主试来完成实验操作的被试，属于心理学研究中的假被试，后文统称为助手。——译者注

为“晚转变者”引发并消除了更大的不确定性。我们的推理和沃尔特尔斯（R. H. Walters）与雷（E. Ray）（1960）的论证也是一致的，他们详细解读了格维尔茨（J. L. Gewirtz）和贝尔（D. M. Baer）（1958）的研究，证实先前的焦虑唤醒会增加社会强化影响儿童成绩的效率，在焦虑条件下，社会赞许的强化效果会更好，因为该情境下社会赞许减弱了更大的焦虑驱力。

我们试图把上述观点向前推进一步，提出先前的消极驱力会增加对引发和减少这种驱力个体的吸引力。这一观点与《道德准则》（Spinoza，1955）第44条传达的意思相近：“被爱彻底征服进而转变为爱的仇恨：与之前没有仇恨的爱相比较，这种爱会变得更强大。基于真正的喜欢而开始去爱之前他一直讨厌的事物，对于他来说，能感受到爱是一种愉悦的体验。这种包含了爱的愉悦体验，也被添加了祛除之前痛苦和仇恨的愉悦感，同时伴随着一种想法，即之前讨厌的对象是痛苦的根源。”

对我们观点（得—失效应）中“失”部分的论证同上所述。第一种情况是O对P的行为一开始是积极的，随后慢慢变为消极，第二种情况是O对P的行为一直是消极的，于是O对P的喜欢程度更高。即使在第一种情况下，O对P消极行为的数量更多，但由于在第二种情况下，非常明显感到失去了尊重，所以会极大地降低O对P的喜欢程度。在积极行为之后出现消极行为本身就是一种惩罚，同时也会摧毁之前积极行为所建立起来的奖励效应。所以，由于O之前的积极行为已经奖励与强化了P，与一直表现出消极行为的O相比较，P更不喜欢先做出积极行为，随后做出消极行为的O。

引起得—失效应的另一原因是认知原因。由于O改变了对P的看法，这迫使P需认真地对待O对他的评价。如果O一直对P表现出积极或消极的态度，那么P可能会认为这是O一贯的行为风格，如果O喜欢或不喜欢一个人，这是O自己的问题。但是，如果一开始O对P的评价是消极的，随后又转变为积极评价，那么P会认为，O态度上的转变是源于O对自己的认知，而不是其一贯的行为方式，所以P对O的印象会更好。事实上，被一个没有任何判断力和辨别力的人喜欢好像意义不大，而O之前做出的消极的评价证明他并不是没有判断力的，他认真地评价了P，他既不草率又不铁石心肠，这让他随后做出的积极评价更有意义和价值。

同样地，如果O对P的评价一直是消极的，那P会认为O是一个傻子或愤世嫉俗的人。但是，如果O之前的评价是积极的，随后转为消极，在P看来，O是有辨别力的，O的消极评价是一种有意图（会带来伤害）的评价，所以会减弱P对O的喜欢程度。

本实验的主要目的是检验我们提出的得—失效应：与O做出的奖励行为的数量相比较，O对P态度的变化，会更大程度影响P喜欢O的程度。第二个目的是探讨这种关系背后的原因，具体的假设是：（1）与O对P持续表现出积极态度相比，如果O对P之前的态度是消极，而后转变为积极，此时P会更喜欢O；（2）与O对P一开始表现出积极态度，而后转为消极态度相比，P会更喜欢持续表现出消极行为的O。

一、方法

（一）被试和实验设计

为了验证假设，我们设计了一个被试和实验助手可通过一系列互不相关的会面产生相互影响的实验。在会面中，助手对被试的态度分为四种类型：一直表现出积极态度、一直表现出消极态度、先表现出消极态度但之后慢慢转变为积极态度，以及先表现出积极态度但之后慢慢转变为消极态度。有一点很重要，在整个实验中，除了助手对被试的态度变化外，被试和合作者互动过程中的任何细节都保持不变。在实验结束时，评估被试对助手的喜欢程度。

80名明尼苏达大学的女性学生自愿参加了实验[1]。这些大学生都是来自于心理学、社会学以及儿童发展引导课的大二学生。所有的被试被随机分到四种实验条件中。

（二）程序

主试将被试迎接到观察室，观察室和主实验室之间通过一个窗户以及一套音响设备相连。主试告知被试在这一个小时内被试自己和另一个女学生将参加实验，因为被试先到实验室，所以安排被试帮助实验者完成实验。之后主试让被试等待一会儿，主试自己要去看另一个女学生是否到达实验室。几分钟后，被试通过

[1] 事实上，84名被试参加了实验，但其中4名被试被剔除，因为她们猜到了实验的真正目的。——原文注

窗户看到主试和另一个女学生（通过付费招募的实验助手）进入到主实验室，同时主试告知助手稍等片刻，他要去向被试解释实验流程。主试回到观察室后向被试解释实验。主试告知被试，实验任务是协助主试针对另一个学生进行语言条件化实验，实验的目的是探讨条件化语言反应从给予反馈的个体向没有给予动作反应个体的可能泛化。主试告知被试，他会训练另一个女学生对主试说出复数名词，如果女学生每说出一个复数名词，主试会通过说出“mmm hmmm”的方式给予反馈，而这种反馈有助于提升女学生说出复数名词的次数。主试告知被试其任务是：（1）听并且记录下女学生说出复数名词的次数；（2）引导女学生参与到一些对话中（不要反馈复数名词），主试可基于这些对话内容判断泛化是否发生。主试告知被试他自己和被试会轮流和女学生对话（被试先开始对话，之后是主试，最后是被试），直到两人都和女学生对话7次。

主试告诉被试，为了防止实验结果受到污染，女学生一定不能知道实验的目的，而为了达到这一效果，必须使用欺骗手段。主试会告知女学生实验目的是研究个体如何对他人进行印象判断。女学生会被告知她要和被试进行7次短对话，在每次对话之后，她和被试会被采访，主试会采访女学生，在另一房间的实验人员会采访被试，以此来判断女学生和被试对对方的印象如何。主试告诉被试为了实现上述欺骗性的说辞，主试和被试需要做出一些口头上的语言表达来完成实验，从而确保女学生相信主试所说的实验程序是真实的。事实上，整个欺骗性的说辞本身就是为了让主试和助手完成印象形成实验。

自变量的操作在主试和助手的7次见面中进行。主试和助手见面时，被试在观察室可以听到主试和女学生的对话，并要如实地记录女学生（助手）和主试对话中使用的复数名词。因为被试此时已经相信女学生认为实验目的是考察印象形成，所以主试可以询问女学生对被试的印象如何，被试也会听到在7次对话中女学生对她的评价。

共有4种实验条件：（1）消极—积极，（2）积极—消极，（3）消极—消极，（4）积极—积极。在消极—积极条件下，助手在前三次和主试的对话中表达对被试的消极印象。具体来说，实验助手将被试描述为：反应迟钝、非常普通、不是特别的聪明，以及可能没有太多的朋友等。在第四次对话中，实验助手开始改变对被试的评价，且随着对话次数的增加，逐渐变为积极的评价，直到在第七次对话时对被试的评价变为完全的积极评价。在积极—积极条件下，助手对被试的评价一直是积极的，在七次对话中，对被试的评价完全和消极—积极条件下第七次的对话一样。在消极—消极条件下，在七次对话中助手一直表达对被试的消极评价。积极—消极条件下的具体操作和消极—积极条件下完全一样，在开始时助手将被试描述为有趣的、聪明的以及可爱的，但是在第七次对话中，将被试描述为反应迟钝的以及普通的等。

在积极—积极条件下，助手评价被试时共说出28个正性词语，没有负性词语出现。在消极—消极条件下，助手评价被试时共说出24个负性词语出现，没有正性词语出现。在积极—消极以及消极—积极条件下，助手共说出14个积极词语和8个消极词语。

在第一次面谈的开始，主试告知助手要完全坦诚和直接，被试完全不会知道对她的评价。这样做的目的是防止被试听到对自己的积极评价时，会认为助手在讨好她。

（三）被试和助手之间的交流

在和主试面谈之前，助手和被试进行3分钟的谈话。这一操作使得助手对被试形成且改变印象的实验操作变得更为可信。助手和被试的对话在4种实验条件下必须保持一致，为了保证这一点，被试被告知要将和助手的对话引导到特定的主题，包括电影、教师、课程、生活目标以及个人背景信息等。一旦被试开始谈某一主题，助手会说出事先准备好的事实、观点以及逸事等，而这些信息对每一种实验条件下的每一个被试都是完全相同的。当然，由于对话是一种社会互动活动，所以实验助手和每一位被试的对话不可能是完全一样的。偶尔助手会被强迫回答某一被试提出的诡异问题，但是总体而言，助手回答的变化较小且不是系统的变化。

被试和助手在同一室中对话，但是两人中间会用纸板隔开，相互看不到对方。这种设置主要原因有二。其一，有助于助手扮演好自己的角色。我们担心助手在向被试说出消极信息后，会不愿意直视被试，降低谈话质量。其二，有助于让助手看到挂在纸板上的事先写好的相关信息，从而更好地控制对话的进行。主试向被试解释了（从非言语信息强化的角度）为什么要使用纸板，因为纸板可以消除非言语信息的强化，如点头和微笑等。

助手以非常平和、中立的语调结束和被试的对话，表现得既不热情，又不冷漠。整个实验过程中，助手是一个女学生（20岁，有吸引力的高年级大学生）。为了让被试更加相信实验的说辞，随着实验的进行，助手说出的复数名词的数量逐渐增加。

（四）因变量

在实验结束后，主试告诉被试还需汇报一些额外信息，同时主试要去向另一个女学生解释实验的真实目的。鉴于主试的时间有限，会由这次实验的监督者来采访被试，主试则向另一个女学生解释实验。主试将被试带到采访室，并向实验监督者介绍了被试，然后离开。

为了避免误差，使用了单独面谈的方式[1]。面谈者并不知道被试被分配到哪个实验条件。面谈的目的是为了测量被试对助手的喜爱程度，但很难采用简单的方式来进行测量，因为此次实验的目的很明显：助手评价被试，然后被试评价助手。在要求被

［1］ 需要指出的是，我们最初没有使用面谈的方法，而是使用问卷调查的方式来检验假设。问卷法虽然更简单，但效率更低。虽然4种实验条件下的实验结果是符合预期的，且差异非常大，但是通过实验后与被试的讨论我们发现，实验结果出现较大差异的一个原因可能是：被试认为这部分实验不重要，所以以一种非常随便的方式来完成这部分任务。基于以上原因，我们决定采用更高级的面谈方式，这种方式可以保证被试认真地对待面谈，其反应更为真实和缜密。——原文注

试评价另一个学生时，除非面谈者能够给出一个非常有说服力的理由（且和之前的说辞是一致的），不然即使是最幼稚的被试也会猜出实验的真实目的。所以，面谈者花费了大量的时间和努力去说服被试，让被试相信面谈时被试所汇报的数据对于理解女学生的语言行为是必要的。面谈者的说辞是这样的，实验“助手”（被试——译者注）对“被试”（实验助手——译者注）的态度和情感会以一种比较微妙的形式表达出来[1]，如声调及热情程度等。“比如，如果你比较关注那个女学生，你会在谈话时无意识地表达出热情和关注。如果你不太喜欢那个女学生，你谈话的声音会听起来比较冷淡和疏远。”面谈者进一步解释道，他发现这些语调上的微妙差异会对女学生说出复数词的总量有显著的影响，如果他们（助手——译者注）发现对方（被试——译者注）喜欢他们，他们会说得很多。如果他们（助手——译者注）发现对方不喜欢他们（被试——译者注），他们会说得较少。面谈者解释道，这一变量无法被控制但是必须在统计分析时被剔除，如果可以得到“助手”（被试——译者注）对“被试”（助手——译者注）的准确评价，在统计分析时可以“将其输入到数学公式中作为纠正项，这样就可以得到无偏差的女学生说出的复数名词的估计量”。

面谈者告知被试，为了得到上述被试对女学生感受的数据，面谈者会问一些问题，并强调被试要说出对另一女学生的“直觉

[1] 这里的实验“助手”为被试，而“被试”是主试的实验助手。后文中随注相同。——译者注

反应”，即被试需要给出自己直观的印象，不需要进行深入理性的思考。

在被试表示理解要求后，面谈者询问被试是否喜欢另一女学生。在被试给出回答后，面谈者出示一张印有21点量表（从−10到+10）的卡片，并要求被试尽可能准确地标示出自己的感受。面谈者同时口头解释了量表上数字的含义：“+10表示你非常喜欢她，−10表示你非常不喜欢她，0表示你根本不在意她。如果你有点喜欢她，选择+1，+2，+3，如果你比较喜欢她，选择+4，+5，+6，如果喜欢的程度更甚，选择更大的数字。那一个数字更能准确地反映你对她的感受。”

另外，被试还要针对女学生在其他14个项目上打分，包括智力、友善、热情、坦率等。这些词汇当中的大多数被用来检验对女学生的喜欢程度是否会在这些项目上也有所体现，一小部分是用来检验实验操作是否有效。

最后，面谈者询问被试，当听到另一个学生在向主试评价她时，是否感到烦恼、尴尬、生气或者担心，并记录了被试的回答。随后面试者试探被试是否意识到了实验的真实目的，并且向被试完全地解释了实验的目的以及对此进行隐瞒的必要性。一些表达出负面感受（当听到助手对自己的负面评价而感到烦恼、尴尬、生气或者担心）的被试，当得知别人对她的评价并非真实时，表示心情平复如常。虽然有几个女学生表示，当实验过程中听到别人对她的评价时会颤抖，但她们也觉得参加实验是值得的，因为她们了解到了负面的评价（即使是陌生人做出的）会影响她们，且离开实验室时情绪很好。

在谈话的绝大多数时间里，面谈者不知道被试被分配到哪个实验条件，直到谈话的最后，面谈者才会知道。在极个别情况下，在面谈过程中，由于被试会偶然谈及一些信息，面谈者会基于此推测出被试所在的实验条件。但需要强调的是，由于第一个问题就是在测量因变量，所以面谈者绝对不会在该问题之前得知被试所在的实验条件。

二、结果和讨论

我们的假设是消极—积极条件下被试对助手的喜爱程度要高于积极—积极条件下被试对助手的喜爱程度，消极—消极条件下被试对实验助手的喜爱程度要高于积极—消极条件下被试对助手的喜爱程度。为了检验上述假设，我们比较了不同实验条件下被试对助手喜爱程度的评价，通过t检验进行显著性检验[1]。表3-1显示了平均数、标准差、t值以及显著性水平。和我们的预期一致，消极—积极条件下被试对助手的喜爱程度要显著高于积极—积极条件下被试对助手的喜爱程度（$p<0.02$，双侧检验）。消极—消极条件下被试对助手的喜爱程度也高于积极—消极条

[1] 之所以使用t检验，主要因为这是一种更直接的统计方法，同时也可以基于其进行后面要描述的内部分析。然而t检验并不是最有统计效力的方法。我们也使用方差分析的方法进行了分析，结果比t检验的结果更显著。消极—积极与积极—积极实验条件下的差异在0.02水平上显著；消极—消极与积极—消极实验条件下的差异在0.07水平上显著；总的处理效应极其显著（$p<0.005$）。——原文注

件下被试对助手的喜爱程度，但差异并不显著（$p<0.15$，双侧检验）。在这两种条件下，被试对助手评价的差异较大，原因众所周知，就是大学生不太愿意对自己的同学表达出消极情感，即使自己同学已做出消极行为（例如，Aronson & Mills，1959）。通常，在社会心理学家的实验中，不管助手针对被试表现的行为有多令人讨厌，许多被试依然觉得很难对对方进行消极评价。在这两种实验条件下，当助手已经对被试表现出负面评价时，虽然大多数被试对助手进行了消极评价，依然有几个被试对助手的评价非常积极，所以消极—消极和积极—消极条件下被试对助手喜欢程度平均数的变化幅度是15个单位（从+7到–7）。在另外两种实验条件下（积极—积极与消极—积极），消极评价不是必需的，被试不会遇到上述问题，被试对助手喜欢程度平均数的变化幅度时7个单位（从+9到+3）。由于上述原因，虽然积极—消极条件与消极—消极条件下被试对助手喜爱程度平均数的差异要大于积极—积极和消极—积极条件下被试对助手喜爱程度平均数的差异，但是并没有达到统计学显著水平（见表3-1）。

表3-1 对助手喜爱程度的平均数和标准差

实验条件	平均数	标准差	t值	
1. 消极—积极	+7.67	1.51	1vs. 2	2.72**
2. 积极—积极	+6.42	1.42	2vs. 3	7.12***
3. 消极—消极	+2.52	3.16	3vs. 4	1.42*
4. 积极—消极	+0.87	3.32		

注：* $p<0.15$，** $p<0.02$，*** $p<0.001$（所有的p值为双侧检验）。

表3-1还表明，助手对被试最后的评价是积极评价条件与助手对被试最后的评价是消极条件组之间被试对助手喜爱程度平均数的差异也是非常大的。比如，积极—积极条件与消极—消极条件下平均数相比的t值达到了7.12，差异在小于0.001水平上显著。和预期一致，消极—积极条件下（M=+7.67）与积极—消极条件（M=+0.87）下被试对助手喜爱程度平均数的差异达到了最大。这非常有趣，因为助手在这两组条件下所说出的积极和消极词的数量是完全相同的，而仅仅是顺序存在差异。

实验过程中，我们还要求被试在14种特质上对合作者进行评价，以此来检验对合作者更高的喜爱程度是否也会体现在这些特质词上高的评分。结果并没有发现上述预期。比如，虽然与积极—积极组的助手相比较，被试会更喜欢消极—积极组的助手，但并没有发现对消极—积极组被试在“聪明”特质上的评分更好，或者在“骄傲自满”特质上的评分更低。事实上，仅有的达到显著水平的评分却显现出了相反的效应：对积极—积极条件下助手在友好（$p<0.01$）、令人愉快（$p<0.01$）以及温暖（$p<0.01$）特质上的评分要显著地高于消极—积极条件下对助手的评分。之所以在实验前没有做出上述假设，可能是因为我们过于关注自己感兴趣的变量。虽然我们没有预测到这一结果，但是如果考虑一个简单的事实：积极—积极条件下助手对被试的评价是完全积极的，这本身就反映了更高的友好程度，更令人愉快以及更温暖。换句话说，如果仅仅考虑友好、愉快以及温暖维度，在消极—积极条件下被试不可能给助手打高分，因为这种条件下的被试并没

有完全表现出能令人愉悦的特质，而是更擅长表达消极信息。然而，当需要被试基于知觉来评价对助手的喜爱程度时，消极—积极条件下的被试会倾向于给出一个高的评分。我们的解释如下：当要求个体对他人在特定的特质上评分时，个体会以理性思考的方式整合与他人相关的行为，再对他人进行评价。另外，当询问个体是否喜欢另一人时，个体会直接说出当前的感受，并不会对他人过去相关的行为进行抽象的整合。

（一）喜欢的程度是“心烦”的函数

本研究得到的主要结果与基于得—失概念的假设是一致的。虽然本研究并不旨在探讨得—失概念的内在机制，但一些结果可能是与其相关的。得—失效应出现的一个原因是，在消极条件下被试会体验到一些负性情感，如焦虑、生气、自我怀疑等。我们假设与积极—消极条件下的被试相比较，消极—积极条件下的被试会更喜欢助手，因为在消极—积极条件下，助手的行为会降低消极的驱力状态。如果上述假设成立，如果助手的消极行为没有在一些被试身上引发消极的驱力，则得—失效应不会出现。比如，在消极—积极条件下，如果被试本人没有体验到负性的评价，就不会出现消极驱力状态被降低的情况。同样地，在积极—消极条件下，如果因为一些原因，被试并没有在意消极评价，那么被试不会体验到失去感。如前文所述，在实验快结束时，面谈者询问被试，当听到别人评价她时，是否感受到烦躁、尴尬以及心烦。与预测一致，在积极—积极条件下，没有被试感到烦躁、心烦以及尴尬，但在消极—积极条件下，当听到助手对她的负性评价时，11名被试表示有一些心烦。同样地，在消极—消极以及积极—消极条件下，各有9名被试表示负性评价让她们心烦。在后面3种条件下，负面评价并没有让她们感到心烦的被试表示，实验任务的要求非常严格，她们根本没有时间考虑自己并进行印象管理（Impression Management），她们觉得助手认为她们是迟钝和乏味的也是可以理解的，因为实验任务迫使她们看起来迟钝，所以很多被试拒绝接受助手的负性评价。相反，她们认为，如果实验条件容许她们表达她们如常的、宜人的人格特质的话，助手会更喜欢她们。

如上文所述，有必要比较一下对助手消极评价感到心烦和不感到心烦两种被试对助手喜爱程度的差异。在消极—积极条件下，与没有感到心烦的被试相比较，感到心烦的被试对助手的喜爱程度更高（$t = 3.36$，$p<0.01$，双侧检验）。同样地，在积极—消极条件下，与没有感到心烦的被试相比较，感到心烦的被试对助手的喜爱程度更低（$t=4.44$，$p<0.01$，双侧检验）。在消极—消极条件下，和预期一致，与感到心烦的被试相比较，没有感到心烦的被试对助手的喜爱程度更高（$t=1.26$，但差异不显著）。我们也比较了不同实验条件之间喜爱程度的差异，除去对负面评价不感到心烦的被试，当只比较了对负面评价感到心烦被试对合作者的喜爱程度的差异时，发现消极—积极和积极—积极条件之间的差异是显著的（$t=4.57$，$p<0.005$，双侧检验），消极—消极和积极—消极条件之间的差异接近显著（$t=1.91$，$p<0.08$，双侧

检验）。

这些结果和得—失概念的情感假设是一致的，情感假设认为心烦的感觉是消极—积极条件下对助手喜爱程度更高，以及积极—消极条件下对助手喜爱程度更低的必要前提。但是，由于这些结果是基于内部分析，所以结果并不是非常确定，负面评价导致心烦的被试（准确地说，应该是承认被负面评价导致心烦的被试）和并没有承认被负面评价导致心烦的被试是完全不同类型的人，他们对助手不同的喜爱程度也许反映了某些未知的个体差异，而并不是源于自变量的操作。比如，仔细推敲一下没有受负面评价影响被试所给出的解释，可以推测，这些被试很有可能是极端的“自我防御”者，或者相反，她们是极端“敏感”的，基于我们的数据，无法判断上述个体差异是否和因变量相关。总之，虽然基于内部分析的结果很丰富，但并不可靠，因为这些结果并不代表系统的实验操作。

（二）中性—积极条件

如果我们忽视内部分析，有一种可能性是存在的，即助手对被试积极评价的增强会导致被试对助手喜欢程度的增强，即使负面评价引发的痛苦不再起作用。比如，假设助手最初的评价不是消极的而是中性的，随后逐渐变为积极，此时被试对合作者的喜欢程度是否和消极—积极条件下的一样呢？如果是，那么很显然，痛苦并不是必要因素。为了检验这种可能性，15个被试参加了中性—积极条件下的实验[1]，该条件和消极—积极条件完全一样，只是在前三次面谈时，助手并没有做出消极评价，助手的表达是不明确的，比如助手说“她看起来非常聪明，但是也许略有迟钝……”“我不太确定，他给我的印象来自两个方面……”“我很难对她做出评价，我的评价非常的中立”。虽然进行中性—积极条件实验时，其他4种条件下，已经完成了2个或3个被试的实验，但被试还是随机分配到这一条件下。结果发现，被试对助手喜爱程度的平均数为6.66，与积极—积极条件下的平均数几乎相等。中性—积极和消极—积极条件下，对助手喜爱程度的平均数之间的差异接近显著差异（t=1.96，p<0.07，双侧检验）。

上述数据以及基于内部分析的数据表明，一些被试由于受到负面评价而心烦，并且增强了她们对助手的喜爱程度。但是还有一些因素会增强这种效应，其中一个因素便是获得—失去概念的认知假设。具体来说，当O改变了对P的评价，表明O是有判断力的，她的评价是经过深思熟虑的，所以这种评价对P的影响要大于一直不变的积极或消极评价的影响。这会导致在消极—积极条件下对助手的喜爱程度更高，而在积极—消极条件下对助手的喜爱程度较低。在本实验中，没有对这一假设的可信程度进行验证，但要求被试对助手的洞察力进行打分，结果在一定程度

[1] 我们要感谢最先建议设置此实验条件的埃伦·伯奇德（Ellen Berscheid）。——原文注

上支持了上述假设，消极—积极条件下被试对助手洞察力的评分（*M*=6.75）要高于积极—积极条件下被试对助手洞察力的评分（*M*=5.35），但是差异并不显著（t=1.40，p<0.15）。另外两组被试对合作者喜爱程度的差异没有差异。

（三）另外的解释

奉承　最近关于奉承（Flattery）和讨好的研究（Jones，1964）提供了另一种解释，只进行积极评价的助手会被认为是为了操控被试而做出了奉承行为，所以与同时做出积极和消极评价的助手相比较，被试对她们的喜爱程度更低。但这种解释对本实验结果的解释并没有说服力，因为通过实验操作，我们使被试相信助手没有意识到她对被试的评价会被被试听到，个体不会轻易地把这些没有被察觉到的动机归因于在我们不在时说我们好话的另一个人。

对比　另一个可能的解释和对比有关（Helson，1964）。与若干次积极评价之后出现的积极评价相比较，在若干次中性评价之后出现的积极评价会显得更加积极。同样地，与若干次消极评价之后出现的消极评价相比较，在若干次积极和中性评价之后出现的消极评价会显得更消极。如上，如果对比效应起作用，那么其可能也会导致本研究结果的出现。但需要指出的是，在中性—积极条件下应该出现对比效应，但是没有证据表明这一点。具体来说，中立—积极条件下对助手喜爱程度的平均数与积极—积极条件下的平均数几乎相同，且与消极—积极条件下的平均数有很大的差异（$p<0.07$）。这些结果表明，虽然对比效应可能会导致本研究的结果，但是该效应是否足够强到可以引发本研究的结果仍然让人质疑。

竞争 在消极—积极条件下，被试已经向助手表明她不是一个迟钝的人，而是一个聪明且有趣的人，这会导致被试体验到自己是有能力或高效的感觉（White，1959），所以在这种条件下，对助手的喜欢也许源于助手向被试提供了一系列的体验。在面谈时，很多被试的确会提及在听到助手把她描述为一个迟钝和愚蠢的人时，她们会在随后和助手的面谈中尽量表现得看起来更有趣或者聪明。有理由去猜测，当被试看到她们已经改变了助手对她们的评价后，她们会非常高兴。这会引发另一个有趣的理论问题，对自己有能力的感觉并不仅是引发“获得”效应的一个因素，而且是一个必要条件。在后续研究中，可以通过操纵助手评价的改变是否依赖于被试的实际行为来验证上述可能性。

（四）可能的启示

得—失概念的一个启示是“你一直在伤害你爱的人”，比如当我们已经从另一人（如母亲、配偶、亲密的朋友）那儿获得了足够的好处（奖励行为）后，与陌生人相比，这个人不再是一个强的奖励源了。如果本研究的假设是正确的，即与自尊水平本身相比，获得自尊是更强的奖励，那么一个好朋友对你来说已达到了奖励的天花板，无法再给我们获得感了。换言之，因为我们已经习惯从朋友那儿获得爱、帮助以及赞许等，所以，对我们来说这些行为已不再是一种可获得的尊重源泉。另一方面，给我们施与奖励的长久朋友很有可能成为惩罚者，因为朋友越亲密，以前持续性的尊重和奖励越大，这种奖励被收回后的结果越有毁灭性，这种收回也被界定为尊重的丧失。

通过一个案例可以帮助我们更好地理解上述观点。在经历了10年的婚姻生活后，如果宠爱你的丈夫说自己的妻子漂亮，妻子会觉得没有什么，因为她知道丈夫就是这么认为的。但对妻子来说，来自于一个陌生人类似的恭维话会很受用，因为这些话代表着尊重的获得。从另一方面讲，如果宠爱妻子的丈夫（过去一直认为自己的妻子非常漂亮）对妻子说，“我发现你其实很丑”，这句话对妻子的伤害是非常大的，因为其代表着自尊的彻底丧失。

上述推理和已有实验的发现是一致的。哈维（J. H. Harvey，1962）发现，当朋友与陌生人同时对被试做出积极评价时，被试对陌生人的反应更加积极。当朋友与陌生人同时对被试做出消极评价时，被试对朋友的反应更加消极。与之类似，以儿童为被试的研究发现，与父母和熟悉的人相比较，陌生人是更好的社会强化物（Shallenberger & Zigler，1961; Stevenson & Knights，1962; Stevenson，Keen，& Knights，1963）。可以做出这样的推理，儿童习惯于从父母和熟悉的人那儿获得赞许，所以源自他们的额外赞许带来的获得感很少，但是，依据得—失概念，源自于陌生人的赞许就是一种获得，会提高他们的成绩，后一种结果增强了对我们得—失效应原因推测的信心，具体来说，与熟悉的人相比较，当陌生人在场时，儿童的社会焦虑感会更强，因为与来自于朋友的赞许相比较，源自陌生人的社会赞许会降低更大的负性驱力，如前文所述，这一推理和沃尔特斯及其同事关于之前焦虑对随后表现影响的效应是完全相同的（Walters & Ray，1960; Walters & Foote，1962）。

三、总结

在实验室实验中，以二人一组的形式，女大学生通过简短接触的方式进行互动。每一次接触后，被试可以偷听到主试和助手（后面会对被试进行评价）的对话。实验条件分为4种：（1）所有的评价都是非常积极的；（2）所有的评价都是非常消极的；（3）最初几次的评价是消极的，但后来逐渐变为积极评价；（4）最初几次的评价是积极的，但后来逐渐变为消极评价。

结果发现，当助手的评价是由消极转变为积极时，被试对助手的喜爱程度最高，而当助手的评价是由积极转变为消极时，被试对助手的喜爱程度最低。我们基于人际吸引（Interpersonal Attractiveness）的“得—失”概念预测并讨论了研究结果。

第二节 《相似性与喜爱度：人际吸引力的决定因素》[1]

在一个（Liking）2×2的研究设计中，引导被试去相信一个与他们交往的人喜欢或不喜欢他们，对一些问题的态度与自己的相似或不相似。结果表明“喜爱度”在被试对他人的感受上有更显著的影响——而不管态度相似或不相似。结果讨论了可能的替代解释，大部分数据显示态度相似性和人际吸引之间存在着正相关。

最近的一些实验，特别是伯恩（D. Byrne）和他的同事所做的，已经证实了人际吸引力是态度相似性的积极作用（Byrne，1961，1962；Byrne & Wong，1962；Byrne & Nelson，1965；Byrne & Rhamey，1965）。伯恩运用人际吸引的奖赏理论来解释这种关系，也就是说，与我们分享相同态度的人通过给我们提供同感效证（Consensual Validation）来奖励我们（Byrne，1961）。不可否认，态度相似性和吸引力之间的关系是有力和无处不在的。可以想象，这种关系可能至少部分地归因于一种内隐假设，即与我们持有相似态度的人会喜欢我们。在绝大多数这类实验中，被试知

[1] 原文来自 Aronson, E. &Worchel, P. (1966). Similarity Versus Liking as Determinants of Interpersonal Attractiveness. *Psychonomic Science*, 5(4), 157-158。由卢柳颖、崔京月译，佐斌审校。

道的关于另一个人的唯一信息是他对一些问题的态度。除此之外，被试和另一个人没有任何联系。似乎可以合理推测，当被试（P）的态度与另一个人（O）相似，P会假设如果他遇到O，O会倾向于喜欢他。有充分的证据表明个体喜欢那些似乎喜欢他们的人（Backman & Secord，1959; Aronson & Linder，1965）。因此，似乎有必要让P和O面对面接触，并检验O对P的喜爱度以及O和P态度的相似性，以此确定影响P喜欢O的决定因素是什么——所有这些都在同一实验设计下进行。我们的预测是，在面对面互动之后，如果O喜欢P，P将会喜欢O；O和P态度是否相似所产生的影响是微不足道的。

一、程序

被试由40名男性本科生组成，他们为了满足得克萨斯大学心理学导论课程的学分要求而选择参加实验。所有被试均被告知此研究与做决策有关，为了尽量减少互相熟识的可能性，被试将与一个来自其他课堂的学生配对。实际上，第二个学生是一个实验者同谋，他的行为由实验者预先设计。

每次实验中，同谋者都被安排在被试之后几分钟进入房间，以避免被试对同谋者的真实身份产生怀疑。之后，实验者让两人回答态度调查量表（Byrne，1961）中的七个题目。使用这些题目是为了使我们的实验情境尽可能接近伯恩及其同事采用的程序。然后，实验者、被试和同谋者进行了三方对话，按照从被试到同谋者的顺序，让他们说明如此回答的理由。为了保证与被试的态度相似或不相似，同谋者的回答被预先安排好。在相似条件下，同谋者同意被试七个题目中五个的观点。在不相似条件下，同谋者在五个题目上至少有三个与被试的态度不同。经过以上互动后，要求被试和同谋者写下他们对实验的几句评论。然后实验做出如下提示："本实验的最后部分是根据有限的信息做出关于另一个人的决策。既然你们有机会进行互动并交换一些看法，你们也就掌握了一些关于对方的信息。另外，你们对本实验的评论也将作为一种附加信息进行交换。现在，根据可用的信息，要求你们对对方做出一些判断。尽量预测对方在各种情况下会做出怎样的反应。"

同谋者写的实验评论是根据不同的喜爱度和态度相似性分为以下四种组合（见表3-2）。

表3-2　不同喜爱度和态度相似性的四种组合

	喜爱	不喜爱
相似	这是一个相当有趣的实验。我们在很多事情上达成共识。我很高兴在实验中与他一起工作；他看起来像一个思想深刻、见多识广和有趣的人。	这是一个相当有趣的实验。虽然我们在许多事情上达成共识，但我并不喜欢在实验中与他一起工作；他看起来像一个非常肤浅、孤陋寡闻和无趣的人。
不相似	这是一个相当有趣的实验。虽然我们在大多数事情上都没有达成共识，但我很乐意在实验中与他一起工作。他看起来像一个思想深刻、见多识广和有趣的人。	这是一个相当有趣的实验。我们在大多数事情上都没有达成共识。我不喜欢在实验中和他一起工作。他看起来像一个非常肤浅、孤陋寡闻和无趣的人。

“相似性”陈述属于那些已经表示与被试的意见相似的个体；“不相似”陈述属于那些已经表示与被试的态度不同的个体。这些陈述用于进一步阐明和增强对相似和不相似的操纵。

在估计另一个人在各种情况下如何反应之后，要求被试使用人际吸引力量表（Byrne，1961）进行相互评价。用来测量吸引力的两个项目关注的是：（1）被试愿意与另一个人在其他实验中合作的程度；（2）他对另一个人的喜爱程度。

在实验结束时，实验者向被试解释了完整的实验，并说明了实验中需要欺骗的原因。

二、结果和讨论

由于对两种吸引力程度测量的回答实际上是相同的，因此将它们结合起来共同分析。结果如表3-3所示。使用方差分析来分析数据。结果表明喜爱度的主效应显著（$p<0.01$）。相似性的主效应和交互作用都不显著。因此，如果同谋者表示他喜欢被试，那么无论他们的态度是否相似，被试都认为同谋者有吸引力。如果同谋者不喜欢被试，那么即使他们有相似的态度，被试也认为他相对而言没有吸引力。这些结果表明，在早期关于态度相似性的实验中，被试可能假设一个与自己态度高度相似的人会对他们有好感。当存在明确的证据表明对方对他们没有好感时，态度的相似性就变得无关紧要。我们的数据还表明，在某些条件下，个体可以容忍甚至喜欢那些与自己持有不同观点和态度的人。

表3-3　被试的态度相似性和喜爱度对同谋者吸引力的影响

	喜爱	不喜爱
相似	12.9	9.5
不相似	12.1	8.1

实验的结果与伯恩和雷米（R. Rhamey）（1965）在实验中获得的结果略有不同。他们不仅发现喜爱度的主效应显著，而且态度相似性的主效应也显著。本实验与伯恩—雷米实验之间存在一个重要差别，即在本实验中，P和O需要面对面进行交流，而在伯恩—雷米实验中他们从未见面。相反，每个被试均被告知：另一个学生已经根据被试先前在一些问题上表达的看法，对被试做出了评价（积极的或消极的）。从理论上讲，伯恩和雷米仅仅将这些针对个人的评价视为"另一种态度"——即使这是非常重要的态度。根据伯恩和雷米的说法，如果O对P有积极评价，那么他与P在"另一种态度"上也表现出相似性（因为P可能喜欢自己）；同样，如果O对P有消极评价，他与P在"另一种态度"上表现出不相似。我们同意伯恩和雷米的分析，但我们认为这可能仅限于非互动情境。因为O从未见到过P，O仅仅根据P的书面态度来评价P，因此P可能不会将此评价视为自我提升或自我威胁。P似乎不太可能将此作为个人评价；相反，它似乎只是表明这些态度对O有多重要。以此而言，O对P的评价实际上只不过是对一组特定态度的态度。另一方面，面对面的交流呈现出一种更有影响力的情境，在这种情境中，P表达了许多具有个人风

格的暗示，而O似乎在回应这些暗示。因此，P应该更高兴于积极的评价，或者更沮丧于消极的评价——因为他知道这种评价不仅仅只是针对他的态度。

同时应该注意的是，在本实验中，虽然相似性没有显著影响，但是有类似的倾向，即态度相似的O比态度不同的O更被喜欢。因此，如果增加态度题目的数量，这种效果将得到增强——即使在面对面的情况下也是如此。

第三节 《评价者的外表吸引力和评价性质对喜欢的影响》[1]

采用2×2因素设计探讨外表吸引力和喜欢之间的关系。控制个体的外表吸引力（有吸引力 VS 无吸引力）和评价性质（积极VS 消极），并评估这种效果。我们发现，与研究假设一致，出现了显著的交互作用：有吸引力且积极评价者最受喜欢，有吸引力且消极评价者最不受喜欢；此外，无吸引力且积极评价者的受喜欢程度高于无吸引力且消极评价者。

“喜欢”的原因一直是社会心理学家的研究兴趣所在，近年来更是如此。引起喜欢的一个重要原因是个体的外表吸引力，这种假设似乎有一定道理。反思和日常随意观察都表明，人们喜欢有吸引力的约会对象和配偶。同样地，外表有吸引力的孩子比外表平庸的孩子也更加令人满意。人们只需要看看大众媒体的广告模特、电影明星和电视名人，就可以意识到美貌的重要性。由于

[1] 原文注释：本研究受国家精神卫生研究所（MH 12357—01给予埃利奥特·阿伦森的项目资助，作者对Allison Browne女士的帮助表示感谢。原文来自Sigall, H., &Aronson, E. (1969). Liking for an Evaluator As a Function of Her Physical Attractiveness and Nature of the Evaluations. *Journal of Experimental Social Psychology*, *5*(1), 93-100。本文由张翔翻译，佐斌审校。

这种非正式证据的普遍存在，反而很少有实验证据的支持；已有的研究数据大都是外在的。比如，在一项实验中，米尔斯（J. Mills）和阿伦森（1965）的研究表明，如果一个外表有吸引力的沟通者表达了说服听众的意愿，那么在态度改变方面，她比一个外表有吸引力但无说服意愿的沟通者更加有效；无论她有无意愿，她都比无吸引力的沟通者更有说服力。在另一项研究中（Walster，Aronson，Abrahams，& Rottman，1966），男女双方在初次约会之后，对方的外表吸引力被证明是令人满意的一个重要原因。

有两个依次呈现的问题：（1）在控制条件下，外表吸引力会引起更多的喜欢吗？（2）这是否总是正确的？也就是说，在哪些情况下，外表吸引力与喜欢成反比？米尔斯—阿伦森的实验提出了这一情况。研究者把他们的结果解释为，取悦一个外表有吸引力的人比取悦一个外表没有吸引力的人更有价值。如果这种情况是真实的，我们可以推断，当个体面对一个外表有吸引力的人，相比面对一个外表无吸引力的人来说，更能唤起他的动机。因此，如果个体无法取悦一个外表有吸引力的人，就会比无法取悦一个外表无吸引力的人产生更大的挫败感和不适感。这就意味着，取悦一个有吸引力的人是最令人满意的，而无法取悦则是最令人不安的。在这两种极端情况之间，我们可以预测，取悦一个无吸引力的人会带来一些满意感，无法取悦一个无吸引力的人会产生一些不满意感。据此，我们的预测与人际吸引增益损失理论两个相关的方面比较一致（Aronson，1962；Aronson & Linder，

1965; Sigall & Aronson，1967）。这表明，被试接受先前的负面评价会引起焦虑和/或产生效能证实的渴望，随后的积极评价会减少焦虑和/或使被试感到效能感。如上所述，如果一个外表有吸引力的女人比一个相貌平庸的女人引起了更多的这种焦虑和/或产生效能证实的渴望，那么这些假设就和理论相当吻合。

具体来说，我们假设：当一个有吸引力的女性评价者对个体进行积极评价时，个体对评价者的喜欢程度最高；当一个缺乏吸引力的评价者对个体进行积极评价时，个体对评价者的喜爱程度次之；接下来，是一个缺乏吸引力的评价者对个体进行消极评价；最后，当一个有吸引力的评价者对个体进行消极评价时，个体对评价者的喜欢程度最低。

一、方法

（一）被试和设计

采用2×2因素设计验证假设，刺激人物要么外表有吸引力，要么外表无吸引力，她对被试的评价要么积极要么消极。评价者必须是可信度高的人。由于实验中的评价并不是源于她自己的真实想法，这种机械客观评价不会对评价者产生太大影响。另一方面，如果评价者被认为是完全不客观和无能，那么她的评价可能缺乏可信度。因此，我们试图找到一个中间立场。在得克萨斯大学学习心理学导论课程的48名男学生被试被随机分配到四个实验条件之一，单独进行测试。

（二）程序

每一个被试都由一位自称为部门助理的年轻人接待并陪同进入实验室，告知被试心理学系承担了一项旨在研究临床心理学培训的项目。接下来，告诉被试他们将接受临床心理学一年级研究生（实验者）的测试，并向被试解释，所有研究生都参与了这个项目，他们将施测加利福尼亚心理调查量表，并由这些研究生进行评价。被试进一步被告知，实验者在施测和评价方面是新手，虽然她有能力胜任这项工作，但经验不足可能会导致她的评价出现一定程度的主观性。被试被要求在测试结束后向部门助理报告，以便更详尽地讨论心理学系调查项目的性质及其与实验的关系。部门助理随后离开实验室，给实验者打电话。

实验者实际上是一个不清楚研究假设的女大学生。在自我介绍之后，实验者递给被试一份加利福尼亚心理调查量表，并指示被试尽他所能回答每一个问题。被试完成调查问卷之后，实验者解释说，她需要几分钟的时间来查看答案并得出一些结论。对量表进行七分钟“检查”之后，实验者给出她对被试的评价。评价是积极的还是消极的，取决于被试被分配的实验条件。

（三）吸引力和评价的控制

测试者是一个有吸引力的深褐色头发的女孩，她头发的颜色和风格与她的肤色和外貌相得益彰。在有吸引力的条件下，她打扮得很迷人。在无吸引力条件下，同一个女孩没有化妆，金色的假发看起来就是她的头发。由于没有化妆而降低了她的颜值，

“金色”的头发并不适合她的肤色。此外，头发的质地有些“卷曲”，奇形怪状的边缘并不讨人喜欢。

在对被试的积极评价中，测试者告诉被试他有良好的适应能力、相当成熟、热情、与人和谐相处，而且为人坦率、富有洞察力和潜在的创造力。当评价为消极时，每个被试都被告知虽然不是“神经质”，但有些幼稚、肤浅、缺乏洞察力，尽管可能有创造力，但不太可能实现。

（四）因变量

在做出评价之后，实验者告诉被试她负责的这部分实验已经完成，并提醒被试向部门助理报告。当被试出现时，助理告诉被试，心理学系感兴趣的是被试对测试者的总体反应，而不是对特定测试者的具体反应。因此，被试可以匿名报告自己的感受。首先，助理向被试描述了与测试者和测试情境相关信息的重要性，然后交给被试一份调查表。再次向被试保证匿名性，并进一步解释说，任何人都不知道特定测试者的身份。助理说：“当你有时间的时候，最好在最近几天，把这张表格填写好，放在三楼临床心理学办公室。柜台上有一个盒子，上面标有‘临床培训评估’，你只需要把纸折叠起来放进去，并确保你没有把名字写在上面。”然后，助手告诉被试最好现在就完成这份调查表，因为他要确保每个人都是在头脑清醒的时候写下自己的反应。

这份调查表包括五个项目，每个项目都是11点计分，范围从 −5 到 +5。第一个项目是关于因变量的测量，询问被试对测试者的喜欢程度。另外两个项目要求被试评价测试者的智力和工作质量。剩下两个项目是对实验控制的检验，要求被试评价测试者的总体外貌（外表吸引力）和他们离开实验室时的感受（评价）。

助理让被试回答完项目之后把表格收起，然后告诉被试刚刚对他进行测试的人将来会做一些另外的测试，询问他（被试）是否愿意由同一个人进行一系列不同的测试。被试可以自愿参加0到6场测试。在另一张表格上，助理询问他愿意参加多少场测试。读者应该清楚，被试的姓名需要填写在这张表格上，因为它将交给测试者，以便她在必要时可以与被试联系。助理向被试解释了这种情况，他还被告知要立即上交这份表格。在助理收集表格之后，被试报告完毕，实验结束。助理需要在被试回答问题之后立即回收五个项目的调查问卷从而避免自我选择困难。

二、结果和讨论

在我们呈现主要数据之前，先让我们看看实验控制是否有效[1]。为了检验"吸引力"的控制效果，我们要求被试对评价者的总体外貌在11点量表上进行评分，范围从−5（无吸引力）到+5（有吸引力）。在有吸引力条件下，平均得分为+2.54分；

[1] 我们非常谨慎地保持评价者对真实研究假设的单纯想法。为了检验是否成功，我们要求她在实验结束之后，告诉我们她认为我们测试的目的是什么。她做了许多猜测，但没有一个与研究假设相似。因此，评价者不太可能污染数据。——原文注

在无吸引力条件下，平均得分为 -0.17 分。方差分析表明，在 0.001 水平上差异具有显著性。为了检验积极或消极评价的控制效果，我们要求被试对他们离开实验室的感受进行评分，范围从 -5（非常不好）到 +5（非常好）。在积极评价条件下，平均得分为 +2.79 分；在消极评价条件下，平均得分为 -0.42 分，同样在 0.001 水平上差异具有显著性。因此，我们的实验控制看来是成功的：被试认为评价者具有显著的吸引力差异，积极评价和消极评价分别产生了积极情绪和消极情绪。

应该补充说明的是，在实验控制的检验中，只有主效应具有显著性。评价性质没有对外貌评定产生影响，外表吸引力也没有对被试的感受产生显著影响。虽然后者产生了交互作用，但这种交互作用并不显著，其平均得分与我们的研究假设相一致：当评价者漂亮且积极评价时，被试的感觉很好（+3.83 分）；当评价者漂亮但消极评价时，被试的感觉很差（-1.00 分）。当评价者没有吸引力但积极评价时，被试感受的平均得分为 +2.75 分；当评价者没有吸引力且消极评价时，平均得分为 +0.17 分。

表 3-4　被试对评价者喜欢程度的平均得分

评价性质	评价者	
	有吸引力	无吸引力
积极	3.67	1.42
消极	1.08	1.17

现在我们来看本研究中的主要因变量，对评价者的喜欢程度。表3-4呈现了被试对评价者喜欢程度的平均得分，基于如下问题，“总体来说，你对这位学生心理学研究者的喜欢程度如何？”被试在11点量表上进行评定，范围从−5（一点也不）到+5（非常）。可以看出，当评价者漂亮且积极评价的时候，喜欢程度最高；其次是无吸引力—积极评价条件；接下来是无吸引力—消极评价条件，喜欢程度最低的是有吸引力—消极评价条件。因此，实验数据的排序方式与研究假设完全一致，尽管并不是每一对平均分都存在显著性差异。表3-5呈现了喜欢程度得分的方差分析结果。主效应和交互效应都具有显著性。有吸引力的女孩比无吸引力的女孩更受喜欢（$p<0.025$），积极评价者比消极评价者更受喜欢（$p<0.005$），交互作用（$p<0.01$）表明（至少）评价所具有的不同意义取决于外表吸引力的不同水平。

表3-5 被试对评价者喜欢程度得分的方差分析

来源	*df*	*MS*	*F*
组间	3	18.17	8.49****
A（吸引力）	1	14.08	6.58*
B（评价）	1	24.08	11.25***
A×B	1	16.34	7.87**
组内	44	2.14	

注：*$p<0.025$，** $p<0.01$，*** $p<0.005$，**** $p<0.001$。

进一步检查表3-4（利用加权系数求*F*值）发现，当评价者无吸引力时，无论接受积极评价还是消极评价，被试喜欢程度的差别不大（$F<1$），但是从一个漂亮女孩那里得到消极评价和积极评价的反应是截然不同的（$F=21.03$，$p<0.001$）。这与增益损失理论的观点是一致的，即个体为了取悦一个漂亮的女孩会激发更大的动力，因此，与一个无吸引力女孩给予相同的奖赏和惩罚相比，其获得的奖赏和惩罚都被放大了。与此密切相关的是，被试在面对有吸引力的评价者时可能会更加努力地取悦她。由于增加了努力的奖励，成功可能会使被试更加喜欢评价者。与努力保持不变时的奖励相比，努力增加时的奖励会使个体更加喜欢奖励者，阿伦森和林德（Aronson & Linder，1965）也提出过一种可能的机制来解释他们实验中获得的“增益”效应。

通过改变评价者的外貌，我们只操纵了外表吸引力，而不影响可能干扰信度的因素，如邋遢。如果我们仅仅改变可信度，研究假设也是类似的情况，即一个高度可信的评估者比一个缺乏可信的评估者，在进行积极和消极评价时会引起更多的奖赏和惩罚。如果积极和消极的评价来自于一个令人难以置信的来源，接受者可能不会非常高兴或非常不满。我们试图通过自然的美或丑而不是邋遢来控制外表吸引力。因此，我们没有让评价者在无吸引力条件下穿着邋遢的衣服或不合适的化妆，因为我们担心这会影响她的可信度。我们成功了吗？

幸运的是，我们可以通过询问被试，他们认为测试者有多聪明，以及他们认为测试者所做的工作质量来评估她的可信度。在这两种情况下，当评价为积极时，评价者被评定为显著“更好”——更加聪明（$F=10.25$，$p<0.05$）并且做了更好的工作（$F=7.04$，$p<0.025$）。这些评定并没有受到外貌的显著影响。因此，我们对于吸引力的控制似乎没有受到可信度的影响。

除了态度问卷外，我们还测量了一个“类行为”（Behavioroid）因变量。阿伦森和卡尔史密斯（Aronson & Carlsmith，1968）曾使用“类行为”这一术语来表示言语反应，意味着行为承诺。我们要求被试表明他们在不同场合与同一个测试者一起工作的意愿，结果如表3-6所示。请注意，这些数据与之前的研究结果不同。我们发现了两种主效应，但没有出现交互效应。具体而言，被试宁愿与漂亮女孩一起工作，而不愿意与难看的女孩一起工作；宁愿与积极评价他们的女孩一起工作，而不愿意与消极评价他们的女孩一起工作。正如阿伦森和卡尔史密斯（1968）所言，“类行为”测量经常比所谓的相应态度测量能够发现更多不同的结果。具体来说，我们可能不喜欢一个对我们评价苛刻的漂亮女孩，但我们可能还是会去找她，要么因为我们的动机是改变她的想法，要么纯粹是出于审美原因。例如，如果我们约会了一个漂亮女人，而她表示不喜欢我们，我们可能会降低对她的喜欢程度。但是我们仍然有可能再次和她约会，要么是因为我们希望有机会改变她对我们的想法，要么是因为我们只喜欢看漂亮的东西。

表3-6　被试自愿与实验者进行额外测试的平均次数

评价性质	评价者	
	有吸引力	无吸引力
积极	3.75	2.58
消极	2.83	1.08

从整体来看，我们的数据表明，人们喜欢漂亮且对他们积极评价的女孩，不喜欢漂亮但对他们消极评价的女孩，无吸引力女孩介于这两端之间。另一方面，不管她们的评价如何，人们都希望与漂亮女孩而不是难看的女孩在一起；不管她们的吸引力如何，人们都希望与积极评价者而非消极评价者在一起。

第四章　阿伦森名著解读

《社会性动物》《谁会认错》《社会心理学》等著作或教材充分展现了阿伦森高超的写作技巧、渊博的知识储备和缜密的逻辑思维，语言通俗易懂，例证贴近生活，实验材料丰富严密。更重要的是，阿伦森所强调的社会心理学的科学实验理念，旨在引导人们对司空见惯的社会生活现象进行质疑与反思，并通过可能的干预，为改变我们尚不尽如人意的社会生活提出了令人欣喜的方案。

第一节 《社会性动物》解读

一、名著简介

《社会性动物》创作于1972年，是阿伦森撰写的一部社会心理学著作，被誉为美国社会心理学的《圣经》。创作伊始，阿伦森将这本书定位为一本社会心理学的通俗读物、一本简要导论，同时具备科学读本的严谨性与通俗读物的可读性，旨在为学生提供一个尽量简略、有趣又不失公允的蓝本，以帮助他们更好地洞见社会心理学的迷人之处。该书至今已经过九版的修订，阿伦森不断将社会心理学领域的重要发现以及随时代流转而发生的重大社会事件加入到本书的内容中，尽可能做到紧跟时代的变化。

阿伦森强调，人类在本质上是社会性动物。不同于蚂蚁、蜜蜂等社会性昆虫的地方在于，人类通过人际互动，不断地受他人的影响，同时也影响着他人。这种影响发生在特定的社会情境中，任何看似疯狂或者友善的行为，都不能脱离社会情境来进行解释。

综览全书，可以发现作者非常强调社会影响（Social Influence），关注社会影响在人与人的交往中的发生过程；有哪些变量增强或削弱这种影响；这种影响是持久的还是短暂的；不同情境是否具有普遍的适用性等问题。围绕这些问题，阿伦森着力探讨了人际互动的几个重要的方面，首先介绍了人类行为中较为阴暗的方面——服从、攻击与偏见，然后过渡到人际吸引中较为温和美妙的方面——喜欢和爱。作者深入浅出，将大量的社会调查、社会事件、实验材料与自己的生活经历结合，系统地阐述了社会心理学的基本概念、机制及研究方法，不仅力图剖析重要的社会心理现象，加深人们对社会生活的理解，而且提供了一种科学的思维和方法。他曾说："我相信只要足够聪明，几乎所有的现象都能在实验室里被检验。"他将理论与实际融会贯通，旨在帮助提升那些对社会生活感兴趣的人们对社会现象、人类自身的洞察。同时，也利用这些规律和技术为人类更美好的生活服务，比如减少攻击、削弱偏见，引导人们更好地去爱。

二、内容导读

（一）什么是社会心理学（第一章）

阿伦森首先界定了社会心理学，给了它一个操作性定义——人们对他人的想法或者行为所产生的影响。关键词是社会影响，即人与人在交往过程中是怎样相互影响的？是通过哪些变量增强或削弱这种影响的？这种影响是持久的还是短暂的？不同情境是否具有普遍的适用性？虽然人人都对这些问题感兴趣，也能基于常识做出解答，但科学研究的价值就在于，通过实验结果验证常识的正误，有实验依据的结论能够为我们理解人类社会行为提供更多的确定性。

做出疯狂举动的人一定疯狂吗？阿伦森第一定律认为：做出疯狂举动的人未必疯狂。社会心理学家通常倾向于考虑人们所处的社会情境，一些情境性变量可以促使大部分“正常”的成年人，以一种令人厌恶的，甚至邪恶的方式行事。理解情境的作用，理解行为产生的过程，才能对人这种社会性动物有更多的洞察和理解。

（二）从众（第二章）

希特勒的决策圈子被描述为一个完全听话的群体，即典型的从众群体：决策者发号施令，成员对此说一不二。因此在这种高度一致的群体中产生极度残忍的决策——对犹太人的大屠杀，也就看似可以理解了；而在水门事件中高层领导们疯狂行贿、制造伪证、窃听电话，政要们做着违法的行为却不自知，这个群体中同样竟没人站出来打破这种邪恶的趋同与一致。

这些代价惨重的错误决策，都有着一个共同点，即群体中的人们迫于群体压力，态度或行为出现高度的一致性。我们可以看到，虽然从众（Conformity）有时被认为是符合社会规范的、相对安全的行为选择，但某些时候，从众会引发难以想象的悲剧与灾难。

那么，是什么导致人们遵从群体压力呢？线段知觉实验尝试对这一问题做出解答。在实验室条件下，有35%的被试在判断线段长短时，遵从了大多数人所做出的错误选择。被试在判断中体验到了内心冲突，但最终还是做出了与大多数人一致的判断。这是由于被试希望自己做出正确判断，并赢得他人好感，避免因不同意见而招致排斥。

影响从众的因素包括以下几点。（1）一致性：多数人的选择会导致另一个人最大限度地从众。（2）表态：个体事先公开表态，可以降低从众水平。（3）责任：需要对群体决策承担责任的人更少地做出从众行为。（4）个体与文化：高自尊的人更少屈从群体压力；相较于个人主义社会，集体主义社会从众行为更为盛行。（5）施加压力的群体：当群体成员由专家权威、对自己有重要意义的人或者是与自己类似的人构成时，更容易导致从众。

从众可以简单地分为两种类型：一类从众是为了逃避惩罚或者获得奖励，减少担心；另一类是由信息引发的从众，当物理线索不确定时，人们倾向于依赖社会线索，相信可信的专家或他人。两类从众对行为的预测截然不同：前者只是暂时的依从，当个体有机会独立做选择时，便可能改变看法，自发行事；后者则可以引发态度的持久改变，信息来源可以是他人的情绪，也可以是无意的影响，比如在死刑判决时，观看陪审团的死刑认定过程可以影响我们的量刑意见。

从众是社会影响的一种方式，那么，社会影响可以分为哪些类型呢？作者通过区分人们对社会影响的反应，将社会影响分为三类：依从、认同以及内化。依从主要是对权威者手上权力的服从，通过奖励或者惩罚即可达到影响他人的目的；认同的主要成分是吸引，示范者越有吸引力，就越能够影响他人采纳其观点；内化强调信息提供者的可信性，比如专家的观点更易让我们相信，并将其内化为自己的观点。总体上，依从、认同、内化对人们观点改变的持久性影响依次升高，同时三者也可能会交叉产生影响。

短暂的依从即是服从。虽然依从对人们行为的影响是短暂的，但电击实验证明了服从的巨大影响力。可能人们将他人置于痛苦的境地，并非因为生性残暴，只是为了服从权威，而65%的高服从比例令人震惊。后续研究通过设计精巧的实验进一步探索了服从的影响因素。例如，权威人物比普通人引发了更高的服从，权威人物是否在场、伤害对象与服从者的距离也会影响服从的程度。发生在纽约的著名凶杀案彰显了人们的麻木不仁、冷血无情吗？事实并非如此简单。人们在做无动于衷的旁观者时，可能是依从了他人是否施救的社会线索，这种依从满足了人们获得共同命运感受的需要。人多了就容易产生责任分散，此时不施以援手也无可厚非。阻止这种冷漠情境的办法是，增加面对面的直接接触，这样人们就有不可推卸的责任，不可能从现场离开。

（三）大众传播、宣传与说服（第三章）

1983年，美国广播公司播出关于核武器的灾难片《浩劫后》，这部影片迅速登上各种新闻报刊头条，引领了各界人士的言论导向。播出不久，该片成功影响了美国人对于核武器的态度，并进一步影响人们积极采取行动避免核战争的爆发。即使是那些没有观看该片的人，仅仅是听到宣传，也意识到核战争的巨大威胁，引发了更多有关核武器使用的思考。

我们生活在一个大众传播的时代，而这个时代的特征就是通过传媒努力说服大众，不论是购买产品还是选举投票，这些都影响着人们观察世界的方式，以及对生活重大事件的反应。比如，“911事件”后，电视媒体反复播放双子塔倒塌的画面，并配有向恐怖主义宣战的标语，这些画面和文字能够激发人们强烈的情绪体验。全民悲愤及好战的情绪可以帮助我们理解为什么布什在做出发动伊拉克战争的决策时，几乎没人站出来质疑这一政策。

媒体的说服威力为何如此之大？首先，即使在无意说服的媒体报道中，情绪感染仍然会发挥作用，负面事件一经媒体的渲染，某种情绪，比如恐慌、担忧等，就会感染人群，造成盲目模仿性中毒、盲目模仿性自杀等悲剧事件的产生。其次，在有意说服诸如竞选拉票等活动中，媒体精心挑选呈现的材料，旨在美化自己，丑化对手。最后，广告的感染力也在起作用，比如，孩子即使对广告的真实性持怀疑态度，但持续的广告播放仍会通过增加产品的熟悉性来影响孩子们的消费行为。

阿伦森反思了媒体宣传的本质。有时，宣传会误导大众形成错误的观念，比如电视节目会给某些群体贴上固定的标签：黑人粗俗愚蠢，女性孱弱、能力不佳等。这种宣传形式可能在推销一种偏见，而人们是否意识到偏见的存在，又取决于个人的价值信念。

说服发挥作用的途径包括中心说服和边缘说服。其中，中心说服是指考虑事实和数据，对问题进行系统思考，深思熟虑；边缘说服是对不太相关的线索做出反应。大部分说服是两种形式的结合。比如，在辛普森案件的审判过程中，辩护律师通过提供确凿的证据说服陪审团，属于中心说服；而辩护律师的措辞形式、节奏、押韵等则是通过边缘途径微妙地影响陪审团。

说服的路径中有哪些可以增加或减少宣传有效性的因素呢？具体包括宣传的来源（是谁说的）、宣传的性质（怎样说的）以及接受者的特征（对谁说的）三个因素。首先，宣传的来源包括宣传者的可信性与吸引力。当一个可信任的专家不计较个人利益（没得到好处）、看起来并不试图影响他人意见时，就可以增加说服效力；或者仅仅因为他是一个有吸引力的人，在不重要的观点和行为上，我们出于对他的喜爱也会接受他的影响。其次，宣传的性质，具体指宣传的表达方式，也会影响宣传的效果。当宣传语的情感信息多于理性信息时，宣传的作用会加强，但该作用受情感体验的强烈程度、行为与情感联系的密切程度的限制。当宣传信息有可靠的、具体清晰的证据支持，特别是生动形象的个别例证时，说服效果会增强。表达信息时采取两面论证还是单面论证会产生不同影响，说服效果也受到接受者的见识与原有立场的调节。观点的呈现次序、与接受者观点的不一致程度也会影响说服效果。最后，接受者的特征如自尊、前期经验（原有知识水平）也会影响说服效力。如何应用这些发现呢？我们可以利用低自尊人群的高度易感性，通过提高人们的情绪唤醒来增强说服效力。需要注意，预先警告则会减弱说服效果。

如何将这些实验室中重要变量的发现迁移至生活中并发挥实际作用呢？阿伦森在这里提出了一个有趣的问题，如果你要接手一家广告公司，你应该如何利用社会心理学所学知识来影响人们对健康保险的态度？答案是，视情况而定，书中对此进行了全面的考量与分析。

（四）社会认知（第四章）

> 一阵狂风打碎了窗户的玻璃，女孩随之变得闷闷不乐、意志消沉，她这么难过是因为碎裂的玻璃吗，人们这样猜想道。当女孩事后回忆时，解释说因为窗户玻璃打碎了，意味着一位亲人即将离世，而她是在哀悼自己的父亲，才感到如此难过。

这则民间故事中的女孩在头脑中虚构着她对这个世界的解释，而我们每个人在试图理解社会生活的意义时，给出的解释都会有所不同。因为人是有限理性的动物，我们的认知很吝啬，我们通过选择性注意和选择性记忆虚构我们的认知，所以我们思考问题不可能总是全面、客观、不偏不倚的。这种便捷化的认知方式极有可能带来一些不愉快的结果——定型与偏见。

我们对社会的理解和判断受到哪些因素影响呢？首先，我们考察外部因素，即社会背景。人们的所有判断都是相对的，对特定人和事物的分析判断取决于所处的环境。社会背景的不同方面，包括参照比较、情境启动、决策框架以及信息呈现的方式，都会影响我们的判断。具体而言，当存在对比效应时，我们对他人和自己的评价都会受到影响；情境启动了我们当前所考虑的事情及相应的信念和范畴，比如负性词的启动可以影响对另一个人的印象评价，同时，词语的情境启动也会影响我们自身的行为。例如在生活中，大众媒体有关社会议题的启动可以影响人们当下思考、谈论的内容；当决策受框架效应影响时，决策看起来就不是那么理性，比如尽管措辞表述的意思完全相同，但由于对损失更加厌恶的心理效应，会影响人们做出规避损失的决策；信息呈现的先后顺序会产生首因效应，影响人们的印象形成，而信息量的多寡则会通过稀释效应弱化我们对事物的最初判断。

面对浩如烟海的信息，我们通常会运用便捷式判断的方式理解信息。常见的便捷式判断类型包括代表性便捷式判断和态度便捷式判断。前者通过判断对象的相似性，后者则通过我们对特定事物所持有的态度来影响我们的判断。当没有时间进行仔细思考、信息过量、问题本身并不重要、可参考的信息很少时，我们往往会倾向于选择使用便捷式判断。

我们倾向于对人和事物进行分类，特定的信息会唤起我们心里对人或物事先存在的特定刻板印象（Stereotype），这种刻板印象指导对结果形成预期，从而影响我们的判断，这就是认知捷径的心理机制。一项精妙的实验证明，人们倾向于认为与上层社会的人交往的女孩学业能力更强，而当女孩与底层社会的人在一起时，她在测验中犯的错误则被归因为她的学业能力一般。这种对事物的成见会导致自证预言的出现，正如雅各布森

（E. Jacobson）发现的实验者期望效应（Experimental Expectancy Effect）一样。同时，分类会使我们看到两件没有因果关系的事物之间形成某种虚假关联，从而进一步强化最初的刻板印象。最后，分类的最常见形式是，我们将人们简单地划分为内群体与外群体，我们习惯偏爱自己人，即使有差异也是可以接受的，而外群体则是一丑百丑，高度一致。

在这种刻板印象中，重构性记忆和自传式记忆在其中发挥着作用。我们通过重构记忆对真实记忆进行过滤和改造，理由就是我们希望和我们认为；而自传式记忆则会对事件的细节做出修改和歪曲，以适应我们的自我图式。不论是重构的还是虚构的（自传性）记忆，都会在我们形成新的态度时为我们的便捷式判断提供证据。

因此，我们可以看到，人类认知具有便捷性和保守性。如果我们有种族偏见，我们不仅会努力寻找证据去维护先前的信念、知识或定型，即产生证实偏见，并且，我们还对这些证据的真实性十分有信心，即出现事后聪明偏差。这种保守性源于我们感知到社会生活是连贯的、稳定的、不复杂的一种需要，但这也提醒我们必须对犯错误、歪曲事实保持警惕。

上面探讨了人们的信念及态度如何影响人们思考社会生活的方式，那么，态度和信念又如何影响了人们的行为？事实上，态度和行为之间没有必然的线性关系，态度看似不能预测行为，但我们有必要对其中的限制条件进行探究。首先，要考虑态度的可通达性，比如，当提到蛇时，我们很容易将其与危险联系在一起，这种高强度的关联性就是态度的可通达性，通达性高的条件下，态度可以准确地预测行为；其次，态度和信念可以通过改变我们对事物的感知，使我们创造出事实，进而影响我们的行为。教育心理学中的经典研究发现，持有智力恒定信念的儿童倾向于害怕失败，容易放弃，而持有智力可变信念的儿童则敢于冒险，乐于尝试。

阿伦森罗列出三种我们在解释世界时经常使用的偏差性认知方式：基本归因错误（Fundamental Attribution Error）、行动者—观察者偏差（Actor-observer Divergence）、自我偏差。这就提醒我们，在对人或物进行解释时，首先，尽量防止过度的性格归因；其次，对可能造成误解和冲突的事件，学会从行动者视角转变为观察者视角，这有助于我们产生移情，从而理解事件的本质；最后，需要培养敏感的自我觉察能力，出于对自尊的维护，我们通常会采用自我防卫的方式解释发生在自己身上的事，但这会在一定程度上歪曲对世界和自我的基本看法。

（五）自我辩护（第五章）

如果你现在的身份是一家烟草公司的高层主管，你被要求公开发表对吸烟的看法，你一定知道吸烟会导致癌症，也清楚自己正在靠销售香烟盈利，这时你的心里就会有两种念头在抗争：我是一个正直而善良的人和我正在做一件不那么道德的事情——加速人们的死亡。这两种认知出现了不一致，你该怎么办呢？最可能的做法是：出于自我辩护的动机，你否认吸烟比吃垃圾食品更易导致癌症；你会说你认识的许多人都在吸烟却很长寿；或者声称没有确凿的证据证明香烟会导致药理性成瘾。

人们对世界有这么多歪曲的看法，显然，人类并不是完全理性的社会动物，但具有讽刺意味的是，我们歪曲世界的动机竟然是为了让自己看上去是合理的、合逻辑的，甚至是道德上完美的人，所以我们发明了一系列自我辩护的说法为自己的行为开脱。

费斯廷格提出了人类动机理论的基础——认知失调理论，阿伦森对该理论进行了修正，认为当某一认知与自我概念之间出现不一致时，最能引发失调。出于维护自尊的需要，我们要为自己的行为进行辩护。我们会采取贬低、歪曲、合理化等方式，比如戒烟失败时人们会否认吸烟的危害性、降低对戒烟成功的期望；哈雷—波普彗星自杀案中的教徒会为集体自杀寻找充分的理由，即使是在望远镜看不到宗教宣传者虚构的宇宙飞船时，仍通过歪曲事实，比如望远镜坏了，来维护他们的宗教崇拜。

自我辩护需要的形式有哪些呢？首先，体现在决策过程中。不论是在面对消费决策还是感情决策时，人们都极易产生失调，我们通过加强正面信息、回避负面信息来进行自我确证，得到的都说好，没得到的都贬低，许多历史例证都体现了这种对危险视而不见的决策。当事实不可改变时，我们更加倾向于歪曲信息、找证据说服自己。失调可以让人们坚持某种信念，当然，也可以利用失调来改变人们的态度。其次，当人们做出看似愚蠢的、不道德的事情时，人们可以寻找充分的外部理由为自己开脱，如避免伤害某人、获得奖励、逃避惩罚等。但当外部理由不充分时，人们就要从内部找理由，这时，态度最易发生改变。比如我们可以诱导他人在公开场合说出与自己观点相悖的话，这样有助于他的态度发生变化，即“讲过为真”现象。

那么，在什么情况下，态度的改变最大呢？阿伦森设计了大量研究发现，行为造成的后果越严重，人们对行为要负的责任越大，人们感受到的失调越大，自我概念受到的威胁越大，自身的态度改变就越大。具体来说，不充分奖赏会使从事单调任务的人们体验到强烈的失调，引导人们喜爱那些本身看似无趣的工作。而对于愉快的任务，充分的奖赏则会使外部理由过于充分，将游戏变成工作。相对应地，不充分惩罚（轻微惩罚）则给个体机会寻找内部理由。阿伦森的一项实验证明，轻微惩罚条件下，儿童认为禁玩玩具的吸引力下降，而严重惩罚条件下，孩子认为禁玩玩具的吸引力没有减少。

基于认知失调理论，我们可以对人类行为做出哪些预测呢？首先，出于为努力进行辩护的动机，人们会认为付出很大努力才达到的目标比毫不费力就达到的目标更具吸引力。其次，出于相信我们是正派的、有理智的人的动机，我们会为残忍的行为进行辩护。当自己的行为已经造成了确凿无疑的伤害，或者伤害并非由你造成，但仅仅因为你讨厌受害者时，你便会努力寻找外部理由，比如贬损受害者，认为其罪有应得，以此降低失调。贬损现象受两个因素的调节：一是施暴者的自尊水平，二是受害者的报复能力。最后，对不可挽回或无法避免的事件，人们会从认知上将情境带来的不愉快感降到最低。

但是，认知失调理论受到了来自贝姆（D. Bem）自我知觉观点的挑战。贝姆认为正在改变自己的态度和行为的人们，可能不会感到不安，也可能不会想要为自己辩护，他们事实上可能没有出现认知失调，有的只是自我知觉。阿伦森指出，自我知觉理论（Self-perception Theory）只在人们一开始就没有清晰明确看法的情境中才会起作用。在一项巧妙的实验中，研究者证实在失调情境中人们会主观报告不安，同时，注意力分散也提供了不安在行为方面的证据，证明失调确实会导致不安的心理状态。

失调的影响范围有多大？首先，失调会导致态度的改变；其次，失调可以改变生理欲求的体验方式，比如，当个体主动要求体验饥饿、口渴等生理痛苦时，为了减少失调，他会使自己相信经受生理折磨也不算太糟。

失调理论的实际应用包括以下几点。第一，它可以增加人们对完全超乎想象的事情的理解，比如宗教暴行、人为造成的灾难。例如，1979年三里岛核电站事故发生后，周围的居民按常理应该尽早撤离，但实际情况是，住得越近的居民越发相信专家的声明，认为泄露的放射性物质是微量无害的，从而消除自己的疑虑，不采取任何撤离的行动。第二，失调可以解释超乎想象的社会事件，比如本·拉登可能无意中利用了失调理论操纵教徒对美国的仇恨，教徒们相信伊斯兰教才是世界上最完美的宗教，但实际上他们的国家却落后于以基督教为主的西方世界，为了减少失调，狂热的教徒们通过愤怒地歪曲美国、丑化美国来维护民族自尊，结果导致了暴行的发生。第三，失调可以帮助人们减肥瘦身。当你付出很多努力参加一项体重控制计划后，虽然体重并没减轻多少，但出于为自己的努力辩护的需要，你会通过坚持不懈地减肥来取得效果。第四，利用失调可以促使人们节约水资源。阿伦森最后提醒人们，如果人们习惯于采取合理化、贬低、歪曲事实的方式构建虚假的内部和谐，那么他将永远得不到健康的发展。合理的做法是，出现失误时不带防御地接受，并努力从失误中学习和成长，认识到一次失误或许显得愚蠢，但这并不真的意味着自己是一个不优良的人或者不折不扣的傻瓜。

（六）人类的攻击性（第六章）

> 35年前，新闻正在报道一起美国飞机在一个村庄上空被凝固汽油弹击落的事件，据说这个村庄是越共的基地。儿子迷惑地问我："爸爸，什么是凝固汽油弹？"我随后答道："就是一种能让人燃烧的化学制品，能黏到人的皮肤上，很难取下来。"这时，我无意中看了儿子一眼，发现他早已泪流满面。我陷入深深自责，难道我们已经对人类的残忍习以为常了吗？

阿伦森在本章开篇生动地分享了他和儿子之间的故事，用一个孩子的泪水来叩问：人类本就是一个特别富有攻击性的种群吗？或者说攻击性是与生俱来的吗？它可以被改变吗？有哪些社会性因素和情境性因素会增加或者减少攻击行为？

阿伦森首先对攻击行为进行了清晰明确的界定。攻击行为是指造成伤害或者引起痛苦的行为，它不仅仅局限于身体上的攻击，也包括语言暴力。攻击行为可分为敌对性攻击和工具性攻击。那么，攻击性是人类本性的一部分吗？关于人类生而残忍的说法缺乏明确的证据，虽然弗洛伊德（S. Freud）关于死本能的悲观观点以及进化论等都提出证据支持这一说法，但仍有大量研究证明，社会情境如文化、地域、习俗等也是诱发攻击性的重要因素。伯克威茨（L. Berkowitz）提出的论点——人类天生的行为模式极具可塑性和灵活性，也证明了这一点。

攻击的作用有哪些？对人类是否有益？进化观点给出的解释是：攻击是生命保护系统中必不可少的组成部分，关于猴群、海象等争夺领地的研究也对此提供了支持性证据。阿伦森指出，夸大攻击的生存价值是危险的，合作利他在种群生存中有着更高的生存价值。阿伦森思考了美国的社会现实，认为病态的竞争氛围让失败变成不可接受的结果，并对人类研发生化武器、核弹头等是否真的具有生存意义提出质疑。针对攻击能起到宣泄作用的说法，阿伦森引证大量研究说明，宣泄后人们反而会更加愤怒，更具攻击性。从认知失调角度，他进一步做出解释——一旦伤害了某个人，出于为自己行为做辩护、维护自己是一个好人的形象的需要，人们会贬斥受害者，认为是他们咎由自取，这会增加二次伤害的可能性。他认为暴力只能催生暴力，攻击引发的报复行为会增加失调，引发更多的攻击。

攻击的原因有哪些？除了憎恨、复仇等一些显而易见的原因外，暴力本身也是主要原因。不过，还有一些因素值得探讨。第一，攻击行为会受神经和生理化学方面的影响，杏仁核、睾丸素、男女在生物化学激素方面的差异、化学饮料酒精等可以对攻击性产生影响。第二，不愉快的处境所引发的痛苦与不适，比如高温、潮湿、空气污染及令人作呕的气味，可能会降低攻击行为的爆发点。第三，在令人不适的环境中，引起人攻击行为的主要因素是挫折。勒温等的经典实验证明了挫折—攻击假说，后续研究发现，当目标触手可及、期望值高或者目标受到无理阻碍时，会增强人们的挫折体验。第四，当有害的社会氛围使人们感到被拒绝、排斥与受到奚落时，人们会倾向于使用暴力来减轻因遭受羞辱而受到的伤害，如美国发生的哥伦拜恩中学枪击案。第五，在特定的情境中，社会学习也会对攻击行为产生影响，如对他人行为意图进行评估以及情境中的攻击线索会加强挫折引起的攻击倾向。此外，社会学习对攻击行为也存在抑制作用，如当人们感到要为自己的行为负责时攻击性会降低。联系日常生活，大众媒体作为社会学习的通道，对暴力的发生起到了不可忽视的作用，并且，长时间观看电视暴力会导致人们对暴力脱敏，变得麻木冷漠。至于针对女性的暴力，则与暴力性色情产品的畅销有关。

我们已经了解了攻击行为产生的原因，那我们能做些什么来减少暴力的发生呢？这个问题似乎没有简便易行的解决办法，需要对因素之间复杂的作用机制进行探讨。首先，以暴制暴的作用有限，常识告诉人们用惩罚方式可能会起作用，但研究发现，严厉的惩罚只有短期效应，长期来看却会适得其反，增加暴力的发生。后续研究更详尽地补充了许多影响因素，如温暖的人际氛围、惩罚的严重性等。其次，奖赏的作用需要谨慎对待：当惩罚被视为一种奖赏时，攻击行为并不会减少。惩罚攻击性榜样不会增加也不会降低儿童的攻击行为，但树立非攻击性榜样，或者对替代性的正性行为进行奖励时，则可以降低攻击性。最后，培养人们对他人的移情能力，想象被自己贬损为没有人性的受害者可能经受的痛苦体验，则可以降低攻击行为发生的可能。

（七）偏见（第七章）

> 当我还是个孩子的时候，我们生活在反犹太情绪严重的街区，我只能在傍晚去希伯来学校念书，尽管这样，我依然会招致一些恶棍的欺凌，经常被游荡的歹徒抢劫，这里的小孩子会粗暴地殴打我，还高喊着侮辱性的词语。我想知道，为什么他们如此讨厌我，即使我没有做错什么。如果他们能了解我多一些，会不会就不那么恨我了呢？

这是阿伦森回忆童年生活时的自述，那个时代生活在美国社会的少数族裔、黑人、女性都在不同程度上遭受着这样的心理暴行——偏见。随着社会的进步，公开表露的歧视与偏见有所下降，但因偏见而发生的暴行、犯罪并未减少。比如，黑人在黑夜打不到出租车。因此，偏见仍是需要着力探讨的问题。

那么，什么是偏见？什么是刻板印象？阿伦森将偏见界定为人们从有错误的和不全面的信息概括而来的、针对某个特定群体的敌对的或负向的态度。因此，他将研究聚焦在负向的、敌对的偏见上。偏见具有隐蔽性、顽固性、普遍性，其产生源于我们每个人头脑中都有刻板印象，刻板印象是人们对特定群体的特征或动机的概括，而忽略了群体成员之间实际存在的差异。刻板印象有中性刻板印象，也有侮辱性刻板印象。这些刻板印象的分类是人们在头脑中用来加工并认识世界的便捷通道，可能并未带有恶意，但这种方式潜在的危害性却无法忽视。例如，来自刻板印象的威胁使黑人因为不断担心学业成绩不如白人而陷入自证预言，妨碍取得好成绩。

刻板印象是如何产生的呢？首先，刻板印象是归因的一种特殊形式。在模棱两可的情境中，出于对他人行为意图探究的需要，人们可能做出与已有偏见一致的归因。比如，费尔德曼（R. Feldman）等人在实验中发现，大学生普遍存在职业性别刻板印象。比如当人们在评价一位成功的女医生时，倾向于认为她的能力不及男医生。此外，这种性别刻板印象并未因时代发展而发生太大的变化，人们还是会犯基本归因错误，将男性成功归因为能力，女性成功则被归因为勤奋。这样的性别刻板印象会在教育、职场等领域影响女性的表现。其次，人们倾向于将错误归咎于受害者，假如一个犹太人在历史中受到迫害，一定是他做错了什么。人们源于对公平世界的追求，当受害者处于不公平的困境时，人们会自动将受害者的处境归因为他们的人格和无能，从而进一步加深对外群体的厌恶，更加固化刻板印象。

那么，偏见会带来哪些微妙的影响呢？第一，科学家也会受偏见的影响。例如贾尼斯（I. L. Janis）的实验发现，智商测验本身就带有偏见，不利于居住在乡下和贫民窟的人们作答。第二，偏见会影响面试求职。研究发现，当面试者以对待黑人的方式面试白人时，白人的表现会明显下降。第三，大多数人在以一种不太明显的方式延续着对少数族裔的歧视。黑人如若需要获得帮助，通常得付出比白人更多的努力。第四，不易察觉的性别歧视会更加针对女性，限制她们提高社会地位和进入更为专业化的工作领域的机会。

偏见的成因包括以下几点。首先，媒体在维持偏见中发挥了重要作用。其次，人们与生俱来会向外来者表示出敌意；同时，文化的教化也在起作用，文化一方面可能教育人们合作、友好和开放，也可能有意无意中将一些负性品质和特性强加给那些与我们不同的人。精密的实验室研究发现了五个导致偏见的主要因素。(1)经济和政治方面的竞争和冲突。由于资源的有限性，强势群体试图通过对弱势群体的掠夺和诋毁来获得物质利益。(2)替代性攻击(Displaced Aggression)。当受挫者无法攻击高威权者时，倾向于寻找替罪羊。(3)地位或者自我形象的维持的需要。当人们做出了令某个人或群体痛苦的事情，出于维护自尊的需要，会为自己的残忍行为辩护，让自己感觉良好。(4)性格偏见。即人格因素，比如，一些具有权威人格的人几乎对所有少数族裔都持有很大偏见。(5)对现存社会规范的遵从。前面四个因素可以解释部分偏见，但绝大部分偏见行为却是人们盲目遵从社会规范的结果。

为减少偏见，我们能做些什么？第一，可以通过国家干预来改变民间习俗。既然某种偏见可能是由一个社会在有意或无意中培养起来的，那么国家可以通过确立某种公共政策，比如取消种族隔离，增加平等的接触机会来增进理解。比如，人们为了降低不得不与看似危险的黑人在一起上学所导致的失调，可能会换个角度看待黑人，去寻找他们身上的积极品质，而不是去捏造、歪曲事实。第二，可以通过相互依赖来减少偏见。取消种族隔离后在一起的孩子依然可能会因为竞争环境而更具敌意。谢里夫的实验发现，让孩子们置身于一种只有相互合作才能实现目标的情境之中，可以促使对立群体中的孩子自发合作、友好相处。第三，可以通过合作学习来减少偏见。一种很有效的合作技术是拼图法，在教学过程中使用这种技术，可以提高孩子的移情能力，逐渐增加孩子同外群体的联系。

（八）喜欢、爱与人际敏感性（第八章）

> 人们似乎都在寻找一个如何吸引他人的公式，卡耐基在书中尝试做出了回答：毫不吝啬地去赞扬他们，如果你希望人们喜欢你，就要让人们感到愉快，做出喜欢他们的样子，对他们感兴趣的问题表现出兴趣。这些策略真的奏效吗？经过严格控制的实验检验后，这些策略会得到验证吗？还是策略的使用也存在限制条件？

前几章都在讨论人类社会行为中比较阴暗的方面，诸如服从、攻击和偏见。这一章着力讨论人类社会行为中令人激动和幸福的一面：人际吸引。实验者通过严格控制的实验尝试做出了初步的回答：与那些具有令人不愉快特质的人相比，那些具有令人愉快特质的人更受我们的青睐；那些与自己的观点或立场相似的人更受我们的喜爱。个体会更喜欢与我们合作而非竞争的人，更喜欢表扬我们而非批评我们的人。

尽管绝大多数人际吸引现象都可以用一般奖赏理论给予合理的解释，但阿伦森还是对一般奖赏理论提出了质疑，认为一些人际现象在该理论框架下的解释力并不高。喜欢美的人可能是因为长相出众的人可以给我们美的奖赏，但它不能解释全部的人际吸引现象。比如，在第五章提到的成员加入兄弟会前如果经受了严苛的入会仪式，他们则会更加喜爱兄弟会，这种不愉快的经历和体验并不是奖赏，那结果又该如何解释呢？因此，单用一般奖赏理论来解释过于简化，社会心理学家需要通过实验来确定人们采取这种或那种行为的条件。

影响人际吸引的因素有哪些，这些因素的限制条件又是什么呢？第一，赞扬和帮助他人的作用有限，有时批评可能比赞扬更加有效。研究发现，只要评价者不再评价我们，负性评价一般会提高我们对评价者的崇拜感。关于帮助他人的作用，也得具体情况具体分析，若一个人帮助我们是带有附加条件的，如某个学生给老师送礼，前提是他的学期论文可能不及格，这样的附加条件可能并不会让老师对这个学生有好的印象。那么帮助在什么情况下起作用呢？让他人帮助自己，是提升个人吸引力的可靠途径。第二，个人特征，诸如能力和外表吸引力等。与常识相反，我们可能并不喜欢能力过强的人，因为和他们在一起会显得自己很糟糕。实验研究也发现，人们最喜欢能力很强但会犯小错误的人，这就是出丑效应。后续研究进一步指出，喜欢完美的能力超群者还是喜欢有过失的能力超群者，受人们的自尊水平调节。对外表吸引力而言，它不仅会影响到对这个人的评价，同时也会影响对他周围人的评价。不论从短期交往还是长期交往来看，与外表吸引力更高的人的交往持续时间都会更长。而电视媒体在宣扬某种文化的美貌标准时，起到了不可忽视的作用。第三，相似的人之间更有吸引力，如果他人的看法、观念与你的观点相近，你更有可能喜欢他。但相似与喜欢间的因果关系可能同时从两个方向起作用，也就是说，假如我们喜欢某个人，我们也会推测他所持的观点与我们相似。第四，如果这个人表现出对我们的喜欢，我们则更有可能喜欢他，即使这种被人喜欢的信息是虚构的，也会导致自证预言的出现，增加我们对对方的喜欢。喜欢程度受被喜欢者自尊水平的调节，如果我们是缺乏安全感、不自信的人，当有人喜欢我们时，我们会更喜欢对方，同时，缺乏安全感的人更倾向于寻找不太有吸引力的人。

某人喜欢我会增加我喜欢这个人的可能性，这种关系的具体机制是什么？阿伦森用得失理论解释说，我们更喜欢的是那个在一段时间内对我们的喜欢逐渐增加的人，而不是一直喜欢我们的人，同样，正性行为的丧失，即如果这个人不再喜欢我们了，则会比一直不喜欢我们的人，具有更大的影响。阿伦森等设计了精细的实验程序验证了这个假说，发现逐渐获得的正性评价对喜欢的影响比一组完全正性的评价要大，与一组完全负性的评价相比，丧失正性评价对人们的影响更大。

人们是如何坠入爱河的呢？相识初期第一印象很重要，但伴随相识的深入，喜欢或讨厌会衍生出爱与亲密的美妙体验。首先，爱是什么？斯滕伯格（L. Sternberg）提出爱情的三种成分是激情、亲密和承诺，爱可能来自于这三种要素之一，也可能由三种要素任意组合而成。其次，爱情这种亲密关系除了带来美妙的体验，也可能存在潜在的负面效应。你总是伤害自己所爱的那个人就能很好地说明这一问题。阿伦森等用实验验证了获得——丧失理论，发现在长期亲密的共有关系中，当最初对我们无微不至关怀的亲密爱人对我们的关怀逐渐减少，会比那些自始至终都对我们持否定情感的人，更令我们讨厌。这可能是一个令人不安的发现，因为越亲密，我们越会在这段关系中看不到增益，对方对我们稍微不尊重，破坏性就会很大，难道这注定了我们只能被爱人伤害？科学研究对此做出了令人欣慰的解答，在共有关系中，伤害感和冲突能够导致双方对彼此及彼此之间的共有关系产生积极健康的、令人激动的新理解。当伴侣真诚地表露意见和情感时，即使是不好的事情，对另一方来说，也可以获得被尊重感上的增益，从而导致更加喜欢眼前这个人。

如何表达真诚，做到真诚地与人交流来增进亲密感呢？答案是坦率地谈话。人类高度复杂的语言系统，以及在充满竞争的社会中习得的让自己刀枪不入的自我保护方式，会使人们使用掩饰、挖苦、讽刺带来人际交流中的误解。而真诚、不掩饰的对话，虽然看上去会暴露自己的脆弱，但只要对方以关心和尊重的态度接纳之，做到不压抑情绪，直接反馈，并不带评价与指责，专注于表露自己的情感而不是看法，这些举动上的改变可以帮助人们增进谅解，形成接近完美的爱情。

（九）作为一门科学的社会心理学（第九章）

社会心理学涉及人类生活的重要方面：爱、恨、攻击、利他主义、社会影响、从众、偏见等。我们不仅能够消费这些知识，来帮助自己更好地理解生活，而且可以作为生产者，用科学的思维批判与质疑，对司空见惯的现象提出问题，并用精巧的科学方法做出回答。或许得到的答案与我们头脑中根深蒂固的常识相矛盾，但我们要保持清醒，科学的社会心理学给予我们最宝贵的礼物就是用科学的眼光观察问题，用科学的方法解答问题，用确凿的证据让人们受益。

那么，什么是科学的方法呢？首先，悉心观察生活场景或现象；其次，对现象背后的原因进行合理的推测；最后，提出假设并设计实验验证，结果决定接受还是拒绝这个假设。追求严谨的科学程序并不意味着科学家要站在艺术的对立面，科学与艺术是相互包含的，缜密精巧的实验设计中本身就具有艺术的美感。

可能有人会说，为什么要设计实验，在现实情境中对假设进行检验岂不更好？然而，在纷繁的世界中总包含了太多的无关变量，实验室却可以提供一个纯净的实验环境，通过精巧的构思，巧妙地分离出自变量，准确地测量因变量，这样就可以对每个变量的效应进行精确的研究，得出确定的因果关系。

社会心理学实验总是面临着伦理问题的挑战。首先，面对诸如隐瞒、欺骗、给被试带来痛苦等方面的伦理问题，阿伦森认为，我们应在科学研究的价值与保护被试的健康和幸福间进行权衡并取舍。其次，科学家对自己的科学发现要承担责任，如果结果被动机不良的人利用，用来操纵他人怎么办？阿伦森强调，社会心理学所研究的现象是先于研究而存在的，并非研究者创造了这些现象，研究者只是通过科学系统的实验方法搞清楚其间的过程和机制罢了。在洞悉这些心理规律、运用这些技术的基础上，科学家可以为改变我们的生活，如消除偏见、增进人际和谐等，多尽一点力量。

三、评价

阿伦森曾说过，如果将18部著作都看作自己的孩子，那么《社会性动物》就是他最疼爱的孩子。全书不仅长于严谨而理性的推理与论证，同时也充满着作者温润的人文关怀。这本书充分展现了阿伦森过硬的文字功底和渊博的知识，面对晦涩难懂的知识和理论，作者尽量使用通俗易懂、生动有趣的语言，贴近读者的生活经验，在感性的认识上引发读者对司空见惯的现象进行反思与质疑。

（一）写作特点

在表现手法上，作者采用大量的社会事件、生活实例以及个人化经验，结合严密科学的社会心理学实验研究，对社会心理现象及机制予以系统充分的探讨。但并不是简单的材料堆砌，作者深入浅出，从现象、事件入手，引发人们跳出定势思维的怪圈，用一种科学的视角和思维重新审视常识和日常事件。

（1）个人分享。在“攻击”这一章节，作者生动深情地分享了与儿子就杀伤武器——凝固汽油弹的对话，儿子善良的童真与伤心的泪水引发作者反思人类的残忍。极具个人化的分享表现出作者真诚的写作风格，同时也起到了触动人心的作用。

（2）社会事件。作者虽引用了大量引人注目的重要社会事件，但并不满足于对现象本身的描述，而是进一步用心理学理论进行解析，尽可能客观详尽地分析现象的成因，加深人们对超乎想象的事情的理解。如轰炸北越事件，五角大楼的决策者决定不断加大对北越的轰炸，作者并没有将这些疯狂的举动简单地归因为施暴者的疯狂，而是以一个科学家的视角，运用认知失调理论解释施暴者做出残忍行为的原因。事实的真相可能是，失调导致决策者对那些反对轰炸计划的确凿证据视而不见。决策者一旦做出了一些残忍的行动，出于对残忍进行辩护的需要，他们一方面贬损轰炸对象，一方面诉诸更多的武力，来确证自己行为的合理性，最终导致灾难的进一步恶化。

（3）生活实例。阿伦森强调，我们应该敢于质疑常识，基于经验的判断可能是简便的，但却有潜在的危害性。例如，常识告诉我们，通过严厉的惩罚可以改变一个人的错误行为。但阿伦森举出了一个特别贴近生活的例子，以帮助人们理解行为背后的心理过程。哥哥打了妹妹，如果哥哥受到爸妈严厉的惩罚，如被狠揍了一顿等，那么哥哥会为自己不能打妹妹找到充分的外部理由，即不打妹妹是因为受到了惩罚，而哥哥还是喜欢打妹妹的，结果就是当爸妈不在时，他变本加厉地打妹妹；如果哥哥只是受到了轻微的惩罚，那么哥哥会认为不打妹妹是因为惩罚的外部理由站不住脚，他由此使自己相信，不打妹妹是因为自己真心不喜欢打妹妹，从而减少打妹妹的行为。阿伦森力图用科学的理论来解释生活现象和事件，正如他所说：如果一种理论不仅可以有力地帮助人们理解和预测各种现象，而且还能够让人们从实际中受益，那么它便有特别的价值。

（4）科学实验。阿伦森是“一个为检验自己的假说而创造正确实验室情境的天才”，阿伦森追求给予事件确定性的解释，不满足于模糊的相关性解释。他痴迷于在纯净的实验室环境下，创设精妙的实验情境找出能确定因果关系的变量。例如，为了检验人们会喜爱受过磨难才得到的东西，阿伦森花费几百个小时构思了一项实验室实验。为了测到被试真实的反应，不受他们对实验目的猜测的影响，阿伦森向被试做出解释，他正在进行一项“小组讨论过程动力学”的研究——掩饰实验目的。向被试解释实际讨论的话题不重要，谈论有关性的话题只是为了招募到足够的被试——防止被试有掩饰；还解释说明许多人会因害羞而使研究遇到较大阻碍，希望被试在谈论性话题时不要犹豫——打消被试的顾虑，以保证让被试相信随后出现的材料具有可信性。对自变量——严酷性——的操纵则通过引发被试不同程度窘迫的测验进行，三组被试分别被要求背出淫秽的性词语、中性的性词语以及与性无关的词语，最后测量因变量——被试对小组中一段无聊至极的讨论的趣味性评价。最终实验结果支持了假设，那些经历了刁难（背诵淫秽词语）的女生认为小组讨论更加有趣。

（二）核心思想

本书贯穿始终的核心智慧、核心思想主要有以下几点。

（1）社会情境的重要性。阿伦森第一定律——做出疯狂举动的人未必疯狂，阿伦森认为，在理解一个人的行为时，不论这种行为有多邪恶、残暴和不可接受，都不能脱离他生活的现场，即社会情境。情境的压力不可忽视，如果将人们所有邪恶的行为，都简单归因为人格变态，那这种简单化的解释并不能帮助我们增进对人的理解。

（2）实验社会心理学理念。书中大部分材料建立在实验的基础上，阐述经典与新近的理论以及纯净的实验方法。作者悉心观察各种有重要意义的社会心理事件，并力图从现象出发，比如战争与攻击、偏见与歧视、从众与说服、爱与吸引等，提出具有心理学意义的假设，通过精妙、独到的实验方法与设计进行检验，从复杂的影响因素中剥离出基本而又重要的社会心理变量。他的实验目的就是改善人们的生活。正如阿伦森所说："我不想简单地观察，我要准确地确定是什么原因引起了一种现象。如果这种原因对人们的生活造成了负面影响，我就想采取下一步行动：创造一种干预，使情况好转。"

（3）为现实生活提供帮助。阿伦森对实验研究的推崇与他希望把研究成果应用于实际生活中的兴趣是分不开的。倘若把实验室中发现的因果关系带到现实生活中，那么它的解释力究竟还有多少？作者不断强调科学研究的众多发现是为使人们更透彻、更明晰地理解我们生存的社会环境，并在理解社会现象的基础上，针对那些有意义的心理机制及影响因素的发现，多做一些干预，让我们生活的世界变得更加美好。例如，在“偏见”这一章，阿伦森创设了“拼图游戏”这一教学技术，旨在将冰冷的竞争氛围转变为友好的合作氛围，以促进不同种族儿童之间的合作和帮助，这让人们在下一代身上看到了消除种族偏见的希望。

（4）双向窗口。阿伦森提出，社会心理学是一扇双向窗口，研究者透过窗口，首先可以敏锐地观察窗外的现实世界，攫取有意义的心理现象，努力发现未知的事物；然后回到窗内，在纯净的实验室内进行科学的检验；最后再通过这扇窗，将实验室中激动人心的发现带回现实，看这种发现在解释一般现象时，是否站得住脚，在解决重大社会问题方面，是否有所贡献。例如，阿伦森主要介绍的认知失调及人际吸引等方面的研究中，失调理论已经被用于解释大量的现象——从谣言的传播到人们对灾难的反应，从领导者的疯狂决策到对少数族裔的漠视欺凌等。同时，在实际应用方面，失调理论也发挥着重要作用，如应用失调理论可以帮助人们减肥、节约水资源、预防艾滋病等。至于人际吸引方面，作者提出运用得—失效应可以促使我们在亲密的共有关系中做出真诚坦率的交流，避免指责与评价，为我们指出通向完美之爱的道路。

第二节 《谁会认错》解读

一、名著简介

《谁会认错》是阿伦森在晚年突遭失明变故之后尝试写的第一本书。阿伦森在自传中说："我退休的一个主要原因是想为普通大众写更多的书。实际上我也这么做了，直到无力阅读和编辑自己的作品为止。"失明之后，阿伦森不得不采取与他人合写的方式，先与合作者交流彼此的观点，对其中存在的问题进行论证。他发现，这种面对面的口头交流不仅可以促进观点的讨论，而且能将书中的语言表达加以完善。因为相较于阅读，聆听更能够发现错误。

《谁会认错》一书具有极佳的洞察力和可读性，阿伦森和塔夫里斯（C. Tavris）将费斯廷格的认知失调理论从实验室带到了现实生活中，用大量丰富而又生动的事例告诉我们：为什么人们会在事情无法解决时互相推诿；为什么有那么多夫妻会为了证明谁对谁错而争吵；为什么有人做了愚蠢的、害人的、不合理的或违背良心的事后，晚上仍然可以安然入眠；为什么我们总是指责别人的虚伪而不去审视自身；难道从某种意义上说我们都是骗子吗？又或者我们对于自己说出的话从来都是深信不疑的吗？

该书的前三章向我们阐述了认知失调、心理盲点与记忆在自我辩护中所起的作用。个体从出生的那一刻起，便已经拥有了自我辩护的欲望与冲动，我们会出自本性地对于自己犯的错误推卸责任。大多数人发现要讲出“我错了”是十分困难的。即使自己犯错的证据直接呈现在面前，人们会更强烈地对它们加以辩护，而不会改变自己的看法和处事方式。但自我辩护与撒谎还是存在区别的。例如，一个罪犯为了使陪审团相信自己没有犯罪而说出这样的话：“我并没有杀害那个男子。”这与罪犯说服自己相信“我做了一件正确的事”之间，存在着显而易见的不同。在前一种条件下，他说了谎话并明确知道这么做的原因是为了避免法律的惩处；而在后一种条件下，他是在自己欺骗自己。由此可见，自我辩护比撒谎具有更强的欺骗性。它会使人们相信自己没有做错事甚至是做了一件好事。从某种程度上来说，撒谎是有意识地去欺骗别人，而自我辩护是无意识地来欺骗自己。在这两者间存在着一个灰色地带，那就是记忆。记忆并不是一成不变的，随着时间的推移它会受到自利倾向的影响。我们可能知道自己曾经犯过一些错，但因为当时的情境是复杂的，我们会慢慢地认为那些不良的后果并不是自己造成的，我们开始低估自己的责任，直到完全相信自己并不需要为那些错误负责。

该书的第四、五、六、七章分别为我们介绍了在治疗、法律、婚姻、偏见、冲突和战争等领域出现的自我辩护。对此，认知失调理论可以给我们一些启发。我们拥有自己减少认知失调来维护自己的自尊、自信和信念，并以此获得幸福感与满足感的能力。但不可否认的是，这种能力也可能使我们犯下更加严重的错误。人们会因为要维护自己当初所做决定的正确性而选择变本加厉地对待被自己伤害的人，其原因在于他们在减少认知失调的过程中认为这些人是罪有应得的。又或者他们会坚持在工作或生活中的一些不恰当甚至是有危害的行为。由此可见，有些不经意间发生的自我辩护会将我们引向更可怕的境地。它不仅不会帮助我们去改正自己的错误，还会在一定程度上降低我们发现错误的敏锐性和能力；它会将现实扭曲，成为我们获取自己所需要的正确信息的障碍，并且使我们对问题进行清晰评估的能力下降；它会阻止我们摈弃那些不良的习惯；它会使我们与爱人、朋友之间的裂痕加深；它会容忍罪犯对自己的罪行进行开脱；它还会促使许多专家不去纠正自己可能会对公众造成误导或伤害的态度及行为。

然而，在生活中没有人能保证自己都是正确的。但我们的确能说："现在不会再犯同样的错误了，以往的错误不会再出现了。"每个人都会犯错误，在犯错误之后我们会面临两种选择：一种是掩盖自己的错误；另一种是坦然地承认。在成长的过程中，我们一直被这样教育着：我们应该从自己的错误中学到点什么。但如果我们不承认自己的错误，又何谈学习呢？要做到这一点，就要先认清自我辩护带来的诱惑。在该书的最后一章，作者教会我们退一步来思考问题，进而发现我们个人的、人际的以及社会的应对举措。毕竟认识到这种自我辩护机制的存在，是我们纠正错误、改变行为要迈出的第一步。

二、内容导读

（一）认知失调——自我辩护的原动力

约半个世纪以前，费斯廷格和两名助手潜入一个相信世界末日的组织中，该组织声称12月21日世界末日将要来临。这个组织的头目玛丽安·基奇（Marian Keech）向信徒们许诺，他们将会在12月20日的晚上被飞船接走并送达安全的地方。这个颇有诱惑力的承诺驱使许多追随者放弃了原有的工作和自己的家庭，将自己辛苦积攒的积蓄挥霍一空，一心等待着末日的到来。费斯廷格对此做出了自己的预测：那些放弃了所有并与其他一起等待飞船搭救的信徒，对基奇女士所具有的神秘而又强大的能力的信念将会增强，并且会试图说服其他人加入自己的组织。可是真正到了这一天，末日并没有按照预言的那样出现，也根本没有什么所谓的飞船。为了平息信众的不安，基奇女士对外宣称：他们团队用自己无与伦比的忠诚使世界获得了救赎。这种在外人看来十分可笑的说法，却使团队成员的心境由失望变为欣喜。他们要求全社会都来关注这个伟大的奇迹，他们走上街头，向路人宣传并说服别人改变信仰，成为自己的同伴。这也证实了费斯廷格的推测。

费斯廷格所定义的认知失调为一种紧张冲突的状态，一旦个体在心理上拥有了两种不一致的认知，这种状态就会出现。因此，认知失调也被视作自我辩护的原动力。例如，对于一个酗酒者而言，他会同时拥有“酗酒是有害的”与“我要每天喝酒以放松心情”两种想法，这种矛盾的认知状态会给个体的心理造成一种不愉快的感受，而且这种痛苦感的程度会从轻微逐渐变为严重，直到他们找到某种方式来减少失调时，心理上的不适感才能够得以缓解。酗酒者减少失调最直接有效的方式就是停止酗酒。但如果他已经采用过此种方式却以失败告终，他就会换一种对他来说可能更加容易的方式来减少认知失调。他可能会使自己相信酗酒实际上并不会造成很大的危害，或者使自己相信为了放松心情，承受这样的危险是值得的。而这样的例子在生活中屡见不鲜。由此，我们可以看到，认知失调理论向我们解释了人们如何努力将相互矛盾的看法合理化，以便在内心感到自己的生活是协调一致的。

在苏丹的努埃尔（Nuer）和丁卡（Dinka）部落中，一直存在着一种非常奇怪的习俗，这一习俗起始于破伤风流行的某个时期。由于破伤风会致使牙关紧闭，村民们开始将自己和孩子的门牙拔掉，从而使流体食物能够被缺口吸食。在破伤风的流行潮过去之后，这个让人非常痛苦的风俗却一直保留了下来。我们可以利用失调理论来理解这个匪夷所思的习俗。在流行病的传播期间，村民们为了保证一旦有孩子感染破伤风还能够进食，便开始拔掉所有孩子的门牙。但毕竟只有一部分人会感染流行病，那些没有染病却遭受拔牙之苦的孩子会有非常强烈的痛苦感。为了更好地为自己的行为进行辩护，村民们只能在事实无法改变之后夸大这种做法的优势，以支持自己做出的选择。例如，他们可能让自己相信，拔掉门牙之后的容貌是美丽的，并将这种想法传递给那些孩子，他们甚至可能将这种可怕的折磨当作一种成年的仪式。而且事实也确实如此，村民们说那些牙齿完好的人看起来非常丑陋并且愚蠢。此外，家长为了安抚孩子的恐惧情绪，会告诉他们“这是你们正式成年的标志”。所以我们可以看到，虽然这种残忍的做法其最初的医学理由已经不复存在，但人们心理上仍然存在着自我辩护。

我们可以用一台自动调温器来形容失调的减少，它能够使个体的自尊保持在较高的水平上。而我们意识不到自己进行自我辩护的原因也在于此，这种类似自我欺骗的方式会让我们对自己的错误行为或不当行为加以否认。同时，失调理论也适用于那些自尊水平较低的个体。当自己的行为符合负性的自我预期时，他们并不会感到惊奇，就像一位自认为不受欢迎的女性被自己心仪的男性拒绝时，也不会感到失调。因为我们总是通过对自身的信念来对发生在我们身上的一切进行解释。但如果情况并不符合我们的想象，即使是让人感到高兴的体验，也会带来一些不安感。再拿那位自认为不受欢迎的女性举例，若她被一位各方面都很优秀的男性追求，她可能在瞬间体会到惊喜和快乐，但这些愉快的情绪很可能被随之而来的失调取代。她会问自己：“他究竟喜欢上我什么了？”而且答案不太可能是“看来我以前低估自己了”，“我还是很有吸引力的”，而更可能的是“一旦他了解我，他一定会离我而去”。那么，这位女性会付出很高的心理代价来克服这种认知上的失调。

（二）实际生活中的自我辩护

1. 傲慢、偏见以及其他盲点

人类天生具有心理上的盲点，它能给予我们安慰，而我们根本意识不到这一切的存在。从某种程度来说，失调理论和盲点密切相关，它向人们解释了如何在无意识的情况下进行自我蒙蔽，这种自我蒙蔽会使个体意识不到那些有用的事件和信息，也就无法对自身的行为进行反省。正是因为存在着这种证实偏差，再加上人类与生俱来的自利习性，我们的大脑会自然而然地为我们的知觉和观点进行辩护，认为这些观念都是真实且公正的。我们会有这样一种假设：其他人只要是理性的，就会和我们一样来看待事物。如若不然，就表明他们并没有对事物有一个清晰的认识。这种想法实际上是一种逻辑混乱，其原因在于它做出了两点预设：第一，我的想法一定是理性的，不然我不会有这些想法；第二，那些公正的人应该赞同理性的想法。因此，只要我的竞争对手愿意坐下来倾听我的想法，我就能告诉他们事实真相，他们也就会同意我的看法。若他们还是不赞同，那就一定是他们对我存在偏见。

偏见的出现，是因为人脑对于信息的感知和加工有定型的倾向。定型的优势在于它可以帮助个体快速加工新的信息并恢复记忆，发现群体之间的真正差异，对他人会如何思考和行动做出预测。我们可以利用定型以及它所提供的信息去规避风险、结识新的朋友或是做出自己的选择。但它也存在着一些不足，比如会使我们观察同一类人的内部差异变小，同时夸大不同类别之间的差异。社会心理学家玛丽莱恩·布鲁尔（M. Brewer），在此方面做过很多相关研究。她曾经提到自己的女儿从幼儿园回来以后向她抱怨“那些男生都很爱哭”。这个孩子得出这个结论的原因是她曾经目睹两个男孩在第一天离开家的时候不停地哭泣。布鲁尔继续问女儿：“是不是没有女生会哭？”“也会哭，”她的女儿这样回答，“但不是所有的女生都会哭。我就没有哭。”由此可见，布鲁尔的小女儿已经会将世界区分成“我们”和“你们”。“我们”是人脑组织系统中划分的最基本的社会类别，具有非常强烈的情感信号。一旦人们在脑中形成了“我们”的类别，便会将其他人视作与“我们”不同的人，而且这是一种稳定的倾向。但“我们”的具体含义是会改变的：我们为人大方的北方人与你们斤斤计较的南方人；我们巴西队球迷与你们阿根廷队球迷。正是因为我们认为他人不像自己这样理性公正，我们对那些与自身相同的人会有更强烈的亲近感。但更加重要的是，我们会因此为自己对待他人的方式辩护。认知失调理论表明，将态度和行为相连的路径会产生两个方向的作用，而自我辩护的定型往往是由歧视导致的。

在了解到我们是通过偏见来进行自我辩护以后，便能更容易理解为什么有些偏见那么难以消除：它们可以让人们为自己因为一些重要的社会认同而对特定类别（人们的种族、性别、宗教）的人持有偏见的行为进行辩护，使“我是一个公正的人”和“我确实很讨厌那些人”这两种观点所引起的失调得以减少。既然我们已经认识到每个人都会存在思维的盲点，我们进行自我矫正的最大希望便是确保我们看到的一切是真实的，而不是被自身的愿望和信念歪曲之后的假象。所以在日常生活中，我们可能需要一些批评者，他们能够破坏自我辩护形成的外壳，并把我们拉回到现实世界中来。

2. 记忆——进行自我辩护的历史学家

在生活中，我们有可能会遇到这样一种情况：两个人对同一件事的记忆是完全相反的，旁人通常会认为一定是其中一个人说了谎话。但实际上我们中的大多数人在大多数情况下既不会将事实真相和盘托出，也不会故意去编造事实。其实我们并没有撒谎，我们只是会选择性地增加一些细节，也会省略一些不合时宜的事实。我们会对那些故事做一些修饰以达到自我拔高的效果，也许我们每次的讲述都会不太一样，但我们确信这些细小的改动会使故事的结构和脉络更加清晰合理。在多次修饰后，我们的回忆会与实际发生的事情有所出入，甚至还会回忆起一些从未发生的事情。

记忆就是这样成为我们个人的自我辩护的历史。它会将曾经发生的不美好抹去，使我们选择性地忘记那些失调并使我们相信的那些信息得到确认。例如，如果我们是完全理性的，我们会努力记住那些明智的想法，而不会去费力回忆愚蠢好笑的意见。但根据认知失调理论，对于竞争对手，我们会选择忘记他们精彩的论断，就像我们会忘记自己愚蠢的想法那样。若我们的观点被愚蠢的观点支持，便会引起失调，其原因是它会让我们对自己的观点是否正确产生怀疑。同样地，我们的对手提出正确的观点也会引起失调，因为它可能会证明对方的观点是十分明智的。由此可见，我们自身愚蠢的观点和对方明智的观点都会引起认知失调，所以我们面临着两个选择：要么迅速学会明智的看法，要么很快把它们忘记。

当然，我们的记忆并不会是完全模糊和错误的，它们也会尽可能地详尽和准确。我们记得自己的初恋和中学时合得来的同桌，我们记得最难忘的一次生日和最喜欢的一本书，我们记得经历过的那些重要事件。但当记忆出现错误的时候，这些错误并不是随意出现的。生活中出现的记忆偏差可以帮助我们更好地了解世界和身处其中的我们所在的位置，并且会起到保护我们自身信念和决定的作用。尤其是当我们希望自己是正确时，当我们需要建立自信时，当我们的自尊心需要得到保护时，当我们需要为自己的某些错误开脱时，这些对于记忆的错构会显得更有力量。这就是为什么研究记忆的学者喜欢引用尼采（F. W. Nietzsche）的话："我已经那样做了，我的记忆说。我不可能那样做，我的自尊犹豫不定地说。最终，记忆屈服了。"

我们的大脑并不能像计算机那样，精确地记录下发生在生活中的每一个事件。我们所选择的仅仅是一些对我们来说有意义或是重要的事情，并且当我们对一些较为复杂的信息进行回忆时，会对其进行加工以便符合故事情节。这是因为记忆是可以重组的，它往往会将发生在别人身上发生的事情和在自己身上实际发生的事相混淆。在建构记忆的过程中，人们会有很多不同的信息来源。当回忆自己的6岁生日聚会时，你可能会有一个很清晰的记忆场景：你将奶油抹在了妹妹的脸上。但你有可能还会加上其他一些信息，它们可能来源于有关家庭的照片、别人的口述，甚至是在电视上看到的生日聚会的场景。你会将这些所有的片段组合在一起。如果有人对你实施催眠术，让你重回那个生日聚会。催眠结束后，你可能会讲述一个十分生动有趣的故事，但其中会包含许多根本没有发生的事情，而你并不能将真实的记忆和其他信息区分开，我们把这种现象称为“来源混淆”。

而到目前为止，利用记忆为我们的行为或生活进行辩护是我们对于记忆最重要的歪曲。有些时候，我们并不能很好地解释在自己生活中发生的一些事情，它们似乎是没有组织的碎片，而记忆可以把它们组合在一起。由于叙事是我们理解世界以及我们自身位置的方式，所以它要大于各部分的综合。如果其中的某个记忆片段是错误的，人们便会想尽办法减少因此而导致的失调。当叙事成为自我辩护的主要来源时，当个体需要为自己的错误行为找寻依据时，便会求助于记忆。如此，我们会选择遗忘那些可能会引发认知失调的事情。

记忆创造了我们的故事，同时我们的故事也创造了记忆。一旦开始叙说一个故事，我们便可能改造自己的记忆来与之相吻合。特沃斯基（B. Tversky）和马什（E. Marsh）针对这个现象进行了一系列的实验。在其中的一项实验中，主试要求被试阅读一个有关两个室友的故事。这二人分别做了一件友好的事情和讨厌的事情。随后，要求被试写三封信，分别评价其中一个人，写给房管部门进行控告和写给某个俱乐部进行推荐。在写信的过程中，主试发现，被试会因为不同情况而添加一些原先没有的细节。例如，如果他们写的是控告信，他们可能会加上瑞秋（控告对象）很难相处等词句。随后，主试要求他们对原先看到的故事进行回忆，他们的记忆就会受到信中内容的影响。他们记住了信中提到的与实际不符的错误情节，却忘记了那些他们没有写到的会引起失调的情节。

那些错误的记忆会让我们轻易原谅自己的过错并进行自我辩护，但有些时候这会使我们失去对自己生活负责的能力。我们可以通过对记忆偏差的理解意识到，即使是自认为非常深刻的记忆也有可能是虚假的，这可能会提醒人们更加小心地对待自己的记忆，不再总是用过去的经验为现在出现的问题进行辩护。正因为我们的生活与记忆密切相关，我们在选择记忆进行自我辩护的时候理应更加小心谨慎。

3. 法律与失调

1989年，美国历史上首次将DNA检测结果采纳为重要证据并使被控告的无辜的人免除牢狱之灾。从那之后，有越来越多的误判案件被报道出来。这对于那些曾经对司法公正深信不疑的民众是个非常沉重的打击。社会心理学家奥夫舍（R. Ofshe）长期致力于研究冤假错案，他曾说过这样一句话：冤案是司法部门最恶劣的专业错误之一。

让我们想象一下，如果有证据表明在审理案件的过程中有人被冤枉，你对此会做何感想？和此案件有关的审理人员的第一反应会是下意识地千方百计地找理由来否认自己的过错，使自己的工作和声誉得以保全。他不仅会找很多外部动机来回避自己的错误，同时希望自己永远公正的内部动机也会驱使自己这么做。每次因DNA证据为嫌疑犯平反时，公诉人、警察和法官都会不断地调整内心的失调。方法之一就是向公众宣称这并不是误判，而是因错误而造成的对被冤人的释放。在研究美国历史上的冤案时，我们发现存在着自我辩护的心理现象。那么，从被捕到宣判的过程中自我辩护是如何一步步加码的呢？警察和公诉人会搜集嫌犯生活中犯罪的蛛丝马迹，进而将其判罪。不可否认的是，在大多数情况下，他们的做法并没有错。但在一些情况下，这样的做法也会使他们抓错人的概率提高而放过真正的罪犯。这一循环过程造成了一种可怕的后果，那就是如果警察和公诉人为了寻找证据耗费了大量的人力和物力，就会更加确信那些嫌疑人的确犯了罪。而且一旦他们被判刑并被送进监狱，就证明警察和公诉人将他们关在那里是正确的。由此可见，自我辩护不仅会让无辜的人入狱，还会使他们一直被关在里面。

在一个法治社会中，公民都希望司法系统能够尽可能地提供公正的法律保障，这意味着不仅有合适的定罪程序，而且还有适当的措施来保护那些无辜的人。即便司法部门的某个环节出现错误，也能够有能力纠正。但实现这个目标的最大障碍在于大多数司法人员都会采用否认错误的方式来减少认知失调。从某种程度来说，法律公正真正的敌人也许并不是自我怀疑，而是过分自信。

目前，几乎没有针对司法人员进行的认知偏差训练。比如，如何应对认知偏差；遇到不确定的证据时，如何应对心理上的失调。相反，在对他们的所谓培训中，并没有要求他们进行更加准确的判断，取而代之的是不断告诉他们越自信就会越准确。因为：真正无辜的人是不会认罪的；我有多年的相关经验可以判断出一个人有没有撒谎。这种增强他们非科学领域的自信的训练会使错误认知的概率上升，通常会有以下两种途径：第一，鼓励执法人员仓促得出结论；第二，案件一旦被判决，司法人员便对之后出现的可能证明嫌犯无罪的证据置之不理。

我们也可以利用认知失调理论来理解为什么司法部门会仓促地处理冤案，这显示出司法制度缺乏灵活性的方面。如果了解到错误是无法规避的，那么当真正出现错误的时候，便不会感到惊讶，而是有心理准备并有适当的对策来纠正这些错误。但如果采取消极的态度，拒不承认自己的过错，那么每一个被冤枉的人便都是司法人员犯错误的证据。

4. 婚姻中的自我辩护

本杰明·富兰克林曾说："结婚前要睁大双眼，结婚后则要睁一只眼闭一只眼。"对于大多数人来说，结婚这个决定是由双方共同做出的，并都会为之投入情感与精力。但婚后睁一只眼闭一只眼也是必要的，这是减少失调的有效方式。如果个体能注重自己配偶的优点并忽略缺点，那么婚后的生活便会是美满的。然而很多夫妻做不到这一点。例如，一些关系紧张的夫妻一方面总是容忍对方带来的痛苦，但同时也一直在减少自己内心的失调。

他们一起生活了很多年，发生过无数次争吵，可还是过不上平静的日子。为了避免离婚，他们可能会做出“世界上很多夫妻都是这么过来的”之类的辩护。

婚姻中的自我辩护能够使婚姻幸福美满，也能使婚姻关系破裂。在结婚后的头几年，夫妻双方都感到新鲜而快乐，并对未来的生活有积极的态度和美好的展望。过了几年，有些夫妻会变得更加亲密，婚姻对他们来说是生活中最重要的支撑和保证，能够给他们带来快乐。而有的夫妻会变得渐行渐远，婚姻能带给他们的不再是温暖，而是无穷无尽的争吵，最终以离婚收场。

综观夫妻离婚的原因，很大一部分都是长期矛盾的积累，在婚姻关系中，他们会不停地责备对方和为自己辩护。自我辩护已成为真正意义上的爱情杀手。如果双方可以考虑到对方的感受，并不是着急地为自己辩护而指责对方，很多争吵都不会发生。在婚姻生活中，总会出现一些因为鸡毛蒜皮的小事而引发的矛盾，我们都习惯于自我辩护，因为这样不会让我们感到自己是健忘的或没用的。但这种可能会危及婚姻的辩护反映了一种更让人担心的企图，它所要维护的并不是我们做的事情，而是我们本身，这就可能会导致严重的后果：一种是“我是正确的，你做错了”；另一种是“即使是我错了，但再怎么离谱，那也是我处事的方式”。很多夫妻关系紧张是因为他们不再就事论事，而开始为自我概念和自己的人格特质进行辩护，并且都不愿意让步。夫妻双方都会以特殊的方式来解释对方做出的行为，以此来减少内心的失调。而这样的做法会使他们的关系更加恶化，最终以离婚收场。

一些结婚多年的夫妻知道该如何最大限度地减少自我辩护，他们在维护自己之前会先为对方考虑，能够学会让步。其实，针锋相对，截然不同的生活习惯甚至是生气时的争吵都能使夫妻关系变得更加亲密。但做到这点并不容易。在大多数情况下，自我辩护会遮盖了我们犯下的错误，保证我们只会去做符合自己意愿的事情，并尽可能地减少自己可能会对爱人造成的伤害，因此放弃自我辩护会带给人们强烈的不安感。缺少自我辩护，我们的情绪会直接冲击到对方，会不可避免地造成一些损失。

然而，在权衡利弊后，我们依然认为放弃自我辩护是值得的。不管会造成怎样的伤害，它都会给我们带来一些有意义的东西，都能使我们洞察并接受自我。作家和社会活动学家戈尼克（V. Gornick）在65岁时写过一篇散文。在文中，她表明终于意识到为什么自己会独身，长期以来她一直认为原因是男性会逼迫独立性强的女性在婚姻和工作之间做出选择。如今她才明白，这种性别歧视仅仅是答案的一部分。回想起过去的生活，她发现自己常常进行自我辩护，这种做法能让她感受到自己生活得很愉悦。如果当初没有自我辩护，她就能够想清楚自己应该在婚姻关系中担当什么样的角色。她发现："孤独都是自己造成的，我需要更多关注的应该是自己的愤怒、自我分裂的人格，而不是性别歧视。"

5. 对待错误的方式

在通读了这本书后，我们发现坦承自己的错误的确是一件困难的事情，因为承认错误需要很多充分的理由。当我们意识到出现问题时，一开始总是会从其他人那里找理由。心理学家阿伯森（B. Abelson）曾有个学生一直坚持着和其他研究结果相背离的观点。最后，阿伯森问了他一个问题："你是要主动承认错误，还是要别人来证明你错了呢？"

事实上，承认错误是有很多好处的。他人会更愿意和你交往，因为你是有勇气且诚实的；而且你的错误也可能给别人一个提醒，避免以后出现同样的错误。放弃自我辩护，大胆承认错误，既可以促进人际关系的良好发展，也可以给自己带来心理上的轻松和愉悦，何乐而不为呢？但在现实生活中，我们总是很愿意看到别人勇敢承担责任，自己却很少这么做。究其原因，可能有以下两个方面。首先，在很多情境下，我们会认为并没有承认错误的必要，自我辩护几乎是下意识形成的，它会避免自己因为犯错误而产生心理上的失调。其次，在人们的印象中，错误总是和愚蠢紧密联系在一起的，仿佛一旦承认了自己犯错误，就是在承认自己是一个笨蛋。

或许认知失调理论给我们带来的最大启示是：我们不能指望他人良心发现、人格改变、突然变得坦诚或是愿意面对错误的后果并承担责任。每个人都会最大限度地使用对自己有利的方式来减少失调，以至于他们会拒不认错，因为我们都只会忠于自己的感受。要尽可能地减少心理失调，就需要靠自知来对自己的行为进行约束。我们需要像挑剔别人错误那样反省自己，只有这样我们才可能打破自我辩护造成的恶性循环。只要我们在我们感受到的和我们该怎么做之间进行一些思考，在大脑将我们的想法存入原有的定型之前，我们很可能已经改变了之前的想法。

认识到自己处于失调状态，可以帮助我们做出更恰当或更明智的决定，而不是任由自我辩护机制来为自己消除这种失调。我们的目的是弄明白引发痛苦的两种不协调的认知，然后寻找解决的方法；或者，有些失调我们无能为力，就要学会适应。

三、评价

20世纪70年代爆发的社会心理学危机，导致人们开始对社会心理学研究方法进行反思，甚至提出质疑。作为著名的社会心理学家，阿伦森认识到不仅要坚持实验室的研究，还要将实验研究的精髓应用于对社会现实问题的研究。他以坚实的科学研究功底对社会上存在的问题展开深入的研究，通过讲故事般的写作风格使世人了解到，社会心理学是与人们的生活息息相关的。

《谁会认错》是面向普通大众的一本有趣的社会心理学书籍，作者将社会心理学的原理运用到生活中，通过向读者呈现大量的典型案例和实验研究，启发人们关注一直被忽略的心理机制——自我辩护。从某种意义上说，自我辩护属于一种心理误区，它会使人们在不经意间陷入自我欺骗的泥潭，造成人际关系紧张，甚至导致杀戮和爆发战争。在该书中，我们可以看到，自我辩护会让诸如政治家、医生、司法人员、学术权威等肩负较大社会责任的人偏离自己的职业准则，做出错误的决定，甚至造成可怕的难以估量的后果。

由此看来，该书对于社会决策者具有非常重要的启发意义。而普通大众，为了维护自身的利益，实现社会公平，也应该增强自己的责任意识，主动承担起监督决策者的责任。根据作者的观点，引导人们走出自我辩护误区的关键在于认识到错误并没有那么可怕和不可原谅。人类社会发展的过程本身就是一个不断犯错误和纠正错误的过程。我们要勇于承认自己的错误，在尝试错误的过程中成长。在阅读本书的过程中，读者会感受到远超出社会心理学领域的价值，对于自己的生活也会有所思考。

第三节 《社会心理学》解读

一、著作简介

《社会心理学》的三位作者都是美国杰出的社会心理学家，分别是阿伦森、威尔逊（T. Wilson）和阿卡特（R. Akat）。该书在融合三位作者多年的教学经验和研究成果的基础上，论述了社会心理学的基本研究问题及方法，包括个体对自身及社会的认识及态度、人际交往和团体过程、社会环境影响等社会心理行为特点。该书在健康、环境、法律等社会心理学新兴应用领域中也具有较高的实用价值。

作者在前言中提到，该书的显著特点是既介绍了社会心理学的经典研究，也涉及当代前沿，从解决现实问题的出发点去开展研究，从发生在人们身边的日常故事中阐释专业上的理论。因此，通过该书，读者能够达到领略社会心理学的科学内涵和更好地理解社会的双重目的。

同样，作者认为该书的首要目标是呈现社会心理学中那些激动人心的东西，让人们更好地理解社会心理学这个领域。当学生理解了这一领域的全部内容时，社会心理学对他们来说就非常生动形象了。有些问题，如理论是如何激发研究者的灵感的？为什么研究需要这样进行？在多大程度上能创新并使用新的研究方法？该书尽可能以一种不加渲染、脚踏实地的方式来呈现社会心理学的相关研究过程中的魅力，并从读者的角度来阐释科学进程的众多成果。然而，该书对这一领域介绍的深度并没有随之降低。在社会心理学的世界里，人类行为可能总会令人感到惊讶，研究成果可能与人们的直觉相反；因此，学生需要一个坚实的学科基础来加深对这门充满挑战性的学科的进一步理解。在这里，该书以一种能够吸引大多数学生的注意力并为之着迷的方式来介绍严谨的、科学的研究方法。

作者津津乐道的是该书叙事的风格，因为社会心理学里充满了精彩有趣的故事。该书的每一章开篇都有一篇源于真实生活的短文，用以说明将要涉及的概念。每个章节都会若干次提到这一事例，目的是让学生了解他们所学到的东西与这一事例的关联性。当然，这种讲故事式的风格不会只局限在这些开篇短文里。每个章节都编入了类似的若干小故事，既可说明某个特定的学术概念，又能使材料变得更加生动。在每个小故事中，首先描述的是一个生活中的真实案例，旨在引起学生的兴趣。随后，描述了一个试图阐明并解释这一现象的具体实验。这个实验通常都会被描述得较为详细，因为学生不仅应该学习一些社会心理学的重要理论，还应当理解和重视那些用来验证所涉及理论的方法。该书常常会要求学生假扮实验中的参与者，让他们更好地体会实验是怎样进行的，以及在实验中发现了什么现象等。

讲故事的方式看上去好像会掩盖社会心理学的科学根基，但其实恰恰相反。作者认为向学生解释如何科学地验证假设也会使故事变得生动和有趣。近些年来，教科书的编写趋势是，只有一些短小的章节涉及研究方法，对个人研究发现只做简略的描述。该书把这一领域的科学知识和具体方法融入故事中。

与大多数教材不同的是，作者用一个完整章节来介绍方法学。用讲故事的方式表达方法学也会变得生动有趣。该书一开始就提出了两个亟待解决的有关暴力和攻击性行为的现实性问题：色情作品是否能增加对女性的暴力行为？为什么旁观者不会做出更多的干预行为去帮助暴力的受害者？该书用这两个问题的相关研究来说明三种主要的科学方法，即观察研究、相关研究和实验研究。科学方法像带有悬念和寓意的故事那样展开，而不是单调地复述方法学的一般性原则。

作者在该书中对一些经典研究进行了比大多数教科书更为详尽的描述。除此之外，还讨论了该研究是如何开始的，参与者具体做了些什么，研究设计是如何从理论或现实问题中推论出来的，以及研究结果是怎样支持假设的。该书会要求读者把自己设想成参与者，以便更好地从参与者的角度理解这项研究。一旦有适当的时机，书中就会提及一些有关实验是怎样完成的或为什么是这样进行的等趣闻逸事。这些简短的故事，让读者有可能洞悉如何创造和设计研究这个迄今还带有神秘感的世界。

该书也包含了大量的图表，以便更加详细地说明实验结果。社会心理学领域正在迅速扩展，这一学科领域正在发生着新的、激动人心的改变。在该书中，作者增加了大量的关于最近几年许多重要研究的资料和参考注释。当然，在强调新近研究的同时，许多教科书都倾向于忽略过去旧的东西。该书尽力在社会心理学最近的研究发现和经典研究之间达到一个平衡。作者认为一些时隔较长的研究应该被作为经典进行学习，并且是该学科的重要基础。

该书介绍了许多新的研究样例，这些样例反映出该书与时俱进的特点。第3章社会认知（Social Cognition）的更新，加强了自动化思维和控制性思维（Controlling Thinking）之间的比较。自动化思维和控制性思维的比较被应用到对刻板印象的研究中来具体说明这两种不同的思维模式。第4章社会知觉（Social Perception）则通过突出一致性偏见的重要性，更新了对基本归因错误的讨论，强调了近期关于人们对一致性偏见的直觉性理解的研究。作者对有关文化和一致性偏见的章节做了重要的修订和更新，以反映这一新兴领域当前的发展状况。第5章自我认识的开篇短文则以美剧《老友记》的一段情节为基础展开，并且增加了许多新的注释，其中大部分都是最近几年的。同时还增加了最近几年关于文化、性别、自我以及父母的教养是如何影响孩子内在兴趣等问题的讨论。第6章为我们的行为寻找理由的需要除完全更新外，最主要的增加就是讨论了人们把认知失调视为痛苦体验的潜在原因。第7章态度及其改变增加了一篇新的开篇短文，重点关注了香烟广告的历史，其中包括广告是如何迎合女性和男性的不同需求的。还有一个新的章节，介绍外显态度与内隐态度以及关于这些经典主题的最新的学术讨论。第8章从众行为也以一篇新的短文开篇，关注的是美国公共及私立军事学院的从众和服从问题。同时该章也讨论了当下对从众和社会规范的相关研究。第9章团体过程则增加和更新了许多参考注释，也包括对性别和社会角色以及性别和领导相关章节的回顾。对第10章人际吸引，作者进行了重大的改动，通过对材料的重组和删减来实现对重要因素的聚焦关注。第11章亲社会行为以新的短文开篇，详述了一些普通美国公民在“911事件”中所表现出来的英雄行为。每个章节都进行了更新，加入了许多对最近研究的参考注释。第12章攻击行为开篇增加了一篇新的短文，还探讨了许多其他新的研究发现，比如暴力视频游戏对攻击认知、情感和行为的影响，对家庭暴力进行了更为广泛的讨论，也对暴力行为的化学及生物化学因素的讨论进行了拓展，还增加了关于性别差异的讨论，以及更多的有关导致攻击的不安诱因的讨论。第13章偏见包含了以黑人和白人对辛普森谋杀案审判的不同反应为例证的对美国种族隔离的讨论，对在美国和欧洲社会上微妙的和明显的偏见之间的区别的最近研究，另外还对合作性学习对减少偏见的效果进行了更新。第14章社会心理学与健康通过加入对若干近期研究的注释进行了更新。第15章社会心理学与环境经过重新编排，加入了一篇新的开篇短文，讨论了最新的顶尖研究，包括近期一项飞机噪音对儿童认知表现的影响的研究。对第16章社会心理学与法律，作者也进行了更新，包括对最新测谎技术的讨论，添加了多达25条的注释和说明。

作者在该书中也对文化和性别研究进行了综合性的涵盖。为了在社会背景下更好理解人们的行为，必须考虑到像文化和性别这样的影响因素。这些重要的问题并没有列专章进行讨论，而是在每一章中与该章主题适合的地方，都有所涉及。在书中很多地方，通过详细描述对分属不同文化、种族或性别的人们之间差异的研究，讨论了人性的多姿多彩。例如，第1章社会心理学导论向大家介绍了社会心理学这一领域的普遍性和文化关联性问题。第2章研究方法论关于外部效度的章节对怎样从对不同类型的研究中概括结论问题进行了探讨。另外，该书还用了一个章节来讲解跨文化的研究方法。第3章社会认知讨论了性别差异，并且根据不同性别在初中和高中阶段取得的成绩，提出了这样一个问题——这些差异能归结于教师和家长对性别的期望吗？还有一个章节是涉及计划的文化决定因素。第4章社会知觉包括了相当多的关于文化和性别的材料，其中包括对面部表情的普遍的讨论、在非言语交流的其他方式中的文化差异如目光接触、注视和个人空间，在非言语交流中的性别差异，内隐人格理论中的文化变量，以及归因过程中的文化差异等相关材料。第5章自我认识包含了一段关于自我定义中的文化差异的重要内容，讨论了马库斯、基塔雅玛、特里安迪斯和其他人一起做的研究。在关于自我定义的性别差异的重要章节中，该书讨论了克罗斯和马德森以及加布里埃尔和加德纳所做的研究。还讨论了印象管理中的文化差异。第6章为我们的行为寻找理由的需要包括了有关失调和减少失调中的文化差异的小章节，在这一小节中讨论了非西方文化的近期研究。第7章态度及其改变在涉及广告有效性的背景下，讨论了媒体能够传播像种族和性别这样的文化刻板印象并引发刻板印象威胁的方式。第8章从众行为讨论了规范性社会影响在创造、保持两性对美的文化标准中的作用。有人就曾研究日本妇女所经历的必须保持苗条的强大的规范性压力，以及在对饮食紊乱进行预测时，社会认同是如何在日本妇女中比在美国妇女中具有更高的准确性的。还谈到了从众的性别和文化差异，以及邦德和史密斯在1996年通过对17个国家的阿希线段任务中从众行为的比较所得出的元分析。第9章团体过程从七个方面讨论了性别和文化之间的关系，包括在社会浪费中的性别和文化差异、领导风格中的性别差异，以及布朗关于团体极化的文化价值理论。此外，还讨论了社会角色和性别，新增了一个让学生故意打破性别角色界限并记录下人们反应的练习。在第10章人际吸引中，文化的角色体现在七个方面，包括有关美的文化差异和在亲密关系中的文化差别的章节。本章也讨论了在外形吸引力对喜好的影响中以及在对关系破裂的反应中的性别差异。第11章亲社会行为（Prosocial Behavior）的特色是关于亲社会行为中的性别差异的章节和亲社会行为中的文化差异的章节。第12章攻击行为的绝大部分篇幅集中于攻击行为中的文化差异和不同国家的凶杀案案发率，前者包括对理查德·尼斯本特和多夫·科恩近期所做的研究的讨论，也对关于攻击行为中的性别差异的研究以及暴力色情作品对女性遭受暴力的影响做了讨论。在第13章偏见中，性别角色刻板印象是任何关于偏见的讨论中不可或缺的有机组成部分。该书扩充了关于性别刻板印象的讨论，包括由爱丽丝·伊格利、凯·多伊克斯和珍妮特·斯韦所做的研究工作。团体内和团体外偏见以及减少偏见的方法也是本章的有机组成部分。第14—16章是关于健康、环境和法律的实践中的社会心理学单元，包括了大量与文化和性别有关的章节，也加入了关于社会支持和A型人格文化差异的相关研究，重新探讨了种族主义与紧张关系，探讨了不同人群在知觉密度和拥挤度上的文化差异。

由于近些年来社会心理学家对进化论在社会行为许多方面的观点越来越感兴趣，该书以一种鲜明的方式把这种观点融入相关章节中的相关部分，而不是单列一章专门讨论这个问题。即采用一种平衡的方法，在讨论进化心理学的同时，也把其他观点作为补充。例如，在第4章社会知觉中，作者就一些面部表情是否具有普遍性进行讨论，其中包括达尔文认为它们具有普遍性的看法。在第12章攻击行为中，作者用了一个章节来讨论攻击行为是先天而来的还是后天习得的，其中包括进化论对攻击行为解释及作者对此的讨论。

该书也论述了社会心理学的应用问题。作者认为抓住学生兴趣的最好方法之一就是指出所学知识在现实生活中的重要性。从每章的开篇短文到对历史事件、时事以及我们自己生活的讨论，都使用了真实且为人们所熟悉的例子。应用是社会心理学中不可或缺的有机组成部分。

该书增加了相关链接部分。在许多章节中都突出了这一名为“链接”的新特色，这些链接都与日常生活中某个特定且有趣的重要的问题紧密联系。举例来说，在第7章中有一个相关链接，以近期对内在动机的研究为基础，讲到父母应该如何教养孩子。第7章中的相关链接是关于为了减少吸毒媒体开展的宣传活动效果，第12章中是关于如何控制学校中的欺凌事件，第8章是关于宣传如何通过信息性或规范性的社会影响来影响人们的态度和行为。相信学生会重视这些重要社会问题的相关链接的价值。

该书还增加了实践中的社会心理学章节，第14—16章专门论述了心理学中的应用性问题，分别跟健康、环境和法律有关，它们应被看作自由的、不受约束的单元，可以分配到课文中的任何一处。尽管在这些单元中偶尔会提及前面的章节，但它们仍被尽可能地划分成独立的单元，从而与社会心理学课程中其他不同的方向区别开来又相互联系。

二、内容导读

作者在该书的第1章社会心理学导论中写道：社会心理学是一种科学研究，研究内容包括人类的思维、情感与行为是如何受他人真实或想象的存在的影响。作者提出社会影响作为社会心理学的核心，是强大到可以超越人们在性格上的差异而成为人类行为的决定性因素的一种力量。为了正视这个事实，人们必须避免基本归因错误，即一种在解释自己或他人行为时完全依赖其人格特征，而低估社会影响的归因倾向。

为了强调社会影响，我们必须了解人们是如何对社会环境进行建构的。我们不像电脑那样会对环境刺激产生直接和机械化的反应，恰恰相反，我们是有知觉、会思考，并且有时会扭曲环境信息的。由于强调人类建构社会世界的方式，社会心理学比行为主义有更深的格式塔心理学渊源。

虽然人类的行为很复杂并且是非机械式的，但也不是深不可测的。一个人对世界的理解主要有两种基本动机：维护自身尊严的动机和正确认识理解自己及世界的动机。想要了解我们是如何受社会环境影响的，就必须先了解我们的感知、思考等过程。这样一来，社会心理学的两个主要概念就可以简单地叙述为：（1）社会影响对人们有巨大的影响；（2）必须首先考察人们建构社会环境的动机，然后才能了解社会影响的真实力量。

如今，社会心理学的观点已经被成功地应用到许多现实性社会问题上，如减少偏见、控制暴力，以及引导人们健康地生活。社会心理学家尝试通过相关设计和实验研究来解答有关社会影响的主要问题，而不是依赖常识或历史经验。

第2章讨论了社会心理学家做研究所使用的方法。社会心理学作为一门实证科学，它的目的是科学地解答有关社会行为的问题。由于后见之明偏见，尽管一些研究发现在事后看上去是显而易见的，但是仍然必须通过心理学的科学研究来判断人们可能会做出什么行为以及解释为什么出现这种行为方式。

在假设和理论的形成方面，社会心理学所检验的假设来源很广泛。有时研究者的灵感来自以前的研究和理论，他们想要验证不同的解释。其他时候，研究者从他们对社会事件的个人观察中建构假设，例如20世纪60年代发生在美国纽约市的凯蒂·吉诺维斯谋杀案。

如何判断一个假设的正确性呢？必须借助所收集的资料来进行验证。主要有三种方法，分别是观察法、相关法和实验法。观察法主要是执行描述功能，它使研究者得以观察并且描述社会现象。相关法使研究者得以确定两个或更多的变量之间是否相关，也就是说，由其中一项能否预测另一项。相关系数是一种统计工具，它显示了一个变量能够在多大程度上预测另一个变量。而实验法能够使研究者推导出因果关系，这就使它成为社会心理学偏好的一种研究设计。

作者认为，根据研究目的还可以将研究分为两类：基础研究和应用研究。基础研究的目的是为了找到人类为什么会表现出某种行为的最佳答案，这纯粹是出于对某种现象的好奇，并没有提出针对某个特定社会或心理问题的解决之道；而应用研究的目的就是解决某个特定的社会问题，通常具有社会意义。在社会心理学领域中，基础研究与应用研究之间的界限是很模糊的。

第3章的内容主要涉及社会认知方面。社会认知关注的是人们如何选择、解释以及使用信息去做出判断和决定，其主要有两种思维类型：自动化思维和控制性思维。自动化思维是指无意识、不带意图和目的并且不需要付诸实际努力的思维。而控制性思维是指有意识、有意图并且需要付诸努力的思维。

该书第4章的内容是社会知觉。社会知觉是关于人们如何形成对他人的印象及内在判断推论的研究。人们时时刻刻都在对他人形成印象，因为这样会帮助自己理解和预测他人的复杂的社会行为。人们使用的信息来源之一是其他人的非言语行为。非言语交流被用来编码或表达情绪、态度，交流人格特点，并协助和规范语言表达。许多研究都表明人们能够准确地构建微妙的非言语线索。

如果我们仅从一个人的非言语行为出发，很难判断该对象的感受或者他是什么样的人。因此我们会超越人们的行为所透露的信息，对他们的感受、特点和动机做出推论。我们得到的推论方法之一就是依靠一种名为内隐人格理论的方法来填补这项空白。这种理论是人们将多种人格特质归入同一类的一种图式，其中文化在内隐人格理论中扮演着重要的作用。

根据归因理论（Attribution Theory），我们努力对他人的所作所为做出自己的理解和判断，是为了发现其行为背后所隐藏的感受等潜在信息。在对行为进行归因时，人们会使用多种心理捷径，包括图式和理论的使用。文化也在归因的形成中扮演了重要的角色。人们的归因也会受到他们个人需求的影响。毫无疑问，我们对他人的了解越多，对其性格和动机的描述就越准确。然而即使在对熟识的人做出判断时，我们使用的捷径有时也会导致错误的印象。

第5章探讨了自我的本质、自我的功能以及人们是如何认识自我的。自我概念是自我的主要内容，即关于“我是谁”的认识。自我概念存在非常有趣的文化和性别差异。人们主要通过两种方法来认识自己：一种方法是通过内省的方法，即人们以内省的方式检查自己的想法、感觉和动机的心理过程。自我知觉理论认为我们通过观察自己的行为来认识自己，就像局外人一样。特别是当我们对自己的内部状态不清楚时，我们的行为没有外部原因时，更会采取这种方法。第二种方法是通过将自己与他人比较来进一步认识自己。一旦我们成功地认识了自己，通常会通过自我表现与印象管理的方式来控制在他人面前的自我。其中，逢迎和自我妨碍是自我表现的两个典型策略。

在该书第6章中，作者认为人类行为的有力决定因素之一是我们对于自己行为进行合理化的需要。这是为什么呢？根据费斯廷格的认知失调理论，当人们对自己行为认知与自我概念不一致的时候，心里就会感到不舒服。当一个人做出一个重要决定的时候，失调会不可避免地发生。认知失调也发生在人们为了获得梦寐以求的东西而付出巨大的努力，但这些努力最后却并不值得的时候。这通常会导致人们对努力行为的合理化，同时引导着人们将他们获得东西的消极方面最小化。还有一种认知失调是发生在人们做出了愚蠢、不道德或荒谬的行为之后，或者因为没有好的理由而没有去做一件值得做的事情之后。

近些年来，社会心理学家已经将认知失调理论扩展到新的方向上，产生了许多后续发展理论，其中的自我差异理论（Self-discreparicy Theory）认为，人们的行为方式反映了他们保持其各种信念之间的一致性需求，以及对自我的知觉。而自我评价维护理论（Self-evaluation Maintenance Theory）则认为，只要与我们亲近的人在与我们的自我定义高度相关的领域比我们做得好时，人际关系中就会产生失调，人们可以通过多种方式来减少失调，如与这个人疏远、改进自身的表现或减少这一任务的相对性等。另一项后续发展是自我肯定理论（Self-affirmation Theory），认为人们在处理对自尊的威胁时是非常灵活的，当不能通过直接消除自尊威胁的方式来减少失调时，人们会通过肯定其自身在其他无关领域的能力，从而让自我感觉良好起来。

第7章讨论了态度及其改变。态度是指一个人对人、事物或某种观点的持久性评价。态度包括情感、认知、行为三种成分。按照认知失调理论的研究结果，当缺少外部正当理由为与态度相反的行为辩解时，人们的态度就会改变。当这种现象发生时，人们为自己的行为寻求内在的理由，使得自己的态度与行为一致。说服性沟通也能起到改变态度的作用，通过多种方式情感也能影响态度的改变。

要明白态度何时能够预测行为，首先需要搞清楚自发行为和计划行为之间的区别。只要态度能够立即在人们的头脑中出现时，态度就可以预测自发行为。态度的可接近性是指某一事物与对该事物的评价之间的联系强度，衡量指标通常是用人们报告对该问题或事物的看法的速度来表示的。当态度的可接近性低时，行为更可能受到环境和社会因素的影响。有计划行为理论探讨了我们如何预测人们的计划行为。这里我们需要知道人们指向行为的态度、主观规范，以及他们认为自己对行为的控制程度。

第8章涉及的是从众行为。从众行为即人们如何因为真实或臆想的他人影响而改变自己的行为。从众行为发生的原因主要有两个：信息性社会影响和规范性社会影响。信息性社会影响通常发生在人们对怎样做或怎么说才是正确的模糊的情境下。人们观察他人的行为并将其作为重要的信息来源，在此基础上做出合适的行为。信息性社会影响通常能导致私下接纳，因为人们确信从他人身上获得的信息是正确可信的。规范性社会影响的原因则不同于信息性社会影响，认为人们通过改变自己的行为的方式与他人保持一致性，并不是因为他们更了解现实情况，而是因为人们希望能维持团体成员的身份，继续获得这种身份所能带来的好处，并能够避免遭到团体成员的嘲笑和被拒绝时的痛苦。

事实证明，社会影响技术可以用来促进有益的社会行为。例如，传达命令性规范的信息比传达描述性规范的信息更能起到改变人们的行为的作用。

第9章的内容是团体过程。一个团体是由两个或者两个以上的人组成，共同的需要和目标决定了团体成员之间的相互影响、相互依赖关系。团体有很多好处，可以满足人类的归属需要，促使个体同他人建立联系。团体大多倾向于由同质的成员组成，其中一部分原因在于要求人们服从团体的规范。团体内也有明确的社会角色，是对人们应该如何行动的普遍持有的期望。人们在团体中所扮演的角色，以及随之而来的对行为的期望，都是人们在团体中个人情感和行为的强大决定因素。

当人们在某项任务中的个人努力能够得到评估时，他人在场能够导致社会促进。当个人的努力不能得到评估时，他人在场会导致社会懈怠。最后，他人在场可能导致去个体化效应。

团体的重要功能之一便是决策。如果团体内成员善于共享所获得的信息并能听取团体中专家的意见，团体决策肯定会比个人决策合理明智。联系紧密、凝聚力强的团体容易出现团体思维的现象。团体极化则会导致团体做出比个人更极端的决策，与个人决策在方向上是相同的。通常人们的目标是无法兼容的，这就使得双方处于冲突的境地。其中特别有意思的冲突是社会困境，如囚徒困境、公共产品困境和公用地困境。在协商中，寻找整合的解决方案是十分重要的，双方都需要在对自己不太重要却对对方很重要的方面上做出妥协让步。

第10章涉及人际吸引。作者讨论了导致两人之间最初吸引力的有关变量。其中之一便是物理上的接近性，抑或接近效应，即那些偶然发生的和你有最多接触的人成为你的朋友和亲近的人的可能性大。曝光效应是这一效应发生的原因，任何刺激的暴露都会引发人们对它的不同程度的喜爱。其次是相似性，人和人之间是存在相似性的，包括态度、价值、人格特点或是地缘特征上的相似，这也影响着吸引力和好感。

第11章的内容是亲社会行为。几个世纪以来，人们一直争论亲社会行为的决定因素。一种取向是进化心理学，试图从先天的基因方面来解释人们的社会行为。这种取向普遍认为，亲社会行为是有基因根源的，亲社会行为最终选择的方式有三个原因：人们通过帮助近亲来使他们的基因延续下去，遵循互惠规范就代表有较大的生存优势，因此人们帮助陌生人，希望当他们自己有所需求时，也会得到别人的帮助；学习和遵守各种社会行为规范的能力也代表着生存优势，包括利他主义。社会交换理论（Social-exchange Theory）则把助人行为看作是人们衡量付出和回报之间差异的结果，认为助人行为出于利己原因即在助人的回报大于付出的情况下才会助人。这些理论不把助人行为当作利他主义的一种形式。当然，亲社会行为是由多种原因决定的，个人和环境的因素都能促进或抑制助人的基本动机。

第12章的内容是攻击行为。攻击行为指那些意图伤害他人或者以造成他人痛苦为目的的故意行为。敌意性攻击指的是以造成他人痛苦为目的的攻击行为；而工具性攻击指的是在达成某种目的的过程中给人造成了痛苦的攻击行为。学者们一直对攻击行为是先天具有的还是后天习得的存在争议。然而由于攻击行为对人类来说具有其存在价值，大部分当代心理学家都能接受攻击行为是先天具有并且通过进化而来的遗传论观点。由于人类已经发展出了控制攻击行为的规则规范，加上人类行为具有能够适应环境的改变的弹性，因此，攻击行为的表现取决于我们的先天因素、后天学习以及社会环境三方面的互相作用。

诚然，还有许多因素，包括神经性因素、化学因素和社会因素等都会导致攻击行为。如挫折与攻击理论认为，挫折会增加攻击行为发生。社会学习理论则认为，攻击能够通过对有攻击行为的人的模仿而产生，不管是面对面的直接观察，还是通过电影、电视暴力等的间接观察。

有许多办法可以减少攻击行为的发生，包括从愤怒中转移人们的注意力、对生气或敌意进行归因、模仿其他非暴力的行为、训练人们掌握非暴力方式去解决冲突矛盾、训练人们掌握与人沟通和协调的技巧、培养人们的同情心等。以惩罚来减少攻击行为需要技巧，如果惩罚并不过分严厉，并且在攻击行为后马上进行，可能会有效。但严厉的和延迟的惩罚并不是减少攻击的有效措施。

第13章涉及偏见方面的内容。偏见是所有社会的普遍现象，是一种对特殊团体内成员的一种敌意的负面态度。刻板印象是偏见的认知成分，是关于某个团体的固有特征的观点，并将同样的特征推论到该团体内所有成员身上，无视成员之间的个体差异。歧视则是偏见的行为成分，是对特定团体内成员的某种不公平的、负面的或伤害性行为。

偏见作为一种广泛且强有力的态度，它有很多的原因。该书讨论了造成偏见的社会生活的四个方面：思考方式、赋予意义或归因的方式、分配资源的方式、遵从社会规范的方式。社会认知过程是产生并维持刻板印象与偏见的重要因素。

第14章的内容为社会心理学与健康的关系。首先提及的是压力。压力是人们觉得自己无法应付社会环境时所产生的感受。压力的一个主要决定因素是个体对周围环境的自觉控制有多少。此外，负面事件的解释方式也会影响该事件所带来的压力大小。

同时，探讨人们如何采取更健康的行为方式也是十分重要的事情。一种方式是对人们使用会引起恐惧的说服性沟通。另外，根据希望人们采取的行为类型来相应地制作信息也是十分重要的。最有效的方法是引起人们的认知失调。

第15章涉及的是社会心理学与环境的关系。当人类以惊人的速度在地球上繁衍的时候，我们的物质世界日益变得更加拥挤和嘈杂。对此，社会心理学家特别研究和讨论了人们对于拥挤和噪音的感知与理解。人们认为对此类事件的自觉控制程度以及拥挤所造成的感官超载反感让人们有限的注意力承受了巨大的负担。该章也讨论了人类对环境的影响，以及如何用社会影响技术来鼓励民众做出更环保的行为。这并不是简单的事，因为许多环境问题已经成为典型的社会性两难问题。

作者在第16章提到，许多心理学的原理可以预测人们在法律的相关情境下的行为表现。由于人类记忆的限制，目击者的证词常常不准确。许多因素会扭曲人们所观察到的信息的获得、贮存与提取。

另外，检测人们对司法制度的认知也是很重要的，因为这些认知和公民在多大程度上守法也有密切的联系。

三、评价

侯玉波认为，阿伦森的思想在《社会心理学》中得到了体现，在这本书中，他和另外两位同样著名的社会心理学家威尔逊和阿克特一起，系统地总结和分析了目前为止西方主流社会心理学的研究成果，以及这些研究带给我们的启示。

该书的重要特色有以下两点。一是全书的内容系统连贯。该书有16章。全书16章的内容浑然一体，反映了社会心理学在解决个人与社会问题中的全面性、完整性。

二是理论与实际结合紧密。由于三位作者始终是从解决问题的角度出发来研究社会心理学的问题的，所以，他们的工作本身就和书的内容有机地结合在一起。比如，作为一名在童年期饱受偏见之苦的犹太心理学家，阿伦森非常关心偏见及其影响问题，他希望自己的研究有助于建构一个和谐的社会。

第五章　阿伦森人际关系思想述评

阿伦森的人际关系理论以及他对认知失调理论的重新审视和精细补充，是他对社会心理学知识的突出贡献之一。人际关系无论是在社会心理学领域还是在日常生活中都至关重要。阿伦森在人际关系中的人际吸引、人际交往、人际冲突、从众、助人行为五大部分都有重要的理论贡献和实证研究。此外，他从人际互动中自我概念的角度限定了认知失调理论的应用范围，对认知失调理论的完善起到了至关重要的作用。

第一节　人际关系理论

一、人际交往

（一）人际交往内涵

在阿伦森看来，人类区别于动物的高级特征之一便是人类拥有使用复杂语言交流信息的能力。但言语交往过程往往会受到各种因素的影响，导致误解的发生。作为一位社会心理学领域的咨询专家，阿伦森非常关注这一方面，他发现在生活中，关系密切的人们之间的争执具有普遍性。在生活中人们有许多重要的感情与心事未得到公开的、真诚的讨论，结果导致最初产生的伤害与不安全感加剧，并渐渐地转化为敌视的态度。而且，需要、价值观等方面的冲突所造成的压力和紧张也会引发关系密切的人们之间的交流不畅。针对这类人际交往冲突，阿伦森鼓励通过“坦率谈话”的方式来解决，即双方在不指责、不挖苦的情况下，清楚地表达出各自的感情和担忧。但在日常生活中，人们并不经常使用这一方法。首先，出于个体防御性的自我保护心理，人们认为不能在他人面前暴露自己的缺点，这就造成了人们不愿意进行“坦率谈话”；其次，个体对自身情感或其他方面的敏感性也是一个重要原因，即一个人是否能够正确地觉察到是什么引发了不愉快体验，以及是否能够进行正确的归因并很好地表达出来。针对这些问题，我们其实是可以采取一些方法来进行有效训练的。如阿伦森非常赞赏并推崇的T小组（T Group）法，又称作敏感训练小组、人际关系训练小组。

（二）T小组训练

T小组是指较为保守、传统的小组，强调言语行为，且小组讨论的内容更多地局限于当时当地。T小组的核心在于，讨论小组通过讨论自己的小组进程而逐步解决问题。且各种文化背景、各种职业背景的人都可以参与T小组，成为其成员。该方法曾在20世纪60—70年代盛极一时。阿伦森认为，T小组并不是万灵药，也不是一种可怕的类似于宗教信仰的组织，它更多的是一种平台，是一个学习交流技能、增强自我认识、改善人际关系的有效方法。但如果滥用这种方法，不仅浪费时间，甚至在极端的情况下还会给人们带来痛苦。

T小组是一个教育与学习的交互过程，那么人们在T小组中究竟学习了什么？总的来说，是学习有关自身以及与他人关系的知识。从教育过程上来说，T小组的主要目的是教会小组成员有效地交流、耐心地倾听、了解自己和别人的感情。这种团体互动的方式为人们提供了许多解决生活中特殊问题的经验，进而为解决各种困扰奠定了基础；从学习过程上来说，小组成员是通过分析自己的感情并使用语言或非语言的方式向别人表达这些感情来实现学习的。这种“试做某事”的方法不仅可以帮助个人更好地了解自己的感情，还可以帮助个人了解自己的行为如何对别人产生影响。更重要的是，T小组形成了相互学习的动态过程，这在现实社会中十分难得。不仅如此，T小组还创造了一种氛围，在这种氛围中，人们可以自由、流畅地表达自己的感情。

T小组法有一个非常重要的机制即有效反馈。在小组互动中，成员需要对他人“试做某事”给予及时的反馈，而且这种信息反馈的方式以情感表达为主。情感表达更多体现的是卸下了自我防御，个体真实而坦率地表达自己的情绪感受，这样能使对方更愿意接受。

最后，阿伦森还谈到了T小组领导者的作用，并将其融入小组中进行讨论。他认为小组领导者需要在某些情境下带头表达自己的感情，起到榜样的作用，同时在关键时刻，还需要根据丰富的经验干预小组互动，根据小组的动态发展因势利导，避免伤害某些小组成员，进而引导整个小组从情感角度出发去开展坦率的互动。除此之外，阿伦森强调了把从T小组学习到的经验应用于外部世界的重要性，例如一些日常生活中的交谈或倾听技巧。有访谈数据表明，T小组是一种提高人际交往能力的有效方法，参加T小组有助于小组成员实现自己所设立的目标。当然，任何一种方法都隐含着相应的危险或弊端，因此，针对那些想要参加T小组的人来说，需要细致考量领导者能力和小组类型等，以保证使用这种方法能得到真正的学习和锻炼。

阿伦森一直致力于探索人们之间相互影响的互动方式，包括消除种族偏见、减少攻击行为、发展T小组人际交往方法等，其核心思想在于怎样使人与人之间实现更好的沟通、交流、理解与合作，继而更好地生活，这也是他作为一名社会心理学工作者所关注的核心内容。

二、人际吸引

（一）人际吸引的条件

社会心理学领域中存在的基本问题有：人们为什么会相互吸引或相互厌恶？我们究竟为什么喜欢别人？别人因为什么喜欢我们？阿伦森（1969）做过一项研究，结果发现那些受到人们喜爱的人主要是：（1）信仰与利益和自己相同的人，有技术、有能力、有成就的人；（2）具有令人愉快或崇拜的品质，如忠诚、理解、诚实、善良的人；（3）喜欢自己的人。

1. 外貌：人人都爱美

我们都喜欢美的事物，在日常生活中，似乎外貌姣好的人往往更能受到大家的喜爱和优待，尤其是初次相识，好的外貌往往能形成好的第一印象，提升人的吸引力并促进交往。这不仅仅是可以观察到的生活事实，也被严格的社会心理学实验所证实。阿伦森和西格尔（H. Sigall）等做了一个巧妙的实验，验证了外貌对人们交往行为的影响。实验人员让公认漂亮的和不漂亮的女性扮作临床心理学研究生，假装成实验助手。另外召集了一批男性被试，将其分为四组来参加实验，让“助手”分别给这些男被试的个性特点做临床心理学评价。最后给予被试的评价有肯定与否定之分。这样，实验就有了两个自变量，每个自变量有两个水平，分别是漂亮—不漂亮、肯定—否定。将自变量不同水平两两组合就得出了四种实验情境：漂亮—肯定，漂亮—否定，不漂亮—肯定，不漂亮—否定。因变量是被试对评价是否看重以及对“助手”是否喜爱。实验结果表明，当实验助手是不漂亮的女性时，男性被试不太看重评价的结果，事后对实验助手的喜爱水平都是中等。但是当实验助手是漂亮的女性时，被试却非常看重评价的结果。当女性助手给予他们肯定的评价时，他们对评价者的喜爱水平在四种情况中最高；而当女性助手给予他们否定的评价时，他们对评价者的喜爱水平在四种情况中最低；与此同时，当被问及是否愿意继续参与接下来的研究时，被试都表示非常愿意。由此可见，男性被试非常看重漂亮女性对自己的评价，以至于他们在得到否定评价时更希望自己有机会改变对方对自己的评价。

2. 才能：别太能干

通常来说，在其他条件相等的情况下，我们会更喜欢有才能、能力强的人。但研究表明，人们对于有能力的人的态度常常出人意料。阿伦森等在1978年的一项研究发现，能力的高低和被喜爱程度的高低并不完全成正比。在一个群体中，最有能力的或者最能想出好主意的人，并不是最受到人们喜爱的人。出现这种情况的原因可能是我们对别人往往有着不同的要求，一方面，我们希望周围的人具备良好的才能并能够愉快地进行交往；另一方面，如果他人的才能过于突出，我们会觉得他可望而不可即，一种无形的压力油然而生。因此对于那些才能太超凡的人，我们就只好敬而远之了。

（二）人际吸引原则

1. 出丑效应：谁都不完美

从20世纪60年代开始，行为主义学派的心理学家就提出：我们喜欢那些能够给我们带来奖赏的人。我们喜欢相貌出众的人，因为悦目的美丽不仅可以给我们带来审美上的回报，而且还能提升自我的价值感；我们喜欢那些才能出众的人，因为他们可以为我们带来有益的帮助；我们也喜欢那些称赞我们、关注我们和喜欢我们的人。相反，我们讨厌会给我们带来痛苦、不愉快等负面感受的人。这些看似常识的解释却引起了阿伦森的质疑，他尝试提出了相悖的假设。如果一个人喜欢那些有才干的人，是因为有才干意味着给我们带来回报，那么这个人越有才干，我们就应该越喜欢他。但事实上，如果一个人过于能干，就会让他人觉得难以亲近，并感到威胁。这种复杂的认知现象是人类所独有的。因此，如果有才干的人在某些情境下表现出一些小瑕疵，我们反而会更喜欢他。由此可以看出，阿伦森是一个敢于质疑权威、非常善于思考的人，即使对一些经典的心理学理论也敢于提出不同的见解。其实，阿伦森提出的这些观点与他的背景有关，源于他对现实生活的思考和总结，如20世纪发生的一件军事冲突为阿伦森的假设提供了很好的佐证。1961年春天，美国军队入侵古巴以失败告终，举国难堪，肯尼迪总统尤甚。但事后的盖洛普民意调查显示，肯尼迪总统的支持率却上升了。阿伦森对此提出了自己的解释：肯尼迪总统是一位极具魅力的总统，他年轻、富有才干、精明机智，拥有一位美丽而多才多艺的夫人和一对可爱的孩子。因此，犯错误反而会提升他的魅力，让民众觉得他也是一个普通人，更像芸芸众生中的自己。

为了验证他的假设，阿伦森进行了严谨的科学实验。他和助手威勒曼（B. Willerman）、弗洛伊德（J. Freud）设计了一个非常简单的实验。他们找来一批大学生被试，告诉他们目前正在进行一项挑选代表明尼苏达大学参加学院问答比赛的选手，比赛是一项由来自不同学校的学生进行测验的电视节目。被试拥有挑选参赛选手的权利，实验者希望得到被试对所有参赛选手的第一印象。接下来，被试会听一段录音材料，录音材料是由本·威勒曼扮演面试官，另一位研究生扮演面试者的面试互动内容。面试者分为四种：第一种是表现近乎完美的选手，他可以正确回答出92%的问题，并低调地描述自己是一位优等生，担任学校年鉴编辑和田径队队员，是一个全面发展、综合能力非常强的选手；第二种选手也近乎完美，但在面试过程中犯了一点儿很愚蠢的小错误；第三种选手表现平平，只答对了30%的问题，成绩中等，在学校中表现平凡；第四种选手不仅表现平平，也犯了一点儿很愚蠢的小错误。第二种和第四种选手所犯的错误是他们都“不小心”把咖啡洒在了自己身上，被试能听见录音里满是杯盘相撞的声响，还有选手们搞笑的抱怨声：“天啊，这是我的新西装，洒的全是咖啡。”最后，请被试评价这四类选手。结果发现被试最喜欢第二种选手，其次是第一种选手，再次是第三种，最不喜欢第四种选手。可见，泼洒咖啡这一行为本身是愚蠢的、不具有吸引力的，但它可以提升近乎完美的选手的魅力指数，使他更受欢迎，也可以降低表现平庸的选手的魅力指数，使他更不受欢迎。

由此，阿伦森提出了他的“出丑效应”，也叫“失态效应”，在社会心理学领域引起广泛影响。在某些特殊的场合或情境中人们也利用这一效应提升自我的受欢迎程度。当阿伦森的学生用这一效应为自己所犯错误辩解时，他经常会幽默地提醒：“在犯错之前，最好保证你做的一切近乎完美”。这就是阿伦森在人际吸引领域做出的杰出贡献——提出了出丑效应，颠覆了之前关于人际吸引力的观点，完善了人际吸引的定律，更生动地揭示了人际互动的规律。除此之外，阿伦森还提出了得—失原则、认知失调等多种人际影响的规律，丰富了这一领域的理论，进一步揭示了复杂的人际互动现象（Interpersonal Influence）。

2. 相互性原则：我喜欢你喜欢我

罗马诗人赛鲁斯曾说过：我们只对那些对我们有兴趣的人感兴趣。在生活中，对人的喜爱也是如此，已有研究表明，我们之所以喜欢他人，不一定是因为他外表出众、聪明，或是有社会地位，我们喜欢他人仅仅是因为他人很喜欢我们。心理学将这种效应称之为人际吸引的相互性原则或交互性原则。受到别人的喜爱是人类存在的最强烈的愿望，因此，处在人际关系中的人们需要对方喜欢自己，给予自己重视与支持。当一个人交往行为得到另一个人相应的积极反馈时，他们就会形成一个良性循环的人际互动，彼此的吸引力也在不断地提高，就像中国人常说的“投桃报李”“来而不往非礼也”。相应地，对于那些厌恶我们或对我们有消极评价的人，我们也会远离他们，彼此之间的吸引力也随之下降，恶性循环的人际互动最终会使关系破裂。

阿伦森和兰迪通过实验验证了上述效应。他们请了一些被试分四组来参加实验，并安插了一名助手作为“假被试”担任临时负责人角色，与真被试进行一系列简单的交谈。在实验间隔的休息时间里，这名“假被试”就会离开被试们，到实验主持者的房间里“汇报”情况，在这个过程中“假被试”会谈到对真被试的印象以及评价。被试的休息间与实验主持者的房间只有一墙之隔，虽然他们装作压低声音，但是因为实验的巧妙安排，真被试还是能听到“假被试”与实验主持者们谈论并评价自己的内容。

具体的实验情境分为以下四种。

①肯定。第一组被试从始至终都听到好的评价。“假被试”一直用欣赏的语气来称赞被试，表达对他们的喜爱。

②否定。第二组被试从始至终都听到“假被试”对他们的否定评价。

③提高。第三组被试听到的评价前几次是否定的，在后面几次中逐渐由否定转为肯定。

④降低。第四组被试与第三组相反，接收到的前几次评价是肯定的，在后几次中由肯定逐渐转为否定。

表 5-1　喜爱程度的增减趋势

实验情境	喜爱程度
①肯定—肯定	+6.42
②否定—否定	+2.52
③否定—肯定	+7.67
④肯定—否定	+0.87

注：表中得分是–10到+10等级评定量表上的得分。–10为最厌恶，+10为最喜爱。

完成实验情境之后，实验主持者让所有真被试对这个“负责人”的喜爱程度进行评价，在–10到+10的量表上作答，数值越大，代表喜爱程度越高。

从表5-1的结果中可以看出，实验情境①和实验情境②验证了人际吸引的相互性原则，你肯定别人，别人就喜欢你；你否定别人，别人也不会喜欢你。除了测验喜爱程度以外，在实验情境①和②中，实验主持者还让真被试分别选择下一个实验任务的合作伙伴。受到称赞和表扬的第一组被试都倾向于继续跟“负责人”合作，而接受否定评价的第二组被试则倾向于拒绝与“负责人”合作。

心理学相关领域的研究发现，我们这一生都在经营并完善着自我价值体系，并受到“自我价值保护”的影响。因此，我们不能忍受自己的价值遭到他人的否定和忽略，这也是“阿伦森效应”（Aronson Effect）的深层心理机制。实验所验证的相互性原则只是阿伦森效应的一部分。这样来看，人际交往的相互性原则从静态的角度体现了自我价值保护，即人们喜欢喜欢自己的人，而厌恶厌恶自己的人。

在人际交往中，喜爱和厌恶是相互的。通常情况下，喜欢我们的人，我们才会喜欢他们，而厌恶我们的人，我们也会厌恶他们。这种心理我们在日常生活中都体会过，我们也不自觉地将相互性原则运用到人际交往中，达到平衡彼此感情、协调人际关系的目的。

福阿夫妇的发现为相互性原则提供了解释，每个个体都希望保持心理平衡，与他人建立和谐融洽的人际关系。当他人对我们表示接纳、支持和友好时，我们觉得应该“回馈”他人，这种心理活动会给我们造成某种压力，从而要求我们对他人也必须表现出支持和接纳。如果我们没有做到或者违背了这种“应该”的行为，我们的心理平衡就会被打破。

同理，当我们对别人表现出支持或接纳时，会对别人的反应有所期望。如果别人并没有表现出我们所期望的行为，就会使我们产生消极的情绪体验，认为他人其实并不值得喜爱。对于否定我们的人，我们也应当给予排斥和否定，并视之为正当、合理的行为。此时如果我们对否定我们的人报以接纳与支持，心理就会失衡。这些都印证了相互性原则，就像我们常说的“爱人者，人恒爱之；敬人者，人恒敬之”“己所不欲，勿施于人”，从这个意义上来看，这些名言是有其心理学依据的。所以说，生活其实是一面镜子，如果我们想得到一个微笑，就得先给别人一个微笑。因此，我们在人际交往、人际关系的建立与维持当中，必须首先遵循相互性原则。对那些交往范围内的人，我们对其表现出接纳与支持，也将换来他们的接纳和支持。否则，我们在人际关系上会困难重重，甚至不被别人接纳。

其实，喜爱的相互性原则远比我们想象的要复杂。在人与人交往的动态过程中，别人对我们的评价或我们对他人的评价其实是变化的，这种动态变化会影响我们对他人的情感评价。阿伦森通过研究发现了这种变化过程对人际吸引的影响，并将其称为人际吸引的增减原则或得失原则（gain-lost principle）。

3. 得失原则：先抑后扬最喜欢

在一幢宿舍楼的后面，停放着一部烂汽车，院子里的孩子们每天晚上放学后出来玩，他们爬上车厢，在上面蹦蹦跳跳，嘭嘭之声震耳欲聋，喧哗的吵闹声使许多住户无法好好休息，而大人们越管，众孩童蹦得越欢，大家都束手无策。一位老人想出了一个办法，这天，他对孩子们说："小朋友们，今天我们来进行一场比赛，谁蹦得最响，我就奖他一支玩具手枪。"众孩童欢呼雀跃，争相蹦跳，优胜者果然得奖。第二天，这位老人又来到车前，说："今天我们继续比赛，奖品为两颗奶糖。"孩子们见奖品直线下跌，纷纷不悦，无人卖力蹦跳，声音稀疏而弱小。第三天，老人又对孩子们说："今天的奖品是两粒花生米。"孩子们听后纷纷跳下汽车，说道："不蹦了，不蹦了，真没意思，回家看电视了。"

这是一则十分有趣的故事，其中却包含了一个非常普遍的社会心理学原理—— 人际吸引的“得失原则”：我们通常最不喜欢那些对自己的支持和赞扬不断减少的人。老人一开始给孩子们奖品其实是在以这种形式赞扬孩子们蹦跳吵闹的行为，激发了孩子们的热情，在后两次中，老人给的奖励越来越少，逐渐减少了对孩子行为的认可和赞扬，孩子们就越来越不高兴，也就不再蹦跳吵闹了。

我们再来看看另一个故事。有一个人十分喜欢猴子，他养了三只猴子，在给猴子喂食的时候，他先是在清晨喂给猴子四个桃子，傍晚的时候喂给猴子三个桃子，因为从早上到晚上桃子的数量是减少的，惹得猴子不太高兴了。后来，这个人就将顺序颠倒了过来，早上喂三个桃子，傍晚喂四个桃子，猴子见主人喂得越来越多了，就非常开心。这个故事则暗含了得失原则的另一面：我们喜爱那些对我们的支持和喜爱不断增加的人。其实，在证明喜爱的“相互性”实验中，阿伦森等也验证了人际吸引中的得失原则。从实验情境③、④的结果可以看出，人们对于那些一开始对自己持否定态度而最后转为肯定态度的人，喜爱程度最高，并且显著高于那些对自己一直持肯定评价的人（见表5-1）；而对于那些对自己的评价由肯定逐渐转为否定的人，喜爱程度最低，并显著低于对自己一直持否定评价的人。由此可见，在动态的人际交往过程中，我们对他人的喜爱不仅仅取决于他人对我们评价是积极的还是消极的，同样还取决于评价变化的方向。

感觉的继时对比是心理学上的一种现象。比如：先吃一个梨，会觉得梨很甜，但是吃了白糖之后再吃梨，就会觉得梨很酸。同样地，喝白开水会觉得没有味道，而喝了苦药接着喝白开水，会觉得白开水有点儿甜味。这种现象与我们所说的阿伦森效应有着异曲同工之妙，常常应用于我们日常生活的人际交往中。

对此，阿伦森与林德（G. Lind）的解释是，当一个人在接收到否定评价时会产生焦虑情绪和自我怀疑，从而产生得到肯定评价的需要。而当肯定评价最终真的来到的时候，它比通常的肯定更有意义。而心理学家弗里德曼等（1981）则用归因判断来解释：人们会认为一直给予自己肯定评价的人也会同样用肯定的方式评价别人，缺乏对人的区分能力或诚意，因而人们会贬低来自这种人的肯定；而对原先持批评态度但后来变得肯定自己的人，人们更倾向于相信他们，因而高估来自这类人的肯定评价并回报以更高水平的喜欢。

章志光等（1996）从自我价值感的角度为人际交往中的得失现象提供了另外的解释。自我价值感取决于我们已经拥有的支持信息，这些信息是我们自我价值感的静态组成部分，即便其他信息再具说服力也影响甚微。当别人对我们一直持有肯定或否定的态度时，这种已存在的自我价值支持信息就是一种静态的结构。但同时外在的支持信息依然会对我们的自我价值产生影响，当支持信息发生变化时，自我价值感由静态转为动态，也发生相应的变化。这种变化有两种类型：一种是自我价值信息朝着正向变化，支持信息逐渐增加，使我们的自我价值感不断增强；另一种是朝着负向发展，人们会意识到自我价值面临威胁，引发自我价值保护。

当自我支持力量处于积极的动态过程时，即他人原来是否定、排斥自己的，后来变为肯定和支持自己。这种情况下，即使增加程度可能很小，我们的自我价值支持信息仍是不断增加的。我们处于“得”的位置，因此在这种情况下我们会更加珍视获得的支持，也更能注意到它，人们被激发起的做出回报的愿望也更强烈。这也是为什么我们会最喜欢那些对我们的喜爱、称赞等不断增加的人。相反，如果他人一开始对我们表示支持、后来变为排斥，我们则是处于一种“失”的位置，会意识到我们在失去自我价值支持的信息，因此会尽可能地维护自我价值。这样，那些开始喜爱我们、后来拒绝我们的对象必定会激起我们强烈的自我价值保护。对于他们，我们会采取程度更高的否定与排斥来保护自我价值，进而导致我们对其持有一种高度否定和拒绝的态度。正因为如此，我们对这种人的否定和拒绝，比一直以来就否定我们的人更强。我们最不喜欢对我们的评价由积极转为消极的人，这也正是阿伦森与林德实验的发现。

在人际关系中，欲扬先抑似乎比一成不变的赞赏更能吸引人与讨人喜爱，这种先抑后扬的吸引效应就是人际关系中的“得”与“失”现象。因此要使人际关系和谐发展，就要平衡“得”与“失”。虽然外表和个性在人际交往中的影响很大，而且这些因素决定了是否开始一段交往以及交往过程融合的程度，但在人际关系中发挥重要作用的是交往双方的主观意识，如交往双方的评价、交往动机和目的预测等，而“得”与“失”就产生于双方在关系中的主观体验和主观评价过程。后来，伯斯奇德

（Bosiqide）等的实验研究也证明了人际吸引的增减原则或得失原则。

阿伦森等的研究被幽默地称作“对婚姻不忠的定律”，即当人们处于婚姻阶段时，陌生人对自己的表扬和赞许比配偶更有吸引力。在婚姻过程中，彼此的喜欢是越来越低的，呈肯定—否定的趋势，而陌生人由淡漠突然转向程度较高的赞许，呈否定—肯定的趋势。阿伦森认为，频繁的赞扬可能会失去其价值，当一个丈夫第500次说：“啊，亲爱的，你看起来真美啊！”这句话给妻子的触动远不及他说：“哦，亲爱的，你穿那件衣服不是很好看。”要让所爱的人满意很难，但是想要伤害所爱的人却很容易。这种心理现象能部分阐释在友谊和爱情中为何会出现不忠行为。一味地赞赏未必可以维系良好的关系，保持坦率而真诚则可以更加持续地让对方感到满意。阿伦森解释说：“当关系逐渐亲密时，真诚就变得尤为重要，人们不再一味地给对方留下好印象，而是开始把自己最真实的一面展示出来，哪怕暴露一些对方不喜欢的缺点。如果两个人彼此真心喜欢，并互相袒露自己积极和消极情绪，而不总是‘友善地’对待对方，那么他们将长久地拥有更满意、更富激情的关系。”但就目前而言，如何使彼此存在的爱保持长时间的吸引力，仍然是一个困扰着人们的问题。

（三）人际吸引效应的应用领域

1. 教育发展领域

阿伦森效应不仅是经过社会心理学研究验证的科学现象，更是一种生活中普遍存在的心理现象，对各类人际关系都有良好的适用性。

已经有不少研究者将阿伦森效应运用于儿童的教育与行为塑造中。其中有一个故事就是很好的体现。这个故事说的是有位琴艺精湛的钢琴老师，一名学生慕名而来，希望能拜师学艺。初见面时，老师让学生弹一首曲子，学生弹完之后，老师给予了非常高的评价，希望她再弹一遍。于是学生将曲子重弹了一遍，这个时候，老师指出了有些地方的不足，并要求其再弹一遍。第三遍结束后，老师的评价变得更差。这个时候，学生的情绪很低落，也不想拜师了。在这个故事中，老师说的可能是实话，但是他并没有考虑到学生的心理，因为他在评价模式上，采用的是由积极转为消极的方法，这反而挫伤了学生的积极性。由此可以看出，采用何种评价模式，对于学生积极性影响是很重要的。

前面讲到的老人如何让孩子们不再吵闹蹦跳的故事，也是阿伦森效应在儿童行为矫正领域应用的很好的例子。有学者的研究表明，不良行为的矫正一定要依据个体的心理特点，进行正确的引导和教育。巧用阿伦森效应，选取“肯定—否定”递减的评价策略能更好地增强教育的力度和效果。我们都喜欢受到奖励和赞扬，尤其对儿童来说，奖励就是不断牵引着他们向教育目标前进的动力。但在儿童的生理、心理发展过程中，问题往往是层出不穷的，比如攻击性行为。当我们遇到此类问题时，能够运用心理学中的一些原理（如阿伦森效应）来解决就再好不过了，其效果往往要比传统的说教更好。

除此之外，阿伦森效应也能应用于塑造儿童良好行为。当儿童出现良好行为时，对这种行为进行恰当的表扬、鼓励和强化，就会看到儿童身上的积极变化。

但在发展和教育领域运用阿伦森效应的过程中，有学者（秦旭芳，赵静，2012）提出要注意具体问题具体分析。因此，考虑到具体情况的特殊性，阿伦森效应的教育模式并不是绝对有效的。

2. 管理与职场

在一家食品店里，即使需要排队，顾客也总爱在一位售货员那里买东西。有一天，店领导询问这位售货员有什么吸引顾客的诀窍。这位售货员答道："很简单，别的售货员在称糖的时候，总是先装得满满的，然后再往外面拿。我却相反，我先装得少一些，称的时候再添一些，并随口说上一句'我给您加两颗啊，谢谢您的光临，欢迎再来！'这就是我的诀窍。"

这个故事中的售货员也是巧用了阿伦森效应。其实每位售货员给顾客的东西都是足斤足两的，但是其他售货员先装后取就好比是阿伦森效应中的"失"，会引起顾客的反感。而先少放后添加就好比"得"，必然会获得顾客的喜爱，顾客也会对其更加信任。我们都希望他人对我们的喜欢呈不断上升的趋势，而不是逐渐减少。故事中的售货员就将人们的这种心理很好地运用在销售当中了。

在企业中，领导者对员工的态度直接影响着领导的管理效能与员工的工作绩效。根据阿伦森效应，我们不难得出结论——企业领导者对员工采取先严格后宽松的管理方式会产生最佳的管理效能。而作为员工，在职场中也应巧妙应用阿伦森效应。这里介绍一个反例。一名大学毕业生到一家单位工作，作为职场新人，他希望给领导和同事留下好印象。因此，他每天都提前半小时到公司，做好清洁。节假日的时候也主动要求加班，有的事情即使在他能力范围之外，他也硬着头皮接下来。但是他没能维持自己的表现结果，公司领导和同事对他的印象由积极转变为消极，甚至比刚来的新人印象还差。因为在开始时，他的表现已经让大家对他形成了一个很好的印象，这种好印象已经使得大家对他产生了一个高的预期和标准。但急于表现而勉强自己的做法并不能坚持很久，一旦短期内得不到回报，这种表现便会减少或消失。此时的人们就会认为他之前的表现是假装出来的，并导致人们对他的人格品质也做出了消极评价。这就是一个由“得”到“失”的过程，在此过程中喜爱程度也随之下降。

我们从阿伦森对人际吸引等相关领域的研究可以看出，阿伦森不仅具有坚实的科学研究功底，还对社会现实问题有着独到的思考和见解。通过他的努力，我们从一系列生动而深刻的研究中可以充分领略到社会心理学研究的魅力所在，认识到社会心理学是与人们日常生活息息相关的学科，是对促进人们相互理解，建构关爱、包容的社会环境，提升人们幸福感都有意义的学科。

三、人际冲突

（一）种族偏见

偏见从未离开过社会心理学家的研究视野。其实，偏见包含着两种倾向：抵制的或赞同的。日常所说的偏见是指在接触某一目标对象之前，根据一些不完善或不完全的信息所形成的对某一群体的消极或敌对态度。例如，当我们说某个人对黑人存在偏见时，我们是指这个人充满敌意地对待黑人，并反感所有黑人，他脑海里关于黑人的某些特征即便完全不正确，即便出现的只是特殊的情况，但他也会坚信整个黑人群体都如此。

阿伦森曾深入地探讨过“人类为什么会产生偏见？”这一问题。他认为，偏见源于人类自我辩解的需要。无论是种族偏见还是其他形式的偏见，当一个人对别人做出某些残酷的行为时，他需要为自己的行为辩解，并为自己虚构某些信念，例如这些人是无用的、低能的、愚蠢的和不道德的，这些信念可以帮助他们摆脱内疚感、负罪感和不道德感。除此之外，偏见还源于人类对地位和权力的需要。一个社会地位低下的人需要使用偏见寻找受压迫的、更低级的少数（或劣势）群体，这样才能维持其优越感。研究表明，社会地位低下或日益衰落的人比社会地位高或不断上升的人更容易产生偏见。

阿伦森从四个方面考察了偏见产生的原因：经济和政治的竞争与冲突；转变攻击的目标；人格需要；对现存社会规范的

遵从。对上述四个同时发生作用的偏见原因进行探讨有利于消除偏见。

1. 经济和政治的竞争和冲突是引发偏见的重要原因

为了在资源有限时获取更多的资源与利益，有权势的群体就会试图剥削或诋毁劣势群体，双方在一个相互排斥的氛围中发生冲突，彼此的偏见就会增长。领土争端、公民权利运动等就是典型代表。

2. 基于偏见的“替罪羊”理论

当人们遇到挫折或其他不愉快、令人讨厌的情境时，会产生一定的攻击行为来排解心中的不快，但由于直接的行为后果风险太大，人们就会寻找“替罪羊”，这就是“替罪羊理论”（Scapegoat Theory）。在不同情境中，“替罪羊”象征着那些未犯错误却受到斥责的弱势群体，例如在纳粹德国的犹太人、美国南方乡村的黑人等。个体倾向于把矛头指向可见的、比较软弱的、自己不喜欢的群体，由此产生偏见或攻击。

3. 偏见人格也是主要原因

然而，当存在经济和政治的竞争和冲突或遇到挫折情境时，并不是所有的人都会诉诸偏见或攻击，其中还有偏见人格的影响。研究表明，有些人会接受偏见，并不完全是受到外部因素的影响，而是因为他们本身就是属于这种类型的人。例如“专制人格”。该类型人的基本特征是，持有“传统”的价值观念且信仰很难改变，不能容忍自己和别人的脆弱，喜欢严厉地惩罚，多疑，极端仰慕权威。

4. 对现存社会规范的遵从——从众，也是偏见产生的原因

以种族偏见为例，最初其产生是历史原因，但这一风气是如何延续的呢？这恐怕要考虑到社会文化的影响，即对某些已经形成的社会规范的遵从，也就是从众。阿希（S. E. Asch）的从众实验就已经深刻地说明了从众的力量。在一个社会中，法律或习俗都可以用来制造偏见信念并加以传播。也就是说，偏见态度可以在一个存在偏见的社会中被制造出来。

根据阿伦森对偏见形成原因的解读，我们可以看出，阿伦森比较重视对影响偏见态度形成的社会文化环境因素进行研究，这也就为消除种族偏见提供了理论根据。归根结底，偏见是一种人际交往中的态度倾向，并非先天就有，而是在后天环境中逐渐形成的。在资源竞争或挫折情境中，偏见态度最易萌生，如若再受到人格因素的强化和从众的影响，偏见就会加剧。由此可以看出阿伦森对人际互动过程有着深刻的认识。另外，他还认为偏见或攻击行为是可以通过某些途径减少或消除的，这为建立和谐的人际关系、良性的人际互动提供了新的视角。

阿伦森除了对偏见理论进行了详细的解读外，他还为解决种族偏见等问题提出了切实可行的办法。从1965年到1974年，他在奥斯汀生活的10年里，美国社会正处于动荡的时期，全国各地纷纷举行各种示威、抗议活动，各种偏见与歧视十分突出。作为一位社会心理学家，在社会变革之中是无法置身事外的。阿伦森开始关注大学校园中的问题，即根深蒂固的种族隔离。事实证明，“隔离而平等”的教育设施从来就是不平等的，来自少数民

族的孩子会认为自己在某些方面是有问题的以至于被隔离开来，这对他们的自尊心造成了难以弥补的伤害。后来，虽然当地废除了学校的种族隔离，但彻底消除种族隔离并非易事，这些措施迟迟达不到预期的效果。阿伦森对此进行了研究，希望能找出解决办法。他首先派他的学生去学校教室进行细致的观察，发现之前法律所规定的“隔离而平等”的“隔离目的”虽然达到了，但没有做到“待遇平等”。不仅如此，在废除这项规定之后，种族融合也并没有真正地实现，不同种族的孩子之间一直有着深刻的刻板印象和偏见，这阻碍了大家的相互交流，问题的根源就在于此。

阿伦森发明了一套简单的干预办法，企图重建教室里的动态关系，将不同种族孩子之间的竞争关系转变成合作关系。他设计出互助小组的形式，小组成员包括不同种族的孩子，他们必须相互合作才能理解整篇学习资料的内容。这种教学方法就是拼图教室。具体操作如下：先由教师将全部教材内容分成若干部分，接着将学生分组，每组三至六人，组内成员的能力有所不同，组与组之间进行平衡，小组内的每个成员负责研读一部分教材内容。之后，各小组研读相同部分教材的成员再集合成专家小组进行讨论。讨论学习完之后，小组成员返回原所属的小组给其他成员讲授其所负责研读的那部分教材。最后，教师将会对全班学生进行测验，测验内容覆盖全部教材。由于互助小组中的组员必须先各自学习属于自己的那部分内容，然后再集中起来，每个组员向其他人介绍自己手上的那部分内容。因此，只有互相听完其他人的介绍后，孩子们才能掌握整篇文章的信息。最初拼图教室是由阿伦森开发用来增强学生之间的互助行为。他分配学生组成一个小组，并且给每名成员一页资料，取代提供所有的材料让学生独自研读的做法。为了拥有完整内容，学生们需要将他们每个人的资料拼凑起来，这就好像他们正在做拼图游戏。如果有小组成员没有分享他的部分，那么“拼图”是不可能完成的。

针对这种新的学习方法，阿伦森进行了试测，发现拼图式合作学习进行了一周之后，实验组班级的课堂氛围就大为改观。数据也证实与传统班级的学生相比，实施拼图式教学班级的所有学生对学校的喜爱程度都更高一些；无论是不同种族的学生之间，还是同一种族的学生之间，都表现出更多的友爱；而且拼图式合作学习让班级里的学生更懂得换位思考，理解他人。因此，阿伦森通过他的研究表明，偏见是可以消除的，不同种族的孩子可以学会相互喜欢，只要增加不同种族孩子相互接触的机会，并采用正确的方式引导。正如奥尔波特（G. W. Allport）在《偏见的本质》一书中所写：“安排不同种族的人从事同一项工作，对消除种族偏见多少有些帮助。但如果大家都将自己看作团队的一分子，效果会更好。”这种合作学习的方法提升了学生彼此之间的亲近性，减少了学校中的种族冲突（Racial Conflict），提高了学生的学习动机，从而使他们更好地享受学习、体验学习。一些实验证明，在同样的任务中，使用了拼图的人更自信，更善于表达自己的看法。

阿伦森的“拼图教室”教学法虽然效果显著，操作也简便易行，但由于政治因素的干扰，很长一段时间内被搁置了，也一直无法进入美国的主流教育体系，没有得到很好的推广和应用。

（二）攻击行为

社会心理学的研究对象是社会的影响，即一个人（团体）对另一个人（团体）的影响，其中就包含人类之间的攻击性行为。阿伦森将攻击行为定义为一种目的在于引起伤害或痛楚的行为。他对于攻击行为是先天固有的人类本性还是可以被改造的以及如何改造，有哪些社会或情境因素可以增加或减少攻击性行为等问题，有着独特的见解和定义。

在阿伦森看来，攻击性在人类进化早期具有适应功能，而之后随着社会的发展，攻击性也慢慢进化出精神宣泄的功能，人类可以将攻击性行为进化成某种社会可以接受的攻击行为，一种是竞争性活动，另一种是幻想。阿伦森认为，攻击性不仅仅依赖于一个人所感觉到的紧张状态，而且还依赖于一个人的思维。因此，攻击性只会导致更多的攻击性，一方面，攻击性的合理化在起作用；另一方面，如果一个人公开地攻击某人就会更加厌恶他人，这种情感的改变就会增加在未来时间内攻击他人的可能性。认知失调和自我辩解也在其中发挥作用。这种攻击行为的产生与化解主要有以下几种情况：第一，当某人伤害到另一个人时，会体验到认知上的不协调，此时他会贬低攻击对象以缓解这种认知失调；第二，当受害人不是清白无辜的时候，一方被激怒，会实施过分的伤害行为，这时，在伤害行为和报复行为之间的力量上存在差异，人们会采取先伤害使你愤怒的对象然后再贬低他的辩解方式来变相地实施攻击性行为，而且研究者还发现，发泄攻击性往往会增加攻击倾向；第三，当攻击性行为和所受到的伤害达到一种平衡时，就意味着攻击性行为的结束。虽然攻击性行为有其存在的合理性，但阿伦森认为，在生气和使用暴力等一些毁灭性的方式来表达愤怒的行为之间并非存在因果关系。很多时候，在一些适当的情境中，生气是正常的、无害的，但表达这种愤怒情绪的方式是多样化的，阿伦森更多的是鼓励自我表达，除此之外，在复杂的社会背景下，对于一个受压迫的少数族裔来说，攻击行为可能是引起歧视他们的人的注意的一种最戏剧性的手段。基于暴力滋生暴力的原理，攻击性行为不会因为条件的改善而停止，特别是攻击性行为与自我辩解之间的循环往复作用。因此，减少攻击性行为的唯一办法就是，不断地减少能够给人带来挫折从而导致暴力攻击的不公平现象。

针对如何减少暴力，阿伦森从以下六个方面给出了解答。（1）纯理性，是指构想出一套合乎逻辑的、理性的论点来描述攻击行为的危险性和产生的不良后果。（2）惩罚，是指给实施攻击的对象以某种惩罚可以有效降低攻击行为发生的概率，因为惩罚本身具有严厉性和束缚性。（3）对攻击性榜样的惩罚，有研究表明，观看对攻击性行为进行惩罚的视频不会增加当事人的攻击性，但这一效应还有很多复杂的情况。（4）对另一种行为模式的奖励，这是从行为主义的强化角度给出的具体措施，对攻击行为不予理睬，而对非攻击性行为进行奖励。（5）非攻击性榜样的在场，是指其他有自制能力且相对无攻击性的人也在同一场景下。（6）培养对他人的感情移入，是指鼓励或培养对他人的移情能力，可以有效降低攻击行为发生的概率。

从阿伦森对攻击行为的探讨我们可以看出，阿伦森是基于前人的大量研究，取各家之长来阐述攻击行为产生的原理、意义以及如何减少攻击行为。我们不难发现，阿伦森是一位非常关注现实的社会心理学家，他多从社会事实出发，所探讨的理论和验证的结论都有着丰富的社会背景材料的支持，这是作为一位社会心理学家难得的研究素养。

四、从众

在阿伦森的理解中，人作为一种社会性动物是生活在与个性有关的准则和与从众有关的准则相互制约的矛盾状态中的。社会对于从众和不从众这两类人的喜爱程度不同。有研究表明，在一个常规团体中，从众的人更受欢迎。但毫无疑问，不是在任何情境下，从众都是好的，不从众就是不好的，例如尼克松及其“宫廷卫士”的水门事件。从众是指由一个人或一个团体的真实的或是臆想的压力所引起的人的行为或观点的改变。在阿伦森看来，影响从众的因素有以下几点。

（1）个体做判断的过程。如果个体先按照自己的想法做出最初的判断，然后再面对团体不一致的判断时，可以有效地降低其从众的可能性。

（2）受压力的个体本身的人格特质。例如，缺乏自信的人与那些自我评价较高的人相比，从众的倾向性更强；当一个人缺乏做某事的能力时，也会通过从众的方式依赖群体；当然，从众与否和我们的文化差异相关，遵循集体主义的个体相比遵循个人主义的个体更倾向从众来维持自身的安全感。

（3）施加压力的团体构成。当组成团体的成员具有专业性、权威性，或者与个体非常类似时，个体更容易从众。

阿伦森不仅探讨了从众的概念、原因和发生过程，他还探讨了从众的动机，即人们为什么要从众。这里，他主要给出了三种解释：一是他人的行为使当事人认识到自己最初的判断是错误的；二是当事人希望在团体中免受惩罚或得到奖赏；三是在许多情境中，人们把他人的行为作为指导自己正确行动的唯一标准。也就是说，人们倾向于依赖别人做出某种行动，特别是在模糊的情境下。他还把从众区分为两种类型：一是依据动机不同，将从众分为想得到奖励、免受惩罚的从众和想要获得如何恰当行动的从众；二是依据从众行为的相对持久性不同，分为依从、认同和内化，这也是人对社会影响反应的三种类型。依从是最不持久且对个体影响甚小的反应，人们只是为了获得奖励、免受惩罚才暂时按照别人的要求去做；认同是指个体想成为另一种人的愿望；而内化则是更高层次的概念。其中，依从的主要组成部分是权力，认同的关键成分在于吸引，而内化的重要组成部分是可信程度。但阿伦森认为，这种类型的划分在某些部分是有交叉的。

五、助人行为

阿伦森对人际互动的研究不仅包括人际吸引、种族偏见和攻击行为，还涉及对助人行为的探讨，即如何增加助人行为发生的可能性。包括四个因素：第一，他提出了助人的第一个前提是确定是否发生了紧急事故；第二，设想自己有责任介入；第三，就是衡量助人的代价；第四，就是考虑自己的帮助所产生的效应。

首先，助人行为的第一步是确认真的发生了需要提供帮助的情境；其次，特别是在有旁观者的前提下，当个人假设他人不会提供帮助以分担自己的责任感时，才有可能去帮助他人；再次，助人者需要衡量和判断助人的代价，当一个行为需要助人者付出很大的代价时，进行助人的可能性就很小了；最后，助人者希望看到自己的帮助确实真正地起到作用，即当助人者认为他人需要帮助，而自己也确实能做出对其有益的事情时，他们就会提供帮助。

除此之外，阿伦森还对“旁观者效应”（Bystander Effect）进行了详细地分析。他认为，这种现象和从众有着密切的关系，即“不介入”的旁观者就是从众者。为什么会发生这一现象呢？主要原因在于旁观者情境不是增加了个人去救助的可能性，而是实际上减少了其中任何一个人去救助的可能性。在许多现实情况支持这一原理的情境下，许多心理学家进行了现场实验或是严密的实验室实验来验证。结论有不一致的地方，当在野营情境中时，同伴的行为方式就较少发生旁观者效应，对此阿伦森提出了两点猜测性的解释：其一，野营同伴具有更高的感情共鸣，他们一起同甘共苦、风雨同舟，激发出“命运相连”的感觉和情感共鸣，从而更倾向提供帮助；其二，助人者无法避开这一面对面的情境，他们无法通过逃避来减轻自己的不愉悦感，即露营环境相对受到限制，作为野营成员必须面对一切事情及后果，因此更愿意彼此负责。阿伦森的假设得到了其他研究者的证实。

由此我们可以看出，阿伦森作为一位社会心理学家，对于一些现实社会问题具有其独特的敏锐性，并且善于思考现实中存在的一些问题，非常关注真正能够给人们带来幸福的问题。他认为，作为一位社会心理学家有责任把自己的技能应用于对人类行为的理解，最终实现人类幸福的根本目标。

第二节 认知失调理论

提到阿伦森，关于他的社会心理学思想，就不得不提他对认知失调理论发展所做出的卓越贡献。认知失调理论最先由费斯廷格提出，该理论创立的标志是费斯廷格的《认知失调理论》一书的出版。虽然这一理论仍然强调社会对象的知觉和再现，但是他的理论更侧重于从个体内部认知的角度对社会行为进行解释。20世纪50—60年代的心理学界，行为主义的思想盛行，由费斯廷格所创立的认知失调理论，犹如一股清风，搅动着沉闷的行为主义世界，同时深深地吸引了一个刚刚获得硕士学位的斯坦福大学的年轻研究生——阿伦森。

一、传承费斯廷格的思想

正如费斯廷格的认知失调理论受到其艾奥瓦大学的博士导师勒温的影响，阿伦森的认知失调理论则是对费斯廷格理论的继承与发展，尽管费斯廷格一开始认为阿伦森背离了他的认知失调理论，因为阿伦森对其理论进行了很大程度的修改，并缩小了认知失调理论的应用范围，随后费斯廷格本人花费了近十年的时间才接受阿伦森从自我概念角度对认知失调理论做出的解释，但无可否认的是阿伦森对费斯廷格的认知失调理论做出了最有效的补充，使他的理论更加严谨、更加完善，在接下来的几十年里长盛不衰。

费斯廷格的认知失调理论专注于宽泛的认知概念，他认为认知或认知系统是个体对自身、他人以及行为的观点的综合。以吸烟为例，我们将他的理论观点进行生动的呈现：（1）认知协调，“我不吸烟”和“吸烟有害健康”；（2）认知失调，“我吸烟”和“吸烟有害健康”。费斯廷格认为这种认知上的失调是人的认知系统的一种正常的状态，由于不同的认知元素各有其相对独立性，所以认知失调的存在几乎是不可避免的。

同时费斯廷格提出了关于认知失调理论的两条假设：（1）个体内心存在的不适应感和不协调感，这种不协调的存在将推动人们努力减少这种不协调，并达到协调一致的目的，这说明认知失调会给个体造成某种潜在的心理压力，促使个体采取行动，改变不协调的情况；（2）当出现不协调时，除设法减少意外，个体还可以能动地避开那些有可能增加这种不协调的情境因素或信息因素。

针对以上两种假设，当个体出现认知失调时，根据费斯廷格的相关理论，减少个体认知失调的主要方法有三种。（1）改变自身的行为，使主体的行为认知符合个体的态度认知。例如，“经常吸烟”的行为与“吸烟有害健康”的认知相对立，当把烟戒掉，那么“我不吸烟”与“吸烟有害健康”就变得和谐起来。

（2）改变态度，使主体的态度符合其行为。当“我吸烟”的行为与“吸烟有害健康的态度”相冲突时，改变自我对吸烟的态度——吸烟其实没有想象的那么大的危害，那么行为与态度就再一次获得了统一。（3）引进新的元素，知道“吸烟有害健康”但是还一直在吸烟的个体，引入其他新的因素来为自己的行为进行开脱。比如，“周围的人总是把烟散发给自己”“最近压力太大等”（强调一些外部的因素），从而消除这种不协调感。

作为费斯廷格的学生，阿伦森最先接触到了他的认知失调理论，当这位对自己的老师充满怀疑的学生开始阅读那本《认知失调理论》时，只读了开头的几页就被深深地吸引住了，“我随意地翻阅了前面的几页，我只想了解他究竟说了什么观点，但书却紧紧地吸引住我，我竟然一口气把这本书读完了”。书中的理论让年轻的阿伦森如获至宝，为他开启了一种全新的思维视角。

认知失调理论犹如吹进心理学界的一股清风，震撼着占据统治地位的激进的行为主义思想。费斯廷格在《认知失调理论》一书中，并没有给出充分的实验研究，但是书中丰富的理论观点指引着阿伦森进行实验研究。为此，他和他的同事贾德森专门设计了一个情境实验来验证这种认知失调理论。

实验的背景是一个有趣的关于“性”的讨论小组，设置不同的入会门槛，三分之一的被试分配到重度入门考核组，三分之一的被试分配到轻度入门考核组，另外三分之一分配到无入门考核组。最后询问被试对自己加入组织的喜爱程度。

对于分配到无入门考核组的女大学生，研究者直接告诉她们已经成为小组成员。对于分配到重度入门考核组和轻度入门考核组的被试，研究者告诉她们为了保证所有人对谈论话题能畅所欲言，需要她们参加一个筛选环节，一个有关难堪程度的测试，这个测试就是入门考核。重度入门考核组进行的测试令被试甚为难堪，需要她们背诵12个淫秽词汇，以及选自《查泰莱夫人的情人》一书中的两段色情味很浓的文字。轻度入门考核组的被试则要背诵一组跟性有关的但不带有淫秽色彩的词，比如阴道等。

接下来每个被试都被要求听一段有关性行为的讨论录音，研究者告诉她们这就是小组讨论的内容。每个被试听到的内容都是一模一样的——缓慢、冗长而且乏味。最后实验者访谈每一个被试，让她从多个角度对这场讨论和小组成员的表现进行评价，比如小组对被试的吸引力如何、小组成员的才智与口才如何等问题。

结果重度入门考核组的被试认为小组讨论是相当有趣的，而轻度入门考核组或无考核组的被试认为小组讨论枯燥乏味（事实就是如此），甚至有几位要求立即退出讨论组。

对于实验的结果，阿伦森欢欣鼓舞，通过这个实验，他发现了个体会为减少认知失调而产生自我辩护的有趣现象。实验中重度入门考核组的被试为减少心理失调，承认本来无聊的讨论是十分有趣的，从而使自己的行为合理化，以减少认知失调。阿伦森的这一实验是他的第一个实验研究，也是认知失调研究中的一个经典实验。阿伦森将这类情境实验称为“高影响实验”。与传统的实验相比，这类实验更加注重生态效度，没有太多人为操纵的痕迹，但是对实验者的要求也相对较高，需要高超的演技。他的实验为费斯廷格的那个著名的“1美元与20美元”的实验提供了灵感，可以说，阿伦森最先使用实验的方法验证了认知失调理论，而且他的这种情境实验被后来的研究者广泛使用。

二、是否失调?

尽管在接下来的研究中认知失调理论不断被证实，而且因其强大的解释力受到众多心理学研究者的追捧，但是认知失调理论并不完善。比如，如何界定两种认知是否失调，并没有统一的标准。当然，费斯廷格也已经认识到他引以为傲的认知失调理论的界限并不明确。“两种认知是否失调，你得去问费斯廷格”，阿伦森与同事之间的玩笑之语或许真切地反映了认知失调理论发展中所面临的尴尬，同时也吸引着阿伦森为寻找解决这一问题的方法而努力。当然，费斯廷格也试图为认知失调理论划定一个界限，因此他在自己的论述中假定了一个情境来限制该理论的应用范围，但是没想到却引起更大的争论。

> 深夜，一个男子驾车行驶在偏远的乡间小路，偏偏此时车胎爆了，这时他打开了后备厢，拿出自己的备用轮胎，但是不巧，他发现自己忘记带千斤顶了……

在这个情境中，主人公是否存在认知失调呢？费斯廷格的观点是没有，虽然这个男子会产生愤怒、失望或挫败的情绪，但是并没有产生认知失调。但是，阿伦森却产生了不同的看法，他认为主人公当然会产生认知失调："谁会深夜驾车行驶在偏僻的乡间小道上，而车内却不准备千斤顶呢？"费斯廷格对自己学生的观点感到困惑，他反问道："到底是哪两种认知的失调？"阿伦森一时语塞。

在获得自己梦寐以求的博士学位之后，阿伦森离开费斯廷格去了东海岸的哈佛大学，开始了自己对认知失调理论的独立探索。此时仍然萦绕在他心头的就是如何给出认知失调理论的准确边界，使理论更加完整，更加无懈可击。最终他发现了隐藏在原来理论中更加深层次的建构——个体自我概念。阿伦森认为，只有当自我的某个要素受到威胁时，认知失调理论才会得出最准确无误的预测，通常表现为个人行为与自我概念不协调。关于前面提到的阿伦森与费斯廷格发生冲突的例子，阿伦森进行了重新思考。他认为事例中明显地存在两个认知失调：一个是司机觉得自己很愚蠢，另一个是司机的自我概念，他认为自己是一个聪明能干的人，因此司机的自我概念——聪明与愚蠢行为之间产生了失调。

阿伦森对费斯廷格验证认知失调的著名理论重新进行了审视，他对实验中出现的失调做出了如下的陈述："我说这个任务很有趣"的认知与"我不认为这个任务很有趣"的认知是不一致的。阿伦森将这一理论进行了重新阐述，将更多的注意集中在了个人的自我概念上。总的来说，这个新理论认为："在自我受到威胁的情况下，不协调是最强的。"这一理论假设的前提是：人们大多数倾向于认为自己是聪明的、公正的，当自己的行为表现出愚蠢与荒谬时，个体往往进行自我辩护使行为合理化，甚至采用谎言的形式。

毫无疑问，阿伦森对认知失调理论的完善起到了至关重要的作用，他将失调理论从一个有关态度的理论转变为有关自我的理论。阿伦森认为，“有关自我的信仰是人们所持有的重要认知”，于是当我们的行为或者态度与我们对自我的认知不一致时，就会产生痛苦的心理失调，因此最有可能引发行为的改变。由于认知不协调的出现，导致负面情绪的出现，因此人们总是试图减少这种认知失调，这与干渴、饥饿等生理型的内驱力对人的影响是一致的。不同的是，驱使的力量是认知上的不舒服而不是生理上的需要。正如阿伦森在《社会性动物》一书中所描述的那样，认知失调理论是个体对自己荒谬行为的辩解，他把人描述成“理由性”的动物而不是理性的动物。

理论的威力在于应用。在惊喜地发现了隐藏在认知失调理论后的自我秘密后，阿伦森将认知失调理论成功地应用到了幼儿教育上，开展了一项非常有名的自我说服实验。实验的起因是他想教育自己的大儿子不要欺负弟弟，他将目光理所当然地投向了认知失调理论，实验的名字就叫“禁玩玩具”。

> 研究者买了很多可爱的玩具带到幼儿园里，一连好几天，研究者都会去幼儿园让孩子们玩玩具，与孩子们培养感情。第六天，研究者询问每个孩子对不同玩具的喜好程度。第七天，研究者将孩子们带到游戏室里，让他们在那里玩玩具。研究者把孩子们“第二喜欢”的玩具放在离其他玩具

大约1米的地方，告诉孩子除了这件玩具，其他玩具都可以玩。研究者对其中一半的孩子说，如果他们不听话，就会受到轻微的处罚（比如，“我会有些生气”）；对另一半孩子则说，如果他们不听话，就会受到重罚（例如，“我会很生气，会将所有玩具带回家，再也不来了，我会认为你是个很没有礼貌的宝宝”），然后，研究者离开房间让孩子们自由玩玩具，并观察孩子们。

结果所有孩子都抵御住了诱惑，没有玩指定的玩具。研究者回到屋里再次询问孩子们对屋内玩具的喜好程度，受到轻罚威胁的孩子对禁玩玩具的喜爱程度明显低于先前；相反的是，受到重罚威胁的孩子没有改变他们对禁玩玩具的喜爱程度，他们仍表现出对禁玩玩具的高度喜爱，甚至一些孩子对禁玩玩具表现出更大程度的喜爱。

阿伦森认为孩子们之所以能够控制自己的行为不是因为成人告诉他们不能这样做，而是他们进行了自我劝说的结果。在阿伦森的实验中，受到轻罚威胁的孩子，由于没有强烈的外因阻止他们玩禁玩的玩具，他们就需要自己去找不去玩它的原因，于是孩子们就自己说服了自己——可能被禁玩的玩具并没有那么好玩。受到重罚威胁的孩子已经有充足的理由阻止他们玩禁玩的玩具，所以就不需要再找其他理由，因此他们仍然表示出对禁玩玩具的喜爱。

认知失调理论能够使个体的行为改变维持相当长的时间，阿伦森也认识到如果把认知失调理论应用到其他方面，比如攻击行为的控制，就需要在威胁程度上拿捏得当，既要让攻击个体自己说服自己放弃攻击行为，又要严重到让孩子一开始就放弃攻击行为，如果威胁没有严重到促使孩子控制自己的攻击行为，反而会使他认为攻击行为是合理的。

阿伦森对认知失调理论的最大贡献就是给失调理论发展出了一个边界，将自我概念纳入其中，认为只有自我概念的某些要素受到威胁时，认知失调理论才能对行为做出有效的预测。阿伦森认为，通常个人行为与自我概念的不协调，是失调产生的根本原因。然而费斯廷格无法接受阿伦森对他的理论的这种全新解读，阿伦森也发现，纳入自我概念的认知失调理论的适用范围明显地缩小了，但是也使它变得更加严谨，正如阿伦森自己所言“理论严密性带来的益处战胜了理论普遍性的丧失”。

三、认知失调的后果

（一）产生非理智行为

阿伦森对认知失调的理论解释是认为每个人都有一种对自己当前行为进行合理化解释的内在动机。一般情况下，个体减少认知失调的过程往往伴随着“非理性”行为的发生。“非理性”这个词语的意思，毫无疑问是缺少充分思考时产生的，它更多的是一种自我解释或者自我辩护，通过对自己行为的解释，维护良好的、积极的自我形象，但是带来的结果往往是有害的，有违初衷。例如，下面一个有趣的研究就充分证明了人是“非理性动物”。

研究中被试是对种族隔离问题持有极端态度的人：一些被试赞成种族隔离，另外一些被试则坚定地反对种族隔离。然后让所有被试阅读一些有关种族隔离问题并持不同观点的材料，其中一些宣传的观点似乎很明智，看起来合情合理，而另一些宣传论点却似乎很荒唐，几近可笑。然后让被试对材料中的观点进行回忆，结果发现被试并没有用纯粹理性的方式进行记忆，而是倾向于记住与自己立场一致的、合情合理的观点，以及那些与自己立场相反的、荒唐的论点。

这个研究向我们展示了这样一种观点：人是“理由性动物”，如果人们是纯粹理性的，那么他们将对那些合理的论点记忆得最好，而对于那些难以置信的论点记得最不好。根据认知失调理论，有一种愚蠢可笑的论点支持自己的立场会引起认知失调，因此它引起了对那个立场的明智性的怀疑，或者对同意那个立场的人的聪明才智的怀疑。同样，合理的论点支持也会引起认知的不协调，因为它意味着对方是正确的，由于这些论点引起了不协调，人们就试图不去想它们，或者干脆忘记。很明显，研究的结果准确无误地验证了认知失调理论。

（二）决策中的认知失调

在决策过程中，我们往往要面对很多的认知失调。比如在我们决定买一辆车的时候，我们往往需要面对这样一种失调：一辆汽车具有很多优点与你决定不买这辆汽车之间的失调。怎样才能减少这种冲突，使自己的行为看起来合理而且恰当？回避自己选择的汽车的优点，而夸大汽车的缺点是一个明智的选择。阿伦森指出，为减少认知失调而忽视危险容易造成非常严重的后果。阿伦森以二战中发生在匈牙利的犹太种族屠杀为例，详细地说明了为避免认知失调所采取的歪曲认知和选择性地接受信息所造成的恐怖结果。

> 1941年纳粹德军占领了匈牙利，在新占领区继续推行他们的反犹太人、反犹太教的政策，他们将犹太人无论男女老少都投入到集中营。但是很多犹太人仍然坚持自己的信仰，他们甚至对一些恐怖的消息（被囚禁的犹太人都已经被无情地杀害）置之不理。结果是很多犹太人因为自己错误的决定——不逃走而丧命。

为什么会出现上面的结果呢？阿伦森对此做出了解释，个体坚信信仰与现实（反对犹太教）产生了失调。为了减少这种失调，个体相信自己做出了英明决定，即让自己坚信，虽然本教派的教徒被驱逐和受到不公平对待，但是只要他们不违法就不会被杀害，这样的信念使个体错过逃生机会，因而导致了悲剧的发生。

（三）捍卫道德？道德崩溃？

当涉及道德领域时，认知失调理论变得相对复杂。对于不同失调情况的处理，可能会让我们对不道德行为产生截然相反的认知。阿伦森以作弊为例，探讨了认知失调导致个体对不道德行为在认知上的改变。

> 假如你是一名大学生，你在参加一场数学考试，很明显这次考试对你至关重要。有一道关键题目涉及你所熟悉的材料，可是你由于焦虑而不能解答。这时候你显得神情紧张、茫然失措，你抬起头发现你前面的同学已经把那道关键的题目做完了，而且由于试卷摆放在你前面，只要你稍微抬高点儿头你就可以看到。你该怎么办？

面对这一场景，阿伦森对不同的选择做出了不同的解释。我们在生活中的普遍观点认为作弊是不对的，但是有些时候我们又想取得好的成绩，那么我们就会产生认知失调。如果决定作弊，“我做了一件不光彩的事”与“我是一个有道德的人”是互不协调的；如果决定不作弊，“我想考一个好的分数”与“我放弃了通过考试获得好分数的机会”产生失调。假如真的决定作弊之后，怎样减少不协调？其中有效途径是改变对作弊的态度，即你可能会对作弊采取宽容的态度，你的理由可能是“作弊不是那么坏，而且很多人都会作弊”。相反地，如果我们决定不作弊，我们还可以改变你对这种行为的道德态度，即让自己的行为看起来更加高尚，认为作弊是极为可耻的行为。

这一研究提醒我们，在认知失调的情况下，对不道德行为的选择影响我们接下来对不道德行为的态度。当“我是一个善良的人”与“不道德行为”之间产生失调时，如果我们选择不道德行为，我们不会进行自我否定，认为自己是不道德的，而是对自己的不道德行为进行辩解，同时将对不道德行为持有更宽容的态度。这一结论充分说明了一旦我们做出不同的选择之后，尽管刚开始时的差异是微小的，但是态度的改变将是巨大的。

（四）为自己的努力辩解

相对于那些没经过什么努力就获得成功的目标，认知失调理论认为，那些经过长久的努力和艰辛的付出才能获得成功的目标对个体的吸引力更大。换一种说法，一个人为一个目标花费了很多精力，这个目标就更有吸引力。

比如，前面我们提到的关于女大学生加入讨论组的例子，那些经历了严格考核的人对讨论组的评价是积极有趣的（实际上是十分乏味无聊的），而那些没有经历严格考核或者没有经过考核的个体，对讨论组的评价更加真实（无聊、乏味）。这说明，为了表现出自我认同，人们往往会对自己的行为进行辩解，而且当我们付出的努力越大，我们产生的失调也就越大，同时我们对自己选择做的事情的价值也就越深信不疑。

有时候我们甚至为自己的残酷行为进行辩护。假如我们的行为对一个无辜的人造成了伤害，而且这种伤害是真实的、无法回避的，那么我们的自我认知是“我是一个善良的人，公平、正直，充满道德感”与“我伤害了别人”互不协调。在这种情况下，减少认知失调的方法就是让我们相信受害者是罪有应得的，从而增大对受害者的谴责。例如，道格拉斯（D.Douglas）做的一个实验也得出了相似的结果。在其研究中，当劝诱人们对其他人发出一系列电击时，那些自认为善良公正的人，由于自己的行为使受害者感到了痛楚，所以就贬低受害者，更愿意相信他们是罪有应得的。阿伦森指出，人们可以把各种暴力行为施加在无辜者的头上，并对它进行辩解；反过来，这些辩解又会产生更多的暴力行为。

四、对认知失调理论的重新审视

阿伦森对认知失调理论的发展起到了至关重要的作用，他将空洞的理论加以验证，把认知失调理论应用到生活之中，但是他也知道人和理论都不是十全十美的，需要批判、需要发展，就像费斯廷格最终接受他对认知失调理论的“修改”。因此，在《社会性动物》一书中，阿伦森从三个方面对认知失调理论进行了重新审视。

（一）认知失调理论的精细化

认知失调理论在概念上是极为模糊的，最初对这一理论的陈述是：“认知失调是一种紧张状态，这种紧张状态是在一个人同时持有两种心理上不一致的认知时候产生的，由于认知失调是件不愉快的事情，所以人们要努力地减少‘它’。”但是很明显，认知失调理论在判断哪方面的认知是失调的时候，其标准是无力的、模糊的。这是因为该理论所涉及的情境并不是逻辑上的不一致，而是心理上的不一致。

因此，阿伦森将认知失调理论的应用范围进一步缩小，提出“只有在一个人的行为违背自我概念的情境下，才会产生不协调的效果”，具体的途径有两个。（1）自觉地、故意地做一些蠢事。例如，经历一番非常严格的考核，加入的却是一个无趣的团体，或者为了很少的一点儿酬劳就自愿写一篇与自己观点相反的文章等；（2）做了一些错误的事（很多情况下是无意为之的）。例如，说服一个人去做你认为有害的事；说一个与你无冤无仇的人的坏话或者向一个无辜者发起攻击等。

同时，外界的研究也对认知失调理论的发展提供了有益的补充。例如，被试是否能够进行自由选择会对实验的结果造成影响。如果被试在参加实验过程中，没有选择自由就去做一件出乎意料的工作时，被试并没有将自我概念纳入情境之中，也就不会产生认知失调；相反，如果被试事先知道自己要介入什么事情时，失调的作用是存在的——那些为了很少酬劳去写与自己的观点相反文章的人比那些为了很多酬劳去写的人，态度发生了更大的改变。这一发现有助于澄清认知失调理论的作用范围，有助于指明和巩固该理论的演变方向。

（二）认知失调的两种解释

阿伦森将自我概念纳入认知失调理论之后，该理论的发生条件、应用范围在很大程度上被限定，但是仍然有研究者提出了其他的观点，最为有名的当属贝姆。他认为认知失调理论应该从“认知”和“心理上的不安”这两种描述内部状态的概念中摆脱出来，用更加明确的行为主义术语“刺激—反应”替代这些概念。他认为许多失调作用无非是种合理的推论，即人们根据对自己行为的感知来建立自己的态度，贝姆将这一理论称为“自我参照”或者“自我参考”。针对贝姆的理论，阿伦森认为该理论的独到之处就在于简单明确，但是也存在缺陷，他忽视了情境中的行动者往往比观察者拥有更多的信息，而且最近的研究都支持了认知失调理论而不是贝姆的自我参照理论。但是贝姆的理论为认知失调理论的发展提供了有益的参照。

（三）把认知失调看作一种不安定状态

认知失调理论在陈述中有一个关键的部分，它认为一个人态度改变的倾向是由违背自我概念引起的一种令人反感的不安状态所激发的，在这里，不安和失调总是相伴的。是否有另外的证据表明正在经受认知失调的个体是处于一种不安的状态？相关的实验恰当地证明了这一点：人在不协调状态下有着心理上的不安，失调似乎像口渴、饥饿一样让人产生一种不安的状态，进而采取行动来减少这种不安。从这一点可以看出，贝姆对认知失调现象的解释虽然简单明确，但是“违背了自我概念会产生不安”的分析却是对这一现象的更加丰富、更加精确的见解。

（四）认知失调理论的应用

著名心理学家勒温曾经提到过“好的理论最实用”。认知失调理论引起了人们极大的研究兴趣，原因之一就是它能够解释和预测那些一般理论所不能解释的现象。阿伦森对认知失调理论的应用价值给予了极大的肯定。认知失调理论的应用范围是极广泛的，从谣言如何传播到重要态度的较大转变都适用，而且认知失调理论除了能帮助人们理解和预测某些现象外，还能真正地造福于人。例如，研究表明，认知失调理论对于那些希望培养学生学习的内在动机的老师，对于那些要寻求比严厉惩罚更有效的手段来帮助孩子们学习道德和为人准则的父母，都十分有用。

（五）理论背后的观点

根据认知失调理论的观点，个体在减少失调的同时，还能进行理智的且具有适应性的行为。阿伦森警告道，如果一个人只是专注于失调后的自我保护或者合理化，就会导致他不关注自己的行为，转而为自己的错误行为寻找借口，把错误隐藏起来，或者更甚者把错误当成优点。那么，作为个体应该怎样从错误中吸取教训？阿伦森认为可以从以下几个方面来实现。

（1）理解自己的防御和减少失调的倾向。

（2）人们要充分认识到这一点："我们做出了愚蠢或者不道德行为并不一定意味着我们是不可改变的愚昧之徒或者道德沦丧的人。"

（3）发展足够的对自己所犯错误的容忍能力。

（4）提高自己对于承认错误能带来的益处的认识。

当然，这些步骤的完成是一个复杂的过程，需要个体亲身实践与应用。阿伦森对认知失调理论的继承和发展，使这一理论成为社会心理学中的经典理论之一。它指引着我们的生活，为我们的行为提供解释，让我们对现象做出预测，同时也深刻地揭露了人非理性的一面。

第六章　阿伦森人际关系思想应用案例

社会心理学不仅重视理论研究，更注重理论与社会生活的结合。本章通过具体的案例分析，帮助读者更加深入地理解阿伦森效应、说服情境、人际欺骗与沟通的研究，以及这些理论的实际应用。

第一节 阿伦森效应

在进一步了解阿伦森效应前，让我们先来看一个例子。

有位老人，退休后为图清净住到了郊区。刚住下的那会儿倒还清净，可过了没多久，附近的几个年轻人开始在房子周边追逐打闹，有时甚至大喊大叫。老人觉得嘈杂，于是想了一个办法，他对这些年轻人说：“我很喜欢热闹，如果你们能够天天都到这儿来玩耍，我可以每天给你们每人一元钱。”年轻人听了当然高兴，他们觉得既能玩又能拿钱，何乐而不为？于是他们答应了老人，尽情地闹腾了起来。过了几天，老人又找到年轻人，愁眉苦脸地说：“我这个月还没拿到养老金，没法付你们那么多钱，从明天起，我每天只能给你们每人五毛钱了。”这时，年轻人虽然有些不高兴，但还是接受了老人的钱。他们继续来这里打闹，但已经没有之前的劲头儿了。又过了几天，老人非常惭愧地对年轻人说：“真心对不起，通货膨胀使我无力再像以前一样支付你们那么多钱了，以后每天只能给你们每人一毛钱了。”“一毛钱？”年轻人有些不能相信，其中一个年轻人非常生气地说：“我们才不会为了区区一毛钱浪费时间，我们再也不来了。”于是这些年轻人离开了，老人的生活又恢复了往日的宁静。

以上例子说明：当人们面临某种不利刺激（如年轻人的吵闹），直接的劝说有时候不能取得很好的效果时，如果能合理利用某种奖励规律，即给予该行为的奖励依次递减，就可以达到抑制该行为的目的。这里便是巧妙地运用了阿伦森效应中的一条规则——人们不喜欢那些对自己的喜爱、奖励和赞扬不断减少的人或事物。因此，当嬉戏玩耍的行为受到的奖励逐渐减少时，他们对该行为的喜欢程度也逐渐降低，从而导致行为终止。在这一过程中，行为的双方并没有发生冲突，也没有太多利益损失，却轻而易举地达到了目的。由此可见，巧妙地运用阿伦森效应可以在避免人际关系产生矛盾的同时有效地促进行为改变。

一、阿伦森效应的由来

在人际交往中，如果我们得到某个人的喜欢，反过来我们也更有可能喜欢这个人。例如，在某次鸡尾酒会上，你与一位初次见面的年轻女士相谈甚欢，彼此似乎很合得来。交谈一会儿之后，你有事暂时离开。当你回来的时候，你发现她正同另一个人交谈，并且聊到了你。你可能会停下来听听他们的谈话。显然，她对你的评价会影响你对她的看法。假如她对另外的同伴讲，你给她留下的印象很好，她认为你是一个开朗、幽默、和蔼、聪明、诚实和有吸引力的人，她非常喜欢你。这时，你也许会更喜欢她。但如果她对同伴说她对你没什么好感，觉得你是一个乏味、令人讨厌、虚伪、愚蠢、俗气的人，她不太喜欢你，这时你对她的喜爱程度便可能会大打折扣。

这当中其实包含一个简单的道理：通常情况下，人们从某人那里听到对自己有利的事情越多，就越有可能喜欢这个人；相反，从某人那里听到对自己不利的言论越多，就越可能厌恶这个人。但是，是否所有的情况都是如此？如果你连续参加七次酒会，并且很巧这七次都发生了同样的事情：你遇到某人并与其交谈，几分钟后你有事离开，当你再回来时，无意中听见对方在谈论你。假如你每次都遇到的是同一个人，在你们的七次邂逅中，他对你的态度可能始终一致，也可能逐渐变化。也许会发生以下几种情况：（1）在七种场合下，你听到的都是这个人对你始终如一的完全正面的评价；（2）在七种场合下，你听到的都是他对你完全负面的评价；（3）起初的两三次，他对你的评价是否定的，但后面几次对你的评价逐渐变得肯定，最终变成完全正面的评价；（4）起初的两三次，他对你的评价是完全正面的，但随后逐渐变得负面，最终变成完全负面的评价。在这四种情况中，哪种情况下你会更喜爱对方呢？

阿伦森在此基础上，提出了一种新的人际吸引理论——阿伦森效应（又称得失理论）。他认为，相比于来自他人固定不变的正性奖励，来自同一个人增加的正性奖励，会对被施予奖励者产生更大的影响。当我们把被他人喜欢视作奖励，那么我们更喜欢在一段时期内对我们的喜爱程度逐渐增加的人，而不是一直喜欢我们的人。同理，逐渐减少正性奖励行为，会比稳定的负性评价行为产生更大的影响。因此，与一直不喜欢我们的人相比，我们更不喜欢对我们的尊重和喜爱逐渐减少的人。由此可见，你会更喜欢那个一开始不喜欢你，但对你的喜爱逐渐增加的人，而不会喜欢那个开始喜欢你，但对你的喜爱逐渐减少的人。

二、阿伦森效应的确证

为了证实该理论，阿伦森和他的同事设计了一种与鸡尾酒会类似的实验情境，并将几个时间点集中安排在较长的一次活动中，以便更好地进行实验控制。在此研究中，最重要的是要让被试相信评价者根本不知道他在偷听。这样就可以消除被试对评价者的怀疑，即怀疑评价者为了奉承自己而故意讲好话。这对于实验者来说是很大的挑战。设计的关键是实验可信性，即如何提供可以让被试相信的情境，让他在短时间内完成以下活动：（1）与一个事先安排好的实验助手交谈；（2）偷听到实验助手对他的评价；（3）与实验助手进行第二次交谈；（4）再次偷听……如此反复进行多轮实验。在这里，提供任何形式的掩饰性情节都非常难，而且要设计出一种既合乎情理又不引起怀疑的情节更是难上加难，但最终阿伦森和林德设计出了这一情境。

当被试（一位女大学生）到来的时候，实验者对她表示欢迎并带她走进一间观察室，观察室通过单向玻璃和一套扩音设备与主实验室相连。实验者告诉被试这一时间段安排了两位同学：其中一位做被试，另一位做实验助手，由于她先到达，因此她可以充当实验助手。实验者让她稍候，便离开房间去看另一位女同学是否到来。几分钟后，这位被试透过单向玻璃看到，实验者与另一位同学（真正的实验助手）走进了实验室。实验者让助手稍坐片刻，并告诉她自己很快就会回来向她说明实验的做法。随后，他重新回到观察室，开始指导真正的被试（她自己认为是实验者的助手）。实验者告诉她，她所要做的就是帮助自己对另外一位学生实施言语条件反射实验；假如那个学生在谈话中使用了某些词，他就会奖励那个学生，而奖励会提高那位学生使用这些词语的频率。此研究的主要兴趣“并不是仅仅为了提高我所奖励过的那些词语出现的频率，更希望了解在没有得到奖赏的新情境中（她与另一个人谈话，这个人不会因她说出这些词语而给予她奖赏）被试是否仍然会使用这些词语”。具体来说，实验者会尽力促使另外一个学生增加复数名词的使用次数，只要这位学生讲出复数名词，就用“嗨……嗨……嗯”给予她奖励。“最为关键的问题是：即便不对她进行奖赏，她是否依然会说出大量的复数名词？”随后，实验者告诉真正的被试，她的任务是：（1）另一位女生与实验者交谈时，收听并记录她使用复数名词的次数；（2）与她进行一系列谈话（在谈话中，她使用复数名词将不会得到奖赏），以便实验者可以听到并确定是否会出现泛化。实验者告诉真正的被试，他们将轮番同另一位同学交谈（先是真正的被试，然后是实验者，接下来又是真正的被试），直至他们二人同那位同学各交谈七次为止。

实验者告诉被试一定不能让另一位学生知道实验目的，否则结果无效。他解释说，为了做到这一点，必须采取一些隐瞒措施。实验者说，尽管对采用隐瞒手段感到愧疚，但他不得不告诉“被试”这是一项有关人际吸引的实验。实验者将告诉那位同学要同“被试”进行七次短暂的谈话，在每次谈话之间，两位同学都会接受访谈——那位女生接受实验者本人的访谈，而“被试”则会接受那位女生的访谈，以发现她们各自对对方形成了何种印象。实验者告诉被试，这种掩饰性情节会保证她们完成这项语言行为实验。这一过程确保真正的被试相信了实验者所说的这一实验的目的。

在实验者与助手的七次谈话中引进了主要变量。在她们谈话时，被试待在观察室里，收听她们的谈话并负责统计那位助手使用复数名词的次数。由于她已经相信那位同学认为实验是有关对人印象的，因此实验者向那位同学询问她对被试的感受是件很自然的事情。这样，被试便会在接连进行的七次谈话中听到另一位女生对自己的评价。

——《社会性动物》

实验后，研究者发现在84位被试中仅有4人猜到了实验的真正目的。这说明，研究者采取的掩饰性情节是有效的，在没有引起怀疑的情况下达到了实验的目的。

该实验中存在四种实验条件：（1）肯定——由助手做出的针

对被试的一系列评价都是高度肯定的；（2）否定——由助手做出的一系列评价都是高度否定的；（3）获得——最初几次评价是否定的，但渐渐趋于较为肯定，最终达到完全肯定程度；（4）丧失——最初几次评价是肯定的，但渐渐趋于较为否定，最终达到完全否定程度。

研究结果证实了阿伦森的预期：获得条件下的被试相比于肯定条件下的被试更加喜爱助手；同样，丧失条件下的被试相比于否定条件下的被试更加厌恶助手。即逐渐获得的正性评价比一直获得正性评价更影响喜欢程度；而逐渐丧失正性评价比一直获得负性评价对喜欢程度的影响更大。这就是阿伦森效应的核心观点。

此外，阿伦森效应要发挥作用，还需要具备两个重要条件。（1）构成“得”与“失”的不仅仅是一系列正性或者负性的陈述，还必须体现情感变化类别上的连续性。换言之，如果你一度认为某人愚蠢且不诚实，但后来又说他很大气且有魄力，这实际上并不构成“得”，因为它们不是一个连续体。大气和有魄力并没有改变原有的愚蠢且不诚实的印象。但如果你曾经认为某人愚蠢且不诚实，后来你改变了看法，认为他不仅聪明而且非常诚实，这样才构成“得”。因为其中体现出某种递变，即在同类品质上肯定态度对否定态度的替代。（2）态度的改变还必须是循序渐进的。因为突然的态度转变容易引起怀疑，会令被试感到迷惑不解且不相信这种转变，尤其是在这种转变的证据并不充分时。假如你三次遇见某人后都认为他很蠢，但到第四次时，你却认为他很有才华，这种戏剧性的转变一定会引起对方的怀疑。相反地，如果你对对方的态度是逐渐转变的，这种转变就顺理成章，不会引起怀疑，还会增强人们对你的喜爱程度。

三、阿伦森效应的应用

（一）教育和幼儿行为塑造

阿伦森效应在学生和儿童的行为塑造上能发挥巨大的作用。一个故事说有位学生想学二胡，于是慕名找到一位音乐老师，希望能跟他学习。第一次见面，老师让学生拉一首曲子试试，学生便拉了一首曲子。听完之后，音乐老师高兴地说："拉得很不错，再来一次试试！"于是学生又重复了一次，这次老师指出几处没有拉好的地方，并让学生再尝试一遍。第三遍之后，老师眉头紧锁，说道："怎么回事？越来越不像样。"听了这样的评价，学生非常沮丧，感觉自己不是拉二胡的料，也不想跟这位老师继续学习拉二胡了。这里其实就涉及奖励递减的问题，老师没有体会到学生的心理，逐渐降低了奖励，导致学生对老师的评价降低，最终挫伤了学生的学习积极性。如果老师能够掌握规律，采用奖励递增的策略，必将提高学生学习的积极性，提升学习兴趣，从而促进学习行为的增加。

阿伦森效应虽然易于理解，但实践起来却困难得多。在幼儿行为塑造中，教师也可以依据阿伦森效应的原理来巩固幼儿的良好行为，抑制不良行为。为实现这一目标，首先教师要区分良好行为和不良行为。例如，乐于助人、有礼貌、积极回答问题、遵守纪律等属于良好行为，而破坏物品、不遵守纪律、喜怒无常等属于不良行为。对于不良行为，需要采用奖励递减法改善和抑制这种不良行为。对于良好行为，则可以采用奖励递增法鼓励幼儿，增加该行为再次出现的可能。

1. 使用奖励递减法改善和抑制不良行为

人们都喜欢受到鼓励和嘉奖，对于孩子来说更是如此。因此，对孩子的鼓励往往可以带给他们很大的快乐，增强他们向预期目标前进的动机，进而更加健康快乐地成长。然而，在对孩子的教育过程中，总会有这样或那样的问题阻碍着教育目标的实现。比如，孩子之间的相互攻击就让人十分头疼。在“正面说教”不能发挥作用的情况下，教师不妨尝试利用奖励递减的阿伦森效应改变孩子的行为。也就是说，可以利用幼儿“爱听表扬、喜欢奖励”的特点来引导他们的行为。当外界的奖励（如表扬、鼓励等）慢慢减少时，幼儿的挫折感会逐渐增加，当其意识到是不良行为导致其奖励减少，就能主动减少不良行为，以重新获得奖励。这种方式往往比常规的说教更能有效达到预期的教育目标。

> 案例1：乔乔是一个聪明伶俐的孩子，非常活泼可爱，讨人喜欢。但是，乔乔有时会让老师们很头疼，因为当老师在组织教学活动时，乔乔总是喜欢出来捣乱，还喜欢上蹿下跳，打扰其他的小朋友，根本不能很好地配合老师。

根据阿伦森的奖励递减法，老师可以在学生做出不良行为的初期，给予其更高的奖励，当这一行为再次发生时，逐渐减少奖励，从而减少该行为继续出现的可能。例如，当乔乔再次上蹿下跳打扰到其他小朋友时，老师不要批评他，而是给予他奖励。第一次可以奖励他一个玩具，引起他的兴趣，让他知道老师已经注意到他了。当这样的行为再次出现时，逐渐减少奖励，比如给予一点小零食。当他还出现这种行为时，可以不给予他奖励，让他明白，老师已经注意到了他的行为，但老师和其他小朋友都不喜欢他的行为。随着外界奖励的逐渐减少，乔乔就会渐渐明白是自己的行为导致了奖励的减少，从而减少或改正这种行为，再次得到老师和其他小朋友的认可，此时也就达到了预期的教育目标。

2. 利用奖励递增巩固和塑造良好行为

当然，阿伦森效应除了能有效抑制和改正幼儿的不良行为外，也能对良好行为起到巩固和塑造作用。教师在运用阿伦森效应时，应当让幼儿逐渐懂得什么样的行为是值得鼓励、需要保持的，什么样的行为是不受欢迎、需要改正的，让幼儿学会辨别自己的行为，进而控制自我行为。教师要时刻关注幼儿的行为，认清其行为的优缺点，鼓励积极行为，抑制消极行为，从而不断引导和塑造幼儿的行为表现。当幼儿出现良好行为时，教师应抓准时机，及时进行鼓励和反馈，并且运用阿伦森效应的奖励递增规律，逐渐增加对良好行为的奖励，从而增加良好行为出现的可能，促进幼儿的健康成长。

案例2：小班的花花是个挑食的小朋友，她只喜欢吃饼干和一些甜食，对于有营养的、健康的蔬菜却一律不吃。她长得非常瘦小，可每次吃饭的时候，只吃一点点，家里人束手无策。遇到这种情况，家长非常着急，老师也非常心疼。

怎样利用阿伦森效应的递增规律消除幼儿挑食的习惯呢？首先，教师要让花花尝试去吃那些健康的、有营养的食物，并对这种行为进行鼓励。例如，可以告诉花花这种食物非常有营养，吃这些东西可以长高，可以变得更加漂亮等。一旦她开始尝试吃这些食物时，就要及时给予她夸奖，并且这种奖励要随着她不断尝试新的食物而逐渐增加。比如说，第一天花花把她不爱吃的胡萝卜吃了，可以奖励她一朵小红花。第二天，她又吃了新的食物，可以在全班小朋友面前表扬花花。如此递增，每当她不挑食时，就给予更大的奖励，慢慢地她就会改变其挑食行为，养成不挑食的好习惯。

案例3：童童是一个很害羞的小女孩，她不敢在陌生人面前讲话，也不爱与其他人交谈。每次老师让她回答问题时，她也只是小声地回答，不敢大声讲话。时间久了，有些小朋友就笑话她，她越发不敢讲了，也越来越不爱说话了。

其实孩子的害羞只是他对陌生人和陌生情境的一种回应。然而，过分的害羞、内向会引发一系列问题，如沉默、胆小、孤独等，这将阻碍孩子的社会性发展，不利于孩子健康性格的形成，对其成长具有消极作用。

同样，可以采用阿伦森效应的奖励递增规律鼓励孩子多讲话。首先，教师要时刻鼓励童童大声讲话，鼓励她表达自己的想法，并且奖励相应的行为。一旦童童讲话的声音加大，就及时给予奖励，这种奖励既可以是物质的，如小红花，零食等，也可以是精神的，如口头表扬等，通过奖励让童童产生大声讲话的成就感。最初的奖励可以很小，随着行为的反复出现，这种奖励可以逐渐累加，直到童童养成大声讲话的习惯，可以勇敢地表现自己，说出自己的想法。

通过上面几个例子，可以发现，阿伦森效应既可以增加也可以减少行为的发生，关键在于如何运用它。如果想要在教育和幼儿行为塑造中成功运用这一效应，需要遵循以下几点：首先，在表扬和批评学生时要注意阿伦森效应的存在，只有知道它的存在才可能有效运用它；其次，需要针对行为性质采用相应的奖励增减策略，比如我们可以采用奖励递减的办法消除不良的行为，可以采用奖励递增的办法巩固和强化良好行为。

（二）职场印象管理

阿伦森效应在职场工作中也有很高的应用价值。例如，有位计算机专业的博士生，毕业后一直找不到工作，四处碰壁，许多公司都将这位博士拒之于门外。为何专业好、学历高的他却找不到一份工作呢？原来许多公司都不愿意花更多的钱来聘请博士生。相反，那些本科生却很吃香。万般无奈之下，这位博士决定以较低的身份求职。这次，他在面试时并没有亮出自己的博士学历，而是声称自己是一位本科生。鉴于他的出色表现，很快他便被一家还不错的电脑公司聘用了，成为一名最基层的程序录入员。要知道，程序录入员是一份非常“没人缘”的工作，学历稍高的人都不愿从事这份工作，但是这位博士却踏踏实实地做起来了。不久，他的上司就发现他非常有才华，因为他能轻松地看出程序中的错误。上司通过其简历得知他的学历是本科，于是给他安排了一个与本科毕业生对口的新工作。又过了没多久，上司发现他不仅能胜任这份工作，而且还能提出许多有价值的观点和想法，于是上司再次找他谈话并提升了他的职位。又经过一段时间的观察后，上司发现其专业知识的深度和广度都远超一般的硕士毕业生，对其更加赏识。在又一次与上司的谈话中，他终于亮出了自己的博士学历，并且向上司解释了自己这样做的原因。鉴于以往的出色表现，上司已经有所察觉，当然毫不犹豫地重用了他。这里其实也运用了阿伦森效应的原理。博士最初从程序录入员的工作做起，在上司发现他的才华后，他逐渐显露出自己的才能，表现得越来越好，因而更容易被人接纳。

虽然阿伦森效应有时能帮助人们塑造形象，从而获得他人的认可，但有时也可能破坏自己的良好形象，导致消极后果。例如，李强毕业后到一家公司上班，刚进公司时，他决心积极表现自己，给上司和同事留下一个良好的印象。因此，他每天提前到公司，打水、浇花、拖地等全包，工作时也表现得积极进取，甚至主动要求加班。因此，同事和上司都对他评价非常好。可是，李强工作中的表现与他实际生活中的行为模式和思想觉悟相去甚远，有时他甚至会硬着头皮承揽一些自己很难完成的任务。过了没多久，他就无法坚持下来了。上班也没那么早到了，有时甚至还迟到，水也不打了，地也懒得拖，对上司交代的任务也是挑三拣四，不愿尽全力。结果，上司和同事对其印象慢慢由好转坏，认为他之前的好印象都是在“表演”，因此对其印象很差，甚至还不如那些刚进来时表现不佳的人，而且也慢慢都疏远了他。

从以上案例中，我们可以看出阿伦森效应对我们的职场形象产生了非常大的影响。计算机博士在初入职场时表现并非十分突出，而后的表现却是越来越好，更容易得到他人的认可和好评。而李强却表现出了完全相反的趋势，他在初入职场时表现非常突出，可是在随后的时间里表现得越来越不尽如人意，人们对其评价也随之由好转差。那些刚刚入职的年轻人，在初来乍到时往往积极表现自己，希望借此得到上司的认可，被同事所接纳。然而，这样透支的热情往往难以持续，渐渐没有声息，甚至被误认为是“表演”，最终，人们对其评价也日渐降低。人总是希望事情变得越来越好，上司也希望下属能表现得越来越突出，因此，只有不断进步，不断向前，与时俱进，才能笑傲职场。

（三）社会生活

生活中，我们喜欢那些给我们带来越来越多赞赏的人或事，而厌恶那些赞赏态度和行为不断减少的人或事。阿伦森和他的同事已经证明了人们最喜欢“先贬后褒”，最讨厌“先褒后贬”。为什么会出现这种情况呢？从高度的赞赏到较小的赞赏再到不再赞赏，奖励的递减产生了挫折心理，它已经对人造成很大的影响。如果进一步，这种褒奖消失了，换之以逐渐递增的贬低，此时将给人带来更强的挫折体验。递增的挫折非常容易引起人的不快和反感。但如果相反，先贬后褒，先给予对象批评和否定，让他认识到问题的严重性和自己的不足，而后再给予一定的鼓励和赞扬，这样对方不但能从挫折中走出来，而且心里还满怀感激之情，能够奋起努力。

正因为大多数人都喜欢奖励不断增加、批评不断减少，所以我们要善用褒贬，在恰当的时候采用恰当的行为策略。那些初次恋爱的情人们，在相识之初总是兴奋不已，再多的甜言蜜语也不觉得多余，竭尽全力也要讨对方欢心。虽然他们十分真诚，但是伴随时间的推移，这些动人的言行往往难以长久维持。而对方则会觉得一日不如一日，其真诚不比往昔，久而久之，矛盾渐生，感情也难以为继。例如，小唐在恋爱上屡屡失败，但他的失败不在于他自身的条件有何欠缺，而是因为他在追求他人过程中的表现无法令人满意。小唐每次见到自己喜欢的女孩，总是很大胆地上去搭讪交谈，也总是急不可耐地表白，颇具敢爱敢恨的勇气。可是，这种“闪电战”往往很难奏效，女孩一般加以拒绝或者没有反应，而此时的小唐就非常泄气，追求的热情也越来越淡，自己的表现也越来越差。这时，阿伦森效应就发生作用了，女孩自然而然地降低了对小唐的兴趣，同时也丧失了对他的好感和喜欢。

阿伦森效应带给我们的生活启示是，我们要尽量让他人对自己的印象逐渐变好，而避免好的印象向差的印象转变。当然，在知觉和评价他人的过程中，我们也要防止自身印象评价中由阿伦森效应导致的偏差，对他人做出错误的评价。如果有个人一直非常热情地帮助我们，然而有一天他因为某些原因不能像以前一样，这时我们可能对他产生一些意见，甚至开始反感或排斥他。这非常不利于我们对他人的正确认识。我们不能因为他人曾经热情的服务，而因为某些原因（如身体不适等）没有继续，就对别人产生不好的想法甚至责怪别人。

（四）亲密关系

当使用阿伦森效应来分析亲密关系（Intimate Relationship）时，我们就会发现这样一个重要事实：与某人对我们始终持肯定态度相比，起初对我们持否定态度但后来转变为肯定态度的人，反而让我们有更好的评价。反之，如果某人对我们的态度由肯定转为否定，会比这个人始终对我们持否定态度，更令我们厌烦。这种效应是如何在长期关系中得到体现的呢?

其中一种可能便是，一旦人们确信自己可以从长期的伴侣那里获得某种稳定的奖励性行为时，长期的伴侣所具有的影响力甚至有可能比不上一个陌生人。增益是重要的，但长期的伴侣或配偶带给我们的奖赏很可能已近极限，于是不能再给我们带来更多的增益。换句话说，如果伴侣的支持、赞扬与爱都已经成为我们可以预测到的、理所当然获得的时候，我们便不再能从中体会到尊重与获益了。而与此同时，我们所爱的人很有可能带给我们伤害。以往的关系越亲密，我们从对方那里得到的尊重与奖赏越多，此人不再尊重我们所带来的破坏性后果也越严重。因此，长期的伴侣带来的增益极其有限，伤害的力量却很强大。例如，婚后20年，一位溺爱妻子的丈夫与妻子准备去参加一个正式的宴会。丈夫对妻子的容貌大加赞赏："亲爱的，你真是太迷人了！"妻子听闻，虽然挺开心，但这并不足以令她欣喜万分、激动异常。因为在过去20年里，她早已无数次听到丈夫如此夸赞自己，她对这样的赞赏已然习以为常了。相反，如果丈夫告诉妻子她花容渐失，丝毫没有吸引力，这种说法一定会令妻子痛苦不堪，因为这意味着他对妻子的正性态度降低了。但倘若在宴会上，一位陌生人与这位妻子侃侃而谈，欣赏与赞美之情溢于言表，并且真诚地对她说："您真是内外兼修、令人着迷。"这位妻子绝不会对此感到厌烦，因为对她而言，陌生人的夸赞是一种收益，她会因此感觉良好，同时增加对这位陌生人的正性态度。

这一推论可以在以往研究中找到依据。一项研究表明，当朋友和陌生人同时对某人给予正性评价时，这个人对陌生人的态度更为积极。而当朋友和陌生人同时对其做出负面评价时，这个人对朋友的态度更加消极。与此类似，相比较父母和熟悉的成年人，陌生人对幼儿行为的影响更大。因为幼儿往往对来自父母和熟悉的成年人的认可习以为常，根据阿伦森效应，对于幼儿而言，只有陌生人的认可才是收益，并且能带来更多正性行为。

这是否就意味着人们总是不停地从陌生人的眼中寻求赞赏，而与此同时又承受着来自亲密伴侣或者朋友的伤害呢？我们并不能草率地得出结论，而应该反过来了解获得或丧失对个体在亲密朋友或陌生人的反应方式上造成的影响。有研究将一组幼儿搭配成对，这样每一个幼儿都会与一个亲密的朋友或者陌生人相处。随后，每一对幼儿中都有一个幼儿参加一个游戏，并且在游戏中会得到一些小礼物。实验者要求得到礼物的孩子将这些礼物与所指定的同伴进行分享。分享者的慷慨程度受实验者操纵，从而使其中一些孩子相信朋友（或陌生人）对他们十分慷慨，另外一些孩子相信朋友（或陌生人）对他们非常吝啬。随后，接受礼物的孩子也有机会赢得一些礼物，实验者也要求他们与指定同伴分享礼物。结果发现，孩子们将更多的礼物送给“慷慨的陌生人”和“吝啬的朋友”，而不愿意将礼物送给慷慨的朋友和吝啬的陌生人。这是因为慷慨的朋友并不稀奇，因而儿童会对其表现得较为吝啬，同时他们用吝啬的态度对待吝啬的陌生人。但是如果他们有可能得到一位朋友（慷慨的陌生人）或者失去一位朋友（吝啬的朋友）时，他们也会表现出慷慨的一面。

由此推知，尽管“人们总是伤害到自己所爱的人”，但是受到伤害者并不总是以牙还牙，而是受到伤害后会寻求补救的途径，为恢复以往的亲密关系做出努力。也就是说，人们倾向于通过自身行为来维持亲密关系。在上述夫妻关系的例子中，尽管丈夫的指责对妻子来讲是一种莫大的伤害，但因为妻子十分重视她与丈夫的亲密关系，因此她很可能通过多种行为重新赢得丈夫的兴趣。反之亦然，如果妻子忽然改变了对丈夫的高度评价，也会引起丈夫的重视，丈夫也会通过尝试多种改变来重新获得妻子的认可。因此，当交往双方不去掩饰冲突，而是通过沟通、创造性的问题解决方式处理存在于双方间的问题的时候，其关系才会真正地持续发展。

第二节　人际说服

一、基本资料

美国心理学家埃莉诺·西格尔曾说："生活中没有比说服更有说服力了。"的确如此，人作为社会中的人，有其社会性的根本属性，在我们日常的人际交往和人际影响中，总是包含着说服的因素在里面。正因为如此，对于说服的影响因素的研究，以及对人们是如何受到外在影响从而改变自己决定的内在心理过程的研究，具有十分重要且积极的意义。

在日常生活中，说服仿佛无处不在。我们每个人都经历过说服他人或者被他人说服的过程。这种例子不胜枚举，比如，当你考大学填报志愿的时候，本来是想选择自己感兴趣的软件工程相关专业，但是父母都是医生，在他们一致的说服下，你决定放弃自己的兴趣，选择医学专业，将来和父母一样成为一名出色的医生。或者当你结婚本想准备去泰国度蜜月时，你妻子一直憧憬着马尔代夫，在她的劝说下，你最终选择与她去马尔代夫。再比如，当你本来不打算购买某种品牌的洗发水时，但在电视网络等媒体的强势宣传下，于是决定买来试试。

当今，说服已经被广泛地运用于商业活动，无论是在电视、广播还是在报纸、杂志上刊登的广告，都充分利用了说服的知识，这种说服实际上是一种隐形的说服。早在20世纪40年代，迪希特（E. Dichter）就将心理学的知识运用到商业广告上，并且取得了惊人的成功。他将弗洛伊德的潜意识理论成功地运用在了顾客的消费上。迪希特认为广告能够“操纵人类的动机和欲望，使其形成对物品的需要，甚至是公众一度并不清楚的，也许是根本就没想到去购买的需要”。迪希特曾经成功地策划过一个让所有人都印象深刻的香皂广告。香皂广告的广告语起初是：“洗澡是一种心理解放的仪式，你清理的不仅仅是身上的污垢，还有罪恶感。”但是这样的广告语明显没有增加公司香皂的销量。迪希特通过心理学研究中的访谈法和问卷法对顾客的心理进行了分析，将广告语改为：“聪明起来，用象牙皂重新开始，它能够洗掉你所有的烦恼。”此外，迪希特还成功策划了一则香烟广告，不仅令人印象深刻，而且大大提升了消费者对于香烟的购买欲。为了达到说服消费者的目的，迪希特对三百多名顾客进行了访谈，总结出了香烟消费行为的内在动机，即人们抽烟的原因。他利用顾客的这些心理过程设计了香烟广告，从而成功地说服消费者购买香烟。

二、问题分析

从心理学的角度上说，说服包括两种途径：中心途径和外周途径。中心途径更关注证据，适用于人们有能力充分思考问题的情境。如果证据是足够让人相信的，那么他人有很大的可能会被说服。外周途径则与中心途径不同，它关注的不是信息本身，而是信息的外部线索。当人们没有足够的注意力去思考证据的时候，外周途径比中心途径更有优势。比如，如果面对一个外行，与其对他说“不要在一次冒险中押上你所有的赌注”，还不如说“不要把鸡蛋都放在一个篮子里”，因为这样的表达更熟悉也更能被他人所接受，因此这一方法经常被媒体所采用。最成功的广告语是将中心途径和外周途径相结合，其中既包括用理性的证据对顾客加以说服，如“立白洗衣粉无添加，不伤手”，同时也包含感性的信息来调动顾客的情绪：“聪明的妈妈都会选择”。

由此可见，成功说服他人的方法，一是提供可信服的证据，二是增强他人对这一问题进行思考的动机或能力。“演说是强有力的，话语永远不会褪色。它们以声音开始，而以行动结束。”这句话深刻揭示了说服的本质。说服者并不仅仅想让人们关注自己所传达的信息，其最终目的是使人们的行为朝着自己希望的方向发生改变。在这一层面上，中心途径的作用明显优于外周途径。中心途径的说服过程需要人们进行深入的理性思考，而不是从感性上加以判断，这个过程显然更困难。而一旦造成了观念或者行为上的改变，这种改变也更持久。但是人们通常都不会仅凭理性做事，再理性的人也有感性的一面，也会利用外周信息的线索来构成自己的观点。通常，人们会利用一些启发性的线索来帮助自己进行判断。

说服过程的影响因素有很多，其中最重要的一点就是说服者的可信程度。如果你在演讲中一开始说的是人们认可并且熟悉的观念，人们会觉得你是可信的并且乐于听下去。或者在演说之前，你被介绍为学识渊博的专家，那么人们就会认为你所说的是权威的、可信的。此外，自信、淡定的表达也会让你听上去是可信的。当与他人面对面沟通时，如果你在说服的过程中直视他人的眼睛，会给人留下坦荡的印象，那么你所说的话也是可信的。如果他人认为你的本意并不在于说服对方，他们可能更容易被你说服。我们往往会认为，如果说话者所说的话违背了其切身利益，那么他所说的就是真实的。伍德（W. Wood）和伊格利（A. H. Eagly）的研究发现，当发言者的出发点与自己的立场相违背时，人们会认为他们所说的是客观事实，并且容易被他们的话所说服。米勒（R. B.Miller）等人的发现更有意思，他的研究表明，当一个人说话的语速较快时，人们会认为他所表达的信息更可信、更客观。

说服的要素还包含了说服者的人际吸引力，其中外表吸引力发挥了重要的作用。比如，男性通常更愿意接受外表漂亮的女性的意见。当然，个体偏好也在一定程度上产生了影响。另外，人际吸引中的相似性和熟悉性也在其中起到举足轻重的作用。人际吸引理论表明人们喜欢与自己相似或者熟悉的人。那么，当我们被与自己相似或者熟悉的人说服时，我们就更倾向于认为他们比别人更可信。当然这不适用于所有情况，每个人做判断时都有不同的考虑，需要具体问题具体分析。有的人听从自己的主观偏好，有的人则更倾向于相信客观事实。研究发现，当所做的决定与自己的价值观念、生活方式、衣着品味等个人的主观概念有关时，人们的判断更容易受到自己喜欢的人的影响。但如果是对某一客观事件进行判断，比如对于某一国际重大事件进行评价时，人们会更倾向于听从专家的意见。

毋庸置疑，说服的内容在很大程度上决定了说服的效果。就像上文所说的说服的两条途径一样，说服的内容也可以分为理智的信息和情感性的信息。理智的信息是逻辑性的论证过程，而情感性的信息的重点在于激活个体的情绪反应。有研究表明，如果个体受到过很好的教育并且习惯用理性进行思考，则更容易接受理智的信息，对说服过程不积极、不关心的个体更容易受到个体偏好的影响。个体一开始的态度来源于情感则更容易被情感性的观点所说服，倘若个体一开始的态度来源于理智，那么理智的观点在说服中起到的效力更大。所以对待乐于思考且积极的个体，更好的办法是使用中心途径，而对待不那么感兴趣的个体应该使用说服的外周途径。

另外一个重要的变量就是个体的心情状况。如果个体被说服时，其心情是愉悦的，那么他更乐于接受他人的观点。其中的原因有很多，可能是因为当人们心情好的时候，会更容易做积极的考量，倾向于认为这些观点都是对自己有利且值得相信的。此时，人们会在很大程度上凭借外周线索进行判断，往往会轻易地、快速地做出决定。相反，当人们心情不好的时候很难做出判断，遇到问题会反复地思考，难以下决定。

心理学的很多研究发现，说服很多时候可以通过激活个体的负面情绪而对个体的行为产生影响。比如对于抽烟过量的人，与其通过言语劝说抽烟危害身体健康，还不如向他展示因抽烟过量而罹患肺癌患者的肺部图片，这种对于恐惧情绪的激活更能让个体的行为产生改变。心理学家罗杰斯的研究发现，人们对某一事物越恐惧，对这一刺激的反应就越强烈。但是恐惧心理并不一定会促使人的行为发生改变，许多人倾向于否定接受的信息，对自己的行为做出合理化的解释。比如，抽烟的人虽然也会害怕因抽烟过量而患上肺癌，但是他会找借口说并非所有人都如此，很多老烟枪依然能活到八十多岁。这种合理化的解释让他们能够心安理得地继续抽烟。在这种情况下，唯一的办法就是让个体意识到事情发生的可能性和忽视它潜在的严重后果；或者是帮助其找到避免或者解决这一问题的方式方法。

但是让人们困惑的是，人与人思想观念的差异如此之大，提出什么样的观点更容易被他人接受，更能对他人产生较大的影响？当我们说服别人的时候，为了起到更好的效果，是应该尽量表达和别人立场接近的观点，还是表达与别人立场完全不同的观点？一般情况是，表达与他人立场差异程度较大的观点，会造成更大程度上态度的改变。但一个尴尬的问题是，当我们表达的观点与他人的观点差异过大时，别人会难以接受，甚至会对你所说的话产生怀疑。人们可能会认为你标新立异、哗众取宠，你所说的话也是不值得相信的。因此，这个问题没有更好的解决办法，唯一能做的就是让个体参与到事情中来，从而才能去相信你发言的真实性。

说服的过程有两种模式：一种是单方面说服，另一种是双方面说服。单方面说服就是我们通常意义上认为的说服，是最简单的说服模式。在单方面说服中，只需要尽量表达自己的观点，劝说对方接受自己的观点。在双方面说服中，先接受对方的观点，然后再以合理的解释将其反驳。事实证明，对于快要赞成自己的人，单方面说服最为有效；而对于持反对意见的人，采用双方面的说服模式更加有效。

社会心理学中的首因效应（Primacy Effect）和近因效应（Recent Effect）也在说服的过程中起到重要作用。一般来说，究竟是先声夺人更有说服力，还是在最后娓娓道来更有影响？首因效应强调第一印象的重要性，认为最早出现的人、事或者观念是最难改变的，第一印象形成之后难以再发生改变。“在有其他人站出来并反复检验之前，首先说话的人看起来总是正确的。”这说明了首因效应在说服中的作用。近因效应则认为离我们更近的事情比久远的事情更让人印象深刻。特别是当时间间隔过长，我们忘记了最初的事件，此时近因效应便开始发挥作用。

心理学家认为，人们的行为能够改变人们对自我的认知。虽然态度是行为产生的原因，但是行为也在一定程度上影响和改变着人的态度。人们会为自己的行为找寻合理的解释，此时便会发生态度的改变。而这种由于行为而发生的态度改变，比被说服引发的态度改变能持续更长的时间，对人们之后的行为的影响更大。要想让自己的话具有说服力，不只是吸引他人的注意力就可以了，更重要的是让所表达的观点能够被大部分人所理解和接受。

还有一点需要注意的是，即使不是主动接受的信息，可能也会发挥效力。这点虽然不易为人所接受，但事实的确如此。比如，在宣传上花费越多的人得到民众的选票也会越多，就像谎言说多了也会被人们所相信一样。有研究表明，简单地对某种叙述进行重复就可以增强其可信程度。对这种现象的可能解释是由于反复地叙述同一句话就会增强它的流利度，这样的话听起来就会更为可信。但是如果个体对于这一观点十分熟悉或者了解，那么就很难通过这种方式加以说服。

另外一个影响说服的重要因素则是个体的自尊水平。研究者发现了与我们想象完全不同的状况：自尊水平过低或者过高的人都很难被说服，最容易被说服的是自尊水平中等的人。自尊水平高的人，一般来说，对自己固有的思想观念非常自信，很难被外部力量所改变。自尊水平低的人，需要比较长的时间去理解接收到的信息，所以也很难被说服。中等自尊水平的人反而更容易受到劝说的影响。

三、基本过程

20世纪80年代，像许多学校一样，加州大学校园里也在谈论一种可怕的新疾病——艾滋病。艾滋病是一种没有办法治愈的疾病，只能预防，不能根治。当时艾滋病大多是通过性行为传播的，所以对艾滋病的预防由一个医学问题转变成一个社会心理学问题。这个问题就是：如何说服人们在性行为中使用安全套。

先前采用的警钟式广告收效甚微。学校的健康中心展开声势浩大的宣传大战，分发宣传手册，开设讲座并现场示范，结果只有17%的学生在性行为中使用安全套。在健康中心的邀请下，阿伦森决定帮助他们加强对安全套使用的宣传。

最开始，阿伦森和他的学生对大学生进行了问卷调查，了解大多数大学生不使用安全套的原因。结果不出所料，他们大部分都认为使用安全套极不方便，也不浪漫，没法让人在性行为中感受到愉悦。为了消除他们对使用安全套的成见，阿伦森制作了一段简短的录像，展示了一对迷人的年轻夫妇以浪漫而性感的方式使用安全套的过程。在录像中，女性给男性戴上安全套，作为性爱前奏的一部分。阿伦森后来强调说，他们的录像应该属于R级片而不是X级片。画面中没有裸露镜头，顶多是伴随性快感带来的呻吟声，但动作都发生在被子下面。自愿出演的演员具有表演天分，表演得十分逼真。在当时的政治氛围下，这样的实验是相当大胆的，甚至是草率的。但是预防艾滋病的蔓延这一问题十分重要。于是学校的审查委员也赞成了阿伦森的观点，一致表决通过了他的实验。

研究证明，播放录像影响了被试使用安全套的次数，但令人失望的是这只在短时期内有效果。数据表明，安全套使用率在几周内有所增加，但随即迅速下降。接下来的追踪访谈显示，学生从录像中得知安全套可以引发兴趣，于是开始尝试，但尝试几次之后，他们发现自己并没有获得像录像中男女那样浓烈的兴趣，于是便不再使用了。

阿伦森没有放弃，开始尝试使用其他办法。认知失调理论表明，相较于被别人规劝，个体进行自我劝导能引起更大的改变，而且改变持续的时间也会更长。比如，在心理学的入门考试实验中，阿伦森并没有试图劝说学生，让他们相信自己加入的小组很有趣。事实上，他们加入的小组十分乏味。这种方式注定是失败的，就像安全套宣传广告和他做的R级录像片一样。正确的方法是诱导学生自我说服，认为讨论小组很有趣。

如何诱导人们自我说服使用安全套呢？阿伦森最先想到的是尝试运用费斯廷格和卡尔·史密斯的范式，他们在实验中诱导人们为了一丁点儿报酬而说谎，即把无聊的工作说成是有趣的工作，由此制造出心理失调。被试为了减轻失调，说服自己认为这份工作真的很有趣。但这一范式不适用于推广安全套的实验，因为这里没有什么地方是值得撒谎的。学生其实早已意识到了艾滋病的危害性，也完全知道使用安全套是避免该病传染的最好的办法。他们什么都知道，但就是不肯使用安全套。

为了解决这个问题，阿伦森设计了一个思维实验。假设你是一位有性行为但是不使用安全套的大学生，在圣诞节回家的路上，你那位初尝了禁果的17岁的弟弟向你炫耀他的性经历。作为一个有责任感的兄长，你提醒他性接触有感染艾滋病和其他性病的危险，并要求他使用安全套。假设我偶然听到你们的交谈，就问你："你给你弟弟的建议很好。顺便问一下，你多久用一次安全套？”这一提问就会让你意识到，你的自我观念将自己视为一个正直的人，但实际上自己的行为很虚伪。你会怎样做来减轻失调呢？你可以认为自己的行为的确虚伪，或者践行自己倡导的理念——使用安全套。

这就是阿伦森于1989年提出虚伪范式（Hypocritical Paradigm）的缘由。在阿伦森设计的一系列实验中，他们请有过性行为的大学生宣讲艾滋病的危害和使用安全套的重要性。他们为每一场演讲录像，并告知演讲者，他们的录像将作为高中性教育课程的部分内容。录像结束后，他们设计了关键的情境，让他们谈谈自己没有使用安全套的情况，这促使他们留意到自己的“虚伪”。阿伦森假设，通过这种方法对大学生进行说服效果会很好。

之后阿伦森对这些被试进行了间接的行为测量，即统计他们实际购买安全套的数量。结果发现虚伪情境中的学生购买安全套的数量要显著多于控制组的学生。后者也进行了同样的演讲并被录像。但无人提醒他们的行为和所阐述观点有冲突。有理由相信，虚伪范式中的学生不仅买了安全套，而且真的在使用。几个月后的追踪调查发现，调查以评估校园性行为为借口，聘用本科生打电话访问所有参加实验的被试。结果发现，虚伪范式的学生继续使用安全套的比例是控制组学生的3倍。

在推广安全套的实验之后，阿伦森和他的学生还做了另一个虚伪范式实验，其目的是劝导学生节约用水。当时加州正处于旱季，学校呼吁学生减少用水量，但收效甚微。阿伦森等制作了呼吁为节约用水而减少淋浴时间的海报，请学生在上面签名。学生很乐意签名，毕竟人人都懂得节约用水的道理。随后阿伦森让其中一半的被试留意到自己的虚伪之处，方法就是让他们自己估计最后一次淋浴花了多少时间。随后，阿伦森的助理就到健身中心的淋浴房里悄悄计算被试的淋浴时间。结果发现，实验组平均淋浴时间是3分钟，远远少于控制组学生的淋浴时间。

四、结果思考

霍夫兰德（C. Hovland）向许多人提供了一条信息，该信息坚持一个特定观点——例如，建造核动力潜艇是可能的（在当时还是一个梦想）。其中部分人被告知，该观点是由一位值得信赖的人提供的，而让其他人认为该观点的信息来源可信性较低。他们的具体做法是，告诉一部分人信息由奥本海默提供，而告知另一部分人信息来自苏联《真理报》。结果发现，告知信息来源是奥本海默组的人很大比例地改变了他们的观点。然而，并非所有的人都会同等地接受来自同一位宣传者的影响。的确，对于同一位宣传者，在一些人眼里可信性很高，在另一些人眼里可信性很低。另外宣传者的表面特征也可能对一些听众产生很大的影响；这类影响可能令特定的宣传者更为有效或者更为无效。

阿伦森与戈尔登（B. Golden）用实验验证了这一假设。实验中，让六年级的学生收听赞美算术有用和重要的演讲。向一部分人介绍演讲者是一位来自名牌大学的工程师，另一位则是一名洗碗工。就像人们预料到的，工程师比洗碗工对这些年轻人产生的影响要大得多。但是后来实验改变了演讲者的种族：在一些实验中演讲者是白人，而在另一些实验中演讲者是黑人。在实验前几周，这些孩子曾填过一份答卷，测量了对黑人的偏见程度。实验结果是惊人的：尽管聆听同样的演讲，和白人工程师相比，对黑人持有较深偏见的孩子更不容易受到黑人工程师的影响；就对黑人持有较低偏见的孩子而言，黑人工程师的影响力明显高于白人工程师。肤色会影响一个人的可信性，这似乎难以理解。很显然，这并非一个纯粹的理性领域。在演讲内容相同的情况下，一位黑人演讲者比一位白人演讲者的影响更高还是更低，取决于听众对黑人的态度。这类行为并不是适当的，如果你接受的信息决定你的生活质量，那么宣传者的专长似乎是最有理由关注的因素。但是如果一些与此不相干的因素（例如，肤色），一定程度上增加或减弱了你的说服易感性时，你便可能采取一种不适当的行为方式。但是广告客户恰恰寄希望于这类不适当的行为，并且依靠提供一些不相干的因素来增加代言人的可信性。你会看到乔丹、老虎伍兹这样的明星做一些麦片代言。很多人觉得自己不会因为喜欢的明星做代言，就去买这款产品。然而，人真的能预测自己的行为吗？

显而易见的是，信任是决定一个宣传是否有效的重要因素。怎样才能让人们看起来值得信赖呢？方式之一就是不计较他们的个人利益。如果一个人在说服我们的时候没有得到任何好处，我们就会信任他，他也会更有效力。举例说，假定一个最近刚刚因走私和贩卖海洛因的惯犯在谈论美国司法制度的弊端，你会受他的影响吗？恐怕不会。假如他声称刑事司法制度过于宽松，这时的他会影响你吗？事实上阿伦森进行了这项实验，而且证实了假设。实验向被试呈现了一份新闻记者对“肩膀乔”的访谈简报，被试则需要据此确定“肩膀乔”属于哪一类人。在一种条件下，“肩膀乔”主张法庭应当更加严厉且判决应该更重。在另一种实验条件下，他主张法庭应当更加宽大而且判决应当稍轻。阿伦森同时设计了一个平行的条件，在这类条件下，同样的观点由一位受尊敬的公职人员讲出来。当“肩膀乔”主张法庭应当更为宽大时，他几乎没有任何效力；但当他提出法庭应当更加严厉时，他变得非常有效力——就像那位受尊敬的公职人员发表同样的观点一样有效。一个宣传者可能是一个并不引人注目的不道德的人，但只要人们清楚地看到他没有通过说服得到任何利益，他仍然有效力。

尽管我们大多数人可能不相信做广告者的真诚，但这并不意味着我们不去购买他们的产品。另外一个决定宣传者效力的重要因素是他们的吸引力或者说他们招人喜爱的程度——这与他们的专业知识和可信度无关。多年前阿伦森和米尔斯（J. Mills）进行的一项简单实验证实：一位漂亮的女士，仅仅因为她的美貌便能够影响他人的意见接受行为，尽管这个话题和美貌无关。而且在她公开表示希望影响接受者的时候，她所产生的影响力最大。很显然，我们将宣传者的吸引力与信息合意性联系在一起。我们被自己所喜爱的人所影响。只要我们喜爱某个宣传者，我们做出某种行为就好像为了取悦我们所喜欢的人。因此，宣传者希望我们改变多少观点，我们就会改变多少——但只是在一些不太重要的问题上才会如此。故而，阿伦森的系列实验发现了影响说服的以下主要因素。（1）我们的意见会受到我们认为可靠且值得信任的人影响。（2）如果说服者的立场明显违背了自己的利益，人们就会认为他是可信的。（3）如果我们认为说服者并不是在努力改变我们的意见，我们会认为他是可信的。（4）如果说服者是我们所喜欢或者所认同的人，那么他的说服对我们会更为有效。

阿伦森在曾经居住的社区发起投票，决定是否在自来水中加入少量的氟以防蛀牙。支持者发布了一份看上去很有逻辑也很合理的游说材料。材料里有著名牙医的介绍和证据分析。反对者更多的是借助情感。比如，在宣传单上印着一只很丑的老鼠，同时上面印有“不要让他们在你们的水中投放老鼠药”的标语。在这次投票中，支持者遭到了彻底的失败。当然，这件事并不能证明借助情感进行说服更为有效，主要因为这一事件并非控制条件下的科学研究。另外一些证据也支持传播主要借助情感。例如，在一项较早进行的研究中，研究者试图测量信息种类对人们投票倾向的影响。结果表明，主要接受情感信息的人会更容易受到宣传的影响，更倾向于投票给被宣传的候选人，而那些主要接受逻辑信息的人，则不会那么容易受到宣传的影响。但是对个体是“情感的”还是“理性的”，还没有明确的定义。例如，在自来水加氟这个例子中，大多数人可能承认，持反对意见者设计的传单目的在于激起人们的恐惧；然而该宣传也并非完全不合逻辑，因为微量的氟可以防止蛀牙，而氟在加大到一定数量时，的确可以作为老鼠药。从另一方面看，呈现专家意见也并非完全没有借助情感；得知内科医生和牙医赞成使用加入少量氟的自来水，可以在情绪水平上产生舒适感。

由于实际很难对“理性的”和“情感的”做出区分，研究转向了某种情感的不同水平对人们观点改变的影响。假定你希望通过激发接受者内心恐惧来促使他们改变观点，是仅仅让他们产生轻微的恐惧更有效，还是将他们吓得半死更有效呢？例如，如果你的目的是说服人们谨慎驾驶，是让他们观看展示交通事故受难者残肢断臂的影片，还是低调呈现你的信息，展示被撞弯的护栏，讨论因粗心驾驶而增加保险费用更有效呢？在这个问题上，人们的常识性认识是矛盾的。一方面，它意味着一定程度的惊吓会促使人们去行动；另一方面，它也表明过强的恐惧可能会起到抑制作用——也就是说，可能妨碍一个人对信息的注意力、理解力以及依据信息行动的能力。人们可能认为这件事只会发生在他人身上——不可能发生在“我”身上。大部分的研究表明，在其他条件都匹配的情形下，宣传使被试感受到的威胁越大，就越有可能被说服做出积极的行为。这一领域的研究者利文撒尔（H. Leventhal）在实验中努力劝人戒烟，同时让这些人做X光胸透。一些被试面对的是引起轻度恐惧的宣传方式，他们仅仅得到戒烟和做X光胸透的建议。另外一些人受到中度恐惧，安排他们观看了一部电影，电影描述了一个年轻人在做X光胸透时发现患了肺癌。那些受到高度惊吓的人观看了同一部电影，另外他们又看到了肺癌手术中的血淋淋的场面。结果发现，那些受到最大惊吓的人，最希望戒烟而且最可能去做X光胸透。

所有的人都会这样做吗？并非如此。利文撒尔和他的同事们发现，那些自认为持有良好评价的人（自尊心高的人），最有可能被高度恐惧所打动。而那些对自己评价低的人，当面对来自宣传的巨大恐惧时，最少采取行动。但是在延迟一段时间后，他们会采取与那些自尊心高的人非常类似的行动。也就是说，如果不需要马上行动而是可以延缓行动，那些自尊心低的人面对一种可以激发巨大恐惧的宣传时，更可能采取行动。利文撒尔后来的研究支持了这一分析。在一项研究中，他们让被试观看一部有关严重车祸的影片。部分被试在大屏幕前近距离观看影片；其他被试则通过一个很小的屏幕远距离观看。在自尊心高或自尊心中等的被试中，那些通过大屏幕近距离收看的人，比通过小屏幕远距离收看的人，更容易在后来采取预防行动。那些自尊心低的被试，在通过小屏幕观看影片时更容易采取行动。那些通过大屏幕观看影片而又不太自信的人，报告感到很疲劳，而且声称很难将自己想象成车祸中的受难者。因此，当需要迅速做出反应时，那些自尊心低的人明显被恐惧压垮，以至于不能采取行动。

假如你希望减少车祸或者帮助人们戒烟，而且面对的是自尊心低的人，你会如何去做呢？如果你能够设计一则信息，其中包含清晰、具体、乐观的说明，就可能增强接受者面对恐惧应对危险的信心。利文撒尔有关戒烟的实验也取得了类似的效果。他发现高度的宣传产生了更为强烈的戒烟意向。但除非同时提供具体的行为指导，否则这类宣传很少能够引起行为的改变。同样，只有具体的指导而没有能够激发恐惧的宣传，也很少有效果。恐惧激发和具体指导相结合，可以收到最佳的效果。

在某些场合下，借助恐惧激发和具体行为指导，可能的确能让人们按所建议的那样去行动。但正如利文撒尔所指出的那样，在某些情境中，即使恐惧与具体指导同时呈现，也不会产生所期望的效果。正如阿伦森说服性活跃人群使用安全套，这种说服形式包含了对不安全性行为以及染病后的痛苦所做的形象生动的描述。政策制定者和宣传者内在假设，激发强大的恐惧可以促使人们改变他们的性行为。安全套厂家也采取同样的假设。在广告中，一个迷人的女子在播出画面中说："我喜欢做爱，但我不愿意因此而丧命。"这些方法不但起不到效果，甚至还会产生反作用。为什么这样呢？大多数人在做爱时，不会考虑死亡或者疾病。如果人们注意到死亡与安全套之间的很强的联系，那么使用安全套的想法可能是有害的，这样会减少性爱所带来的快感。在这种情况下，许多人将死亡、疾病和安全套抛在脑后，采取一种拒绝的心态，但他们不会停止做爱。利伯曼（A. Liberman）发现，引起恐惧的信息与人们的行为联系越密切，人们越会促使自己相信信息中提到的危险被夸大了。假如激发恐惧不能奏效是因为它导致了信息接受者的拒绝，难道面对流行病的攻击，只能置之不理吗？无论性活跃人群因为什么原因对安全套不感兴趣，我们都可能给出信息来帮助他们加以克服。假设你正在与一群强烈反对你观点的听众谈话，你是将自己观点以非常激烈的方式提出，还是缓和一下自己的立场，采用一种看上去与这位听众立场相差不太大的形式呈现呢？简单地说，当接受者观点和宣传者建议之间存在多大的差异时，说服的效果最好呢？

阿伦森对导致这种差异的因素进行了推测。他们接受了前面曾经讨论过的观点：观点之间的差异越大，接受者内心的不安越强烈。但我们推断这种不安并不一定意味着接受者改变他们的看法。接受者至少可以采取四种方式来减少心中的不安：（1）改变自己的看法；（2）劝说宣传者改变看法；（3）寻找那些与自己观点相同的人，以支持自己最初的看法，对宣传者的说法置之不理；（4）贬低宣传者，让自己相信宣传者是愚蠢的、不道德的，从而使他的看法无效。

在许多场合，包括一些实验条件下，信息的传递是通过书面陈述（例如，报纸、杂志上的文章）或者接受者不能接触到的宣传者（例如，出现在电视、演讲台上的人物）来实现的。而且，被试往往是独处的，即使是一群接受者，他们之间也没有交流机会。因此在这种条件下，接受者实际上不可能进行交流，他们既不可能对宣传者的观点产生直接影响，也不可能寻求直接的社会支持。这样，接受者便只剩下两种减少内心不安的方式：改变自己的看法，或者贬低宣传者。

那么在何种条件下，一个人会感到贬低宣传者很容易或者很困难呢？要贬低一个自己喜爱的或者尊敬的朋友是相当困难的；要贬低在所讨论问题上非常值得信赖的专家也是困难的。但是，如果宣传者的可信性值得怀疑，那么贬低他就比较容易。循着这一思路，我们提出：如果一个宣传者的可信性很高，宣传者与接受者之间观点的差异越大，对接受者看法的影响越大；但是，如果宣传者可信性不高，则可能会遭到贬低。这并不是说宣传者对接受者的看法不能产生影响。如果宣传者与接受者之间观点的差异不太大，宣传者仍然可能改变人们的看法。但宣传者的立场与接受者之间差异越大，接受者越可能怀疑他的学识才智，也就越不能受到他的影响。当宣传者可信性不高的时候，人们可能会将某种与自身观点相差极大的宣传排除在自己可以接受的范围之外。

根据这些推测，阿伦森发现：与那些存在曲线关系的实验相比，观点差异与看法改变之间存在线性关系的实验将宣传者描述得更为可信。他设计了一项实验，系统地考察了观点差异程度与宣传者可信性之间的关系。实验请大学生阅读了几节现代诗，并要求他们按照从好到差的顺序对它们进行排序。接着，让这些学生每人阅读一篇旨在评论现代诗的短文，评论中特别提到了被列为最差的那节诗。对一些被试，短文作者在描述这节诗时采用了充满激情的语言，由此使得宣传者的观点与该种实验条件下学生所持的观点产生很大的差异。对另一些被试，短文作者在描述这节诗时只是略微表示赞许，这样便使短文作者的观点与该种实验条件下学生的观点产生中等程度的差异。在第三种条件下，短文作者略微表达了对这节诗不屑一顾的态度，由此使宣传者同接受者之间产生轻度差异。之后，让实验中一半的被试认为，短文的作者是诗人艾略特，他是一位可信度很高的诗歌评论家；而让另一半被试认为短文作者是一个大学生。接着，再次要求被试们对这几节诗进行排序。如果艾略特被看作宣传者，当短文对这节诗的评价与学生们的评价之间差异最大时，它对学生们产生的影响最大。如果那位只有中等可信度的学生被看作短文作者，当短文的评价与学生们的评价稍有差异时，它会使学生们的看法稍有改变；当短文的评价与学生们的评价之间存在中等差异时，它会使学生观点有很大改变；当二者之间的差异极大时，学生们的观点改变很小。

五、点评

如果说服者具有较高的可信度，那么他提出的观点即使与接受者原有观点之间的差异很大，接受者也会容易被说服；但如果说服者的可信性受到怀疑或者原本就不高，当宣传者与接受者观点存在中等差异时，他会使接受者看法改变最大。

现如今，身处信息社会的我们无时无刻不在说服别人或者被别人说服，其中也包括被电视、网络等媒体所说服。说服者往往通过说服的两条途径对人们产生影响。在中心途径下，人们往往会主动去思考；而在外周途径，人们往往被动地接受信息。但是两种途径都有其优点和缺点。

概括来说，说服有效性的最重要的影响因素有三个：一是说服者的特质（是谁说的），二是说服的内容（怎样说的），三是接受者的特质（对谁说的）。处理好了这三个重要的影响因素，往往就能够取得比较好的说服效果。（1）说服者的特质（是谁说的）。即说服者的可信度、吸引力越高，说服的效果越好。所以，我们总是比较容易受到那些权威专家的影响。并且如果说服者没有表现出明显说服我们的意图，或者是表达违背自己利益的观点，我们会认为他是更可信的。我们的思想观念更容易受到我们所喜欢的人的影响。（2）说服的内容（怎样说的）。一般来说，情感性的表达比理智性的表达对人更具有说服的效果，生动的经验比简单的数据对人的影响力更大，双向的说服比单向的说服更有影响力，时间顺序在说服过程中也表现为首因效应和近因效应。（3）接受者的特质（对谁说的）。包括了接受者的自尊水平、心情状况、已有的思想观念等。自尊心较强的人往往不容易受到说服的影响，个体心情比较好时更容易进行判断和决定。

第三节 人际欺骗与攻击

阿伦森认为，人类常常会为自身所表现出来的不道德的、具有伤害性的愚蠢行为进行自我辩护，从而推卸责任。这种自我辩护的原动力即为费斯廷格所说的认知失调。失调会导致心理上的不舒适感，从轻微的疼痛到极度的痛苦，直到人们找出某种减少失调的方法，这种不舒适感才会在一定程度上得以缓解。而当已有的信息与我们的观点、看法不一致时，就会导致我们的认知失调，为了减少这种失调，很多人就会通过一些自我欺骗或无中生有的证据来证实自己的看法，从而将自己的观点合理化。正如奥威尔（G. Orwell）所说："我们都会相信那些我们认为真实的事情，而且，当它们最终被证实是错误的时候，我们便会不顾一切地歪曲事实以表明我们是正确的，我们会理性地将这一过程无限地持续下去；唯一能够对它做出的检验是，这种虚假的信念迟早会被铁的事实所粉碎，而这一切往往是发生在战场上。"

一、案例1：科学家和医生之争

（一）基本资料

1980年，当最高法院裁定转基因细菌可以申请专利，即人们可以通过发现某种病毒、改变某种植物、分离出某种基因，或者将某种活体改造成一种制造出来的产品而获得某项专利时，很多科学家们就开始想方设法从中获利。此后不久，很多分子生物学领域的教授就开始进军商业领域，成为生物技术公司咨询委员会的成员，他们持有其研究产品有关公司的股票。为了寻求新的收入来源，许多大学也纷纷建立自己的知识产权办公室，并提供报酬给那些将自己的发明申报专利的研究人员。

这一时期，整个社会的思想氛围发生了巨大的转变：从科学为了其自身价值或公共利益转向科学能够为个人带来利益价值。在税收和专利法的制定方面也出现了重大的变化：联邦政府投入研究的经费急剧下降、由工业的税收优惠所带来的经费直线上升。制药业的管制放松了，它成为过去十年间美国最有利可图的行业。

随后，与部分研究者和医生的利益冲突有关的丑闻开始爆发。大型制药厂不断地推出新的救生药品，但这些药品并不一定是最好的，甚至可能是最差的；从1989年到2000年批准生产的全部药品，大部分都只是在原来的基础上做了很小的改进，可它们的成本却增加了将近一倍，而且这些药可能具有较高的风险。到1999年，七种主要药品包括曲格列酮（Rezulin）和罗肠欣（Lotronex）在内，由于可能存在危害而被药监局下令撤出市场。而且这些药中没有一种是必不可少的救生药（一种是用于胃灼热，一种是节食片，一种是止痛药，一种是抗生素），也没有一种比原来较为安全的药品更好。更严重的是，这七种药品导致了1 002人死亡，数以千计的人因为服用这些药出现了令人不安的并发症。

（二）问题分析

一开始，绝大多数的科学家并没有意识到这种来自商业的诱惑。例如，在1954年，当索尔克（J. Salk）被问及是否会为他的脊髓灰质炎疫苗申请专利时，他回答说："难道你会为阳光申请专利吗？"他的说法在今天看来，是多么的迷人，也是多么的幼稚。他不求一丝一毫回报，把自己的发明奉献给了大众，让大众获得了利益。在我们看来，科学本身是作为一种将研究和商业区分开来的文化，而大学则在研究与商业之间建立起一道"防火墙"。科学家们从政府或者独立的基金会那里获得资助，然后会比较自由地花上几年的时间去研究理论或应用方面的问题，他们的研究可能成功也可能失败。那个时候，如果一个科学家涉足公共领域，利用其发明去获利，便会受到公众的猜疑甚至鄙视。"一个生物学家在进行某项基础研究的同时从事商业经营，曾经被认为是不得体的。"生物伦理学家和科学家克里姆斯基（S. Krimsky）说："研究与商业这两者之间是不可调和的。"

但是，随着生物学领域的领军人物开始致力于寻求商业出路和快速致富计划，这一领域的精神特质也随之发生了重大改变。现在，有声望的是那些在多方面都有斩获的科学家。因此，为了追名逐利，不少科学家或医生开始陷入这种商业的诱惑，甚至不惜欺骗大众群体。但是，他们的欺瞒行为并不永久，最终还是会浮出水面，广为人知。虽然最终他们也会为自己的各种行为进行辩护，但他们的辩护在大众眼里已经起不到任何作用。而公众在看到这样的新闻后，不禁开始质疑那些制药专家或医生。他们对此事的反应不仅包含着他们以往只能从不诚实的政客那里经常感受到的愤怒，而且也充满了失望与惊讶：科学家和医生们怎么能去推销某种他们知道有害的药品呢，难道他们不清楚自己的所作所为？他们怎么还能为自己所做的事情辩护呢？其实，就像那些贪腐的政客一样，一些研究者对自己的所作所为心知肚明。正如烟草公司的研究者几十年来所做的那样，他们是受雇来做这些事情的，因此他们想得到雇主所期望的结果，同时也需要去隐瞒雇主不愿意听到的结果。幸运的是，他们的这种不端或者欺骗性的研究不会持续太久，因为会有公共利益团体、监督机构和独立的科学家们来揭发这种不道德的欺骗行为。尽管如此，更大的危险依然来自于那些用意良好的科学家和医生们的自我辩护。为了减少他们的认知失调，他们会对自身的行为进行辩护，说自己肯定没有受到资助公司的影响。然而，就像植物总是朝向太阳一样，虽然他们自己意识不到，但其实他们确实已经偏向资助者的利益了。

（三）过程分析

那么我们是怎样知道这一点的呢？途径之一就是把那些独立资助的研究结果与那些由企业资助的研究结果加以对比分析，这种比较往往能够揭示资助来源给科学家或医生带来的影响。

（1）两位研究者共选定了161项研究，这些研究均发表在同样的时间段内，关注四种化学物质对人们可能存在的风险。在由企业资助的研究中，仅有14%的研究发现这四种化学物质对健康的不利影响；而在独立资助的研究中，足有60%的研究发现了这四种化学物质的不利影响。

（2）一位研究者对100多项临床实验进行了考察，这些实验旨在确定一种新药在药效上是否超过旧药。在那些认为旧药更有效的研究中，13%是由制药公司资助的，而87%是由非营利机构资助的。

（3）两位丹麦研究者对1997—2001年发表在《英国医学杂志》上的159项临床实验进行了考察，在该杂志上发表文章的作者必须说明可能存在的利益冲突。由此，研究者可以对那些声明存在利益冲突的研究和不存在利益冲突的研究加以比较。结果发现，当研究受到某个盈利组织资助时，“实验干预（例如，将新药与旧药比较）具有更加明显的正向作用”。

如果大多数受到企业资助的科学家并没有进行有意欺骗，那又有什么会导致资助产生偏见呢？首先，在新药的临床实验中，常常会受到很多复杂因素的影响。这些因素包括治疗期的长短、病人所患疾病的严重程度、新药是否有副作用、新药的剂量、病人接受治疗的变异性等。其次，对研究结果的解释多是模棱两可的，这也正是所有科学研究需要重复和完善，以及大多数发现允许在解释上存在合理差异的原因。如果你是一位公正的研究者，而你对于自己研制出的新药得出了模糊不清但却令人有些担忧的结果，就好像是你的药可能会轻度增加心脏病或中风的概率，而你自己也不太确定。因此你可能会进一步猜想："这有些麻烦，需要进一步去探究。这种风险的增加是偶然出现的，还是由我们的药物造成的？或者病人是否一直存在着变异性？"

然而，如果你的观点是新药比旧药有效，那么你可能会倾向于淡化你的这种忧虑，从而对这种模糊不清的结果做出有利于公司的合理解释。比如你会说"这没什么问题，也不用再做进一步的考察研究。不管怎么说，那些病人的病情本来就已经很严重了。""在没有证据证明药物是有害的之前，我们假定药物是安全的。"这也正是受默克基金资助的研究者，在独立的科学家提出有关药品的风险性证据之前，对该公司花费几十亿美元开发出来的一种止痛片所做出的推理。

人们也可能会致力于寻找那些仅可以证实自己的假设或者资助者愿望的证据。例如，1998年，几名科学家在著名的医学杂志《柳叶刀》上发表了一篇报告，他们的研究结果表明自闭症与儿童接种疫苗之间存在着正相关。这项研究引起了家长们的巨大恐慌，由此也导致了许多家长停止自己的孩子接种疫苗。然而，6年后，参与这项研究的13位科学家中的10人撤回了这一异常的结果，并且揭露了第一作者韦克菲尔德（A. Wakefield）没有说明自己当时面临利益冲突，他们称韦克菲尔德在进行这项研究时，代表的是这些自闭症儿童家长的律师们，而且他还接受了超过80万美元的报酬以确定是否有充分的证据采取法律行动，在研究发表之前他给律师们的答案是“是”。对此，《柳叶刀》杂志的编辑霍顿（R. Horton）这样写道：“我们做出裁定，所有这些信息都应该成为我们判定这篇论文是否适合发表以及它的可信度与有效性的依据。”

尽管如此，韦克菲尔德并没有签署撤回意见，而且他也没有意识到自己会有什么麻烦。他在为自己辩护时写道：“利益冲突在这样的情况下才会出现：研究者参与了某个可能或者实际上已经对其目标进行过干预的研究项目，并且对其他项目的研究过程或研究结果进行过审慎的评估。然而，我们不能接受这样的辩词：那些接受过实验的孩子后来提起诉讼，因此他们所接受的临床干预和研究影响了（我们早先的那篇）论文的内容和基调……我们所要强调的是这是一篇临床报告而并非科学报告。”不管他做了怎样的辩解，他们发表的这篇文章并不是一篇科学论文。

当然，我们也不清楚韦克菲尔德进行这项研究的真实动机和想法。但是，我们开始怀疑他是否确信他自己是在体面地、诚实地工作，是否排除了律师所支付的80多万美元的影响。然而，与那些真正独立的科学家所不同的是，他没有进一步探究疫苗接种与自闭症之间存在某种相关的证据，同时他也没有寻找其他的解释来分析讨论这一问题。事实上，有五项重要的研究发现，自闭症与疫苗接种之间并没有必然的联系。因为2001年的一项研究发现终止了某项疫苗接种并没有带来相应的自闭症患病率降低。韦克菲尔德的研究所得出的相关不过是个巧合而已，事实上儿童自闭症的诊断年龄通常与他们进行疫苗接种的年龄段相同。

（四）结果思考

就像科学家一样，医生也认为他们的诚实正直不容损害。但是当在设计某项实验或程序时，如果给医生们资助或者给予其他奖励，要求对他们的一些病人进行临床实验，或者要求他为病人开出一种昂贵且安全性低于旧药的新药时，这些医生便需要在病人的安全和他们的个人利益之间进行权衡。在权衡过程中，医生自身的盲点会让他们将天平倾向有利于自己的一端，并且因此为自己辩护："如果一家制药公司向我们赠送钢笔、记事本、日历、午餐、酬金或者小额咨询费等礼物，为什么我们不可以接受呢？我们不可能被饰品和比萨饼所收买。"调查研究表明，医生们会认为大礼物比小礼物在道德上更不容易被接受。而美国医学协会也为此达成一致：只要单件礼品不超过100美元，便允许接受来自制药企业的礼物。然而，有证据显示，大多数医生受小礼物的影响远大于大礼物。制药企业也很清楚这一点，所以他们可能会增加市场营销中对医生的投入资金，从1999年的121亿美元增加到2003年的220亿美元，这可相当于很多的饰品。

营销者、说客和社会心理学家们都知道，大型制药公司之所以在小礼物上有如此之多的花费，是因为医生接受小礼物可以唤起他们某种潜在的互惠欲望。富勒刷子（Fuller Brush）公司的推销员们早在20年前就已经深谙此道，当时他们首先采取了“登门槛”技巧：他们先向家庭主妇赠送一把小刷子，那么这些家庭主妇就不会把你拒之门外了。一旦你没有被拒之门外，那么她便有可能邀请你进屋，并最终购买你的那些价格不菲的刷子。西奥迪尼（R. Cialdini）曾经对影响与说服他人的技巧进行了多年的研究，他系统地观察了印度教克利须那派教徒们（Hare Krishna）在机场募集资金的情况。一般来说，直接去请求那些充满疲倦感的旅客捐赠往往并不能奏效，相反，这种做法只会激怒他们。于是，克利须那派教徒们想出了一个比较好的办法：他们拿着鲜花走向目标旅客，并将花放到他们手里或者别在他们的夹克上。如果这位旅客拒绝接受鲜花并且试图奉还，克利须那派教徒便会对此表示异议并对他说：“这是我们赠送给你的礼物。”只有把花成功赠送给目标旅客之后，克利须那派教徒才会请求捐赠。而此时，他们的要求往往不会遭到拒绝，因为作为礼物的鲜花已经让那位旅客产生了负债感和义务感。如何来减轻这种负债感，偿还那件小礼物呢？可以用小额的捐助，或者购买一本令人着迷但价格不菲的《博伽梵歌》。

难道旅客们没有意识到互惠的力量会影响他们的行为吗？并非如此。但是，一旦人们落入了互惠的轮回，自我辩护便会接踵而来：“我一直想得到一本《博伽梵歌》。”这到底说明了什么？即人们意识不到鲜花的威力。“那不过是一朵鲜花”，受赠的旅客们会这样说。“那不过是一个比萨饼”，受赠的医生会这么说。而做出捐赠的医生会说：“那不过是一笔小额捐赠，我们需要这样一场教育方面的研讨会。”然而，比萨饼的威力却是导致与制药公司代表联系的医生数量与这些医生随后通过处方开出的药品价格之间呈正相关的原因之一。“那位医药代表的介绍听起来使那种新药颇具说服力；或许我可以尝试一下让病人服用那种药，或许效果确实很好。”一旦你接受了医药代表的礼物，不论它的价值多么小，说服便开始发挥作用。你会感到自己必须有所回馈，哪怕一开始仅仅是来自你的关注、你的倾听意愿、你对赠予者的同情。最终，你会更愿意向赠予者提供你的处方、你的裁定、你的选票。由于自身盲点和自我辩护，你的行为出现了变化，但是你的知识观和专业操守却始终如一。

生物伦理学家和哲学家艾略特（C. Elliott）就曾经对利用小礼物坑骗受害者的手法进行过大量的描述。他的兄弟哈尔是一位精神科医生，告诉了艾略特自己是如何被一家大型制药公司代表游说的：“他们首先请我去为一个社团讲解抑郁症。于是我开始思忖，这是一种公共服务，为什么不去呢？随后，他们又要求我去给一家医院做同样的主题报告。接下来，他们开始对我所讲的内容提出建议，竭力主张我不要再讲抑郁症，而是改讲抗抑郁剂。随后，他们又跟我讲可以把我安排到国内通话系统上进行讲解，我自己也想了想觉得那的确是一个收入来源。最后，他们转而开始让我讲解他们公司最新推出的一种抗抑郁剂。”回想这一切，哈尔告诉艾略特说：“你就像是一位去参加一场舞会的女士，你的老板对你说：‘瞧，帮个忙，对那边的那位男士友好一点儿。’”当你觉得那位男士看起来还不错，而你自己正好也是孤身一人，于是你心想："为什么不呢？我可以做到对他热情友好。"不久之后，你便发现自己坐在了一架没有标志的正在前往曼谷妓院的飞机上。你开始大叫："不，我并没有同意这样做。"而此时你不得不自我反省："我是从什么时候开始卖淫的？难道是那场舞会吗？"

在当今社会，即便是专业的伦理学家，也在纷纷赶往那场舞会。制药和生物技术企业向生物伦理学家们提供咨询费、承包合同以及酬金，而这些生物伦理学家的研究报告恰恰可能危及医生和制药公司之间的利益冲突。卡尔·艾略特曾经描述了他的同事为接受资助所进行的自我辩护。"代表公司进行磋商的辩护者们，往往会对那些来自要求他们放弃公正性，或者退出客观的伦理批评立场的企业资助不屑一顾。"他写道："'客观性不过是一种神话'，生物伦理学家德伦佐（E. Derenzo）从女性主义哲学出发来支持自己的观点，'我认为现实中没有人会参与一项结果与自己毫不相干的活动。'"这是一种减少失调的很聪明的说法——"无论如何，完全客观是不可能的，因此我最好还是接受咨询费"。

（五）点评

在这个不断发展变化的世界，为了维护我们的地位、权利以及自身利益，我们常常会采取很多方式。但是在这一过程中，我们会存在很多思维的盲点，而很多企业商家为了获得自己的利益，就正好利用了我们的这些盲点。他们首先会给我们一些小的恩惠，当我们接受了这种恩惠的时候，我们就会形成一种偏见：我们接受了他们的恩惠，就要偏向于他们的利益。因此我们就会感到亏欠与不安，就会想办法偿还这种恩惠，即便是做出我们最初并没有打算要那么做的一种行为。在这一过程中就会导致我们采取某些错误的行为方式，比如欺骗大众，或不顾及大众的安全和利益。在做出这些事的时候，我们并不是没有察觉，只是商家会进一步给予我们恩惠，而我们自己也无法停止为自我进行辩护。既然每个人都存在思维上的盲点，那么为了防止我们因为这些盲点犯错误，在生活中我们需要一些跟我们唱反调的，愿意戳破我们在进行自我辩护时制造的泡沫，并能够将偏离现实太远的我们及时拉回来的批评者，以避免处在一个哈哈镜装饰的大厅中，避免我们做出歪曲我们自身愿望与信念的事。这一点对于那些大权在握的人物尤其重要，因为他们更容易陷入诱惑之中。

二、案例2：高中生校园枪击案

（一）基本资料

1999年4月20日，美国科罗拉多州杰弗逊郡科伦拜恩高中（Columbine High School）发生了一起校园枪击事件。两名学生哈里斯和克莱伯德配备枪械和爆炸物进入校园进行了一场残酷的屠杀，然后他们又把枪对准自己，自杀身亡。当硝烟消散之后，统计发现这场枪击事件导致15人死亡（包括枪击者在内），23人受伤，其中几人伤势严重。这起事件被视为美国历史上最血腥最严重的校园枪击事件之一。

更让人觉得恐怖的是，据现在了解的情况看，损失原可能比这次更严重。因为这两名枪击者在这次大规模屠杀前录制了一份关于他们所要展开的屠杀计划的录像带。在录像带中，人们知道那两名学生实际上准备了95个爆炸装置，而在这次枪击事件中，这些爆炸装置并没有爆炸。他们把这些爆炸装置安置在不同的地方，其中一个被放置在离学校很远的地方以转移警察的视线，使警察远离学校。还有一个放在学校自助餐厅里，用来杀死大量的学生，而他们自己则在餐厅外等着准备射杀那些因爆炸而惊恐逃离的学生。此外，他们还把自己的车停在学校停车场，并在车里放置了一个炸弹，准备在警察和救护人员赶来的时候引爆炸弹，增加伤亡人数，引发更大的混乱。这盘录像带还呈现了两名枪击者在高兴地预测他们在这一天里可以杀死大约250人的场景。

（二）问题分析

科伦拜恩校园枪击案结束后，我们总会拿一些人或者事作为谴责的对象。几乎所有人都会感到惊奇，这些年轻人是不是疯了？如果他们疯了，为什么他们的家人、教师和朋友在他们实施暴力之前没有发现任何蛛丝马迹？又为什么他们的父母没有发现孩子们在卧室里藏着刀，在车库里面制造炸弹？学校的管理人员怎么没有留意孩子们的反常行为？一些人甚至想知道学校是否可以给学生提供人格测试，进而对他们的犯罪行为进行预测。那么这些谴责是否是基于对整个事件的了解？如果人们真的了解事情发生的前因后果，那么谁又该对此负责？这一切的错都是由这两名年轻的学生自编自演的吗？这场屠杀又是否可以避免？

（三）过程分析

这起屠杀事件引起了有关美国枪械政策的争论。一些观察家认为，枪支很容易得到是导致这次惨案的原因，想要阻止这种悲剧的发生，只要通过控制枪支的出售与使用就行了。另外，据说有几名受害者是因为他们忠诚的基督教信仰而遭到杀害，这开始引起了人们对于信仰价值在社会和校园里普遍衰退的现象的关注。一些人开始将矛头指向最高法院，认为最高法院不应该禁止学生在学校里祈祷，在他们看来，祈祷可能会减少这类暴行。枪击事件导致美国社会陷入了道德恐慌的状态，人们也开始关注那些社会边缘人、重金属音乐、青少年抗抑郁药的使用、暴力电影和暴力电子游戏。这些人认为电影、电视以及电子游戏中的暴力泛滥是导致射杀事件的主要原因。如果能够禁止此类与暴力有关的娱乐活动，那么校园将重获安全。

每个人的思考与分析都有一定的道理，很多因素被牵扯进来用以解释这起校园惨案，比如枪支很容易获得、媒体和电子游戏中的暴力盛行，但是这些因素并不是最根本的原因。那么，到底是什么原因导致了这场悲剧呢？是枪击者疯了吗？

显然，枪击者疯了的解释毫无说服力，因为埃里克·哈里斯和迪伦·克莱伯德的表现很正常。从他们与自己的家人、教师以及朋友在日常的交往过程中，根本看不出他们有什么病态表现。

尽管埃里克·哈里斯的心理医生曾经发现他有轻度的抑郁，但是他也没有发现埃里克·哈里斯是病态的。这两名学生在学校的学习成绩还不错，每天按时上下课，在学校和家里并没有表现出严重的问题行为。虽然他们可能会有些孤僻，其穿着打扮也令人觉得古怪，但是这是学校里其他同学所共有的特征。

阿伦森（2000）对这一事件进行了分析，他也认为这些暴力事件是病态的，但是，他并不认为这类事件的原因仅仅是个人病态那么简单。他认为当前频繁发生的校园惨案只是病态学生的冰山一角，应该进一步探究其深层次的原因。那些将这种悲剧事件的发生仅仅归因于行凶者的精神疾病的人忽视了一个重要的因素，那就是社会情境的作用。研究发现，遭受挫折的经历会增加攻击性行为。当某些因素阻碍了我们去实现自己的目标时，我们会产生挫折感，这种挫折感进而会增加我们的攻击性。此外，当一个人受到刺激被激怒时，会产生报复欲望，也会导致攻击性行为的增加，罗伯特·巴伦曾通过实验的方法证实了这一说法。另一些可以导致攻击性行为的原因是攻击性物体的提示作用、对他人的模仿以及受媒体中的暴力影响等。当知道有如此多的情境因素都在影响着人们的攻击性行为时，对这件屠杀案件进行的分析将不得不考虑到这些方面的影响因素。而为了避免类似的事件再次发生，我们更要用适当的方式控制相关社会情境，以便更有效地避免此类悲剧的发生。

因此，就这起校园枪击事件来看，哈里斯和克莱伯德所处的校园环境氛围几乎是最有可能导致他们表现出这种极端的病态行为的因素。因为科伦拜恩高中学生经常排斥、嘲笑和愚弄他人，在这种环境氛围下，很多学生会受到他人的攻击，从而觉得生活艰难。大多数中学生在学校都会拉帮结派，形成一个个小团体。在这些团体中，如果一个学生来自不同的种族、有不同的信仰或者所处的社会等级较低、家庭环境不好、走路姿势怪异、穿的衣服比较另类、身材太高或太矮、身体太胖或者太瘦，都可能遭到其他同学的排挤、羞辱，甚至导致攻击行为。

事实上，也有证据证明：在这样的环境下，学生的报复攻击性行为会增加。如特文格（J. Twenge）和她的同事曾经做过一项实验证明：被拒绝会产生更多的消极影响，而这种影响不仅局限于大量增加的攻击行为。在实验中，她是这样操作的：大学生们遇到一群人，并且大家逐渐熟络起来，随后研究者询问这些学生将来愿意与哪些人一起工作。其中一组随机选择的被试遭到拒绝，没有任何人愿意与他们一起工作。显然，这两名学生在日常生活中所遭受到的拒绝比特文格在实验室里操控的要严重得多。随后，特文格又为每组被试提供了一次攻击的机会，结果发现那些遭到拒绝的人比没有受到拒绝的人表现出了更强的敌意与攻击性，他们会去反对那些拒绝他们的人或中立的人。

在这起枪击事件发生后，科伦拜恩高中的一些同学回忆说："哈里斯和克莱伯德在学校经常遭受一些小团体的愚弄和欺负。"然而，这些小团体内部的学生并不这样认为，他们开始为这种行为进行自我辩护。其中一名学生这样辩白说："大多数学生并不希望他们留在学校里，他们是伏都教徒，他们都着魔了，这样我们肯定要戏弄他们。再说，你会怎么对待那些留着怪异发型，戴着有角的、奇怪的帽子来学校的人呢？如果你想让他们离开，那么最好的办法就是捉弄他们，让他们知难而退。因此对于他们这种另类，整个学校把他们称为‘变态’……”

由此，大家可能想象到一个这样的场景：在食堂里，一个孤独的学生，手里拿着刚买来的食物，到处寻找座位。然而他寻遍了整个拥挤的食堂，发现并没有哪个人愿意友善地接纳他加入到自己所在的餐桌一同吃饭。正是这样一些现象，促使了哈里斯和克莱伯德的病态行为。在这里讨论这种校园氛围中的人际疏远情况，并不是要将哈里斯和克莱伯德的行为合理化，更不是要原谅他们的犯罪行为，只是想让大家知道这种人际疏远可能会造成一个人病态的想法，进而导致这种病态的行为发生。大家了解了这一点，就可能试图站在他们的立场上来理解他们所犯的错误，进而反省自己的行为，从而使这样的悲剧不再发生。

那么在这样的情形下，这两个年轻人实施枪击案时的思想变化到底是怎么样的呢？在观看他们留下来的录像带时，我们看到了这样一幕：他们俩在愤怒地讨论在科伦拜恩高中所遭受到的侮辱和欺凌，这也就可以证明他们为何会如此做了。如果人们长期处于这样的环境中，时间久了他们就不会心甘情愿地任人宰割，沉默许久之后最终还是要爆发的，进而发起某些行动来奋起反抗，这样就导致了悲剧的发生。这也涉及一个动机变化过程，马萨诸塞州监狱系统的精神疾病主管吉利根（J. Gilliga，1996）认为，在大多数暴力屠杀案件中，人们形成了将羞耻感转变为骄傲感的内在动机。在录像带中，当克莱伯德挥舞着被锯短枪身的霰弹枪说“也许现在我们就可以获得我们应得的尊重了”，便很好地说明了这一动机变化的过程。

（四）结果思考

我们了解到导致哈里斯和克莱伯德实施攻击性行为的影响因素有很多，但是更多的还是由阿伦森所说的社会情境氛围因素造成的。而且在关于这起枪击案的讨论过程中，许多信息也确实支持了阿伦森的这一分析。我们大多数人都会对那些排斥或欺辱他人的行为感到愤怒，更何况是那些遭受欺辱的人呢？在网上的讨论中，我们并没有看到很多年轻人表示出对这两名学生的谴责，相反他们更多的是表现出了对这两名学生的理解与同情。而且在哈里斯和克莱伯德的录像带还没有公开之前的几个月里，很多人就已经认为两人一定经历过被他人排挤的事件。阿伦森认为还有许多学生，他们也在经历着被人排斥的痛苦，体验着类似的压力，同时也在默默承受着。但是这种承受能力是有限的，他们其中一些人就曾企图自杀，这可能也跟中学生自杀率上升有着千丝万缕的联系；还有一些人就像哈里斯和克莱伯德一样，把愤怒转向同学，进而杀伤那些无辜的同学。值得庆幸的是，像这样残杀自己无辜同学的人只是少数。

有一个16岁的女孩写了一个典型的网络帖子，她说：“我知道他们的感受，父母应该意识到当他们说没有人愿意接纳他们的时候，自己的孩子做出的反应并没有什么不对的地方，而是一种在面对不正常情况下的正常反应。而且，每一个受欢迎的英国教徒都应该学会去接受所有的人，为什么要去戏弄那些与我们不同的人呢？”这也在某种程度上证明了阿伦森的见解是正确的，那么基于阿伦森的这种分析，我们就应该从改变负面的、排外的社会氛围着手，以使校园环境变得更加安全。如果我们能够做到理解与接受每一个人，用文明的行为方式对待每一个人，而不是戏弄侮辱他们，那么校园将会变得更加安全，校园氛围也会更加令人高兴快乐，更加人性化。

那么，我们怎样减少攻击性行为以避免类似的惨案再次发生呢？奥维尔（D. Orville）就从几个方面着手塑造了一种良好的社会氛围，成功减少了挪威校园里的恐吓事件，阻止了那些恃强凌弱者的侵犯行为。他主要采用了教育和轻微惩罚相结合的措施。首先，他们召开师生家长会来解决欺辱事件，还通过宣传册子让家长了解孩子受到欺辱时的症状，意在指导家长理解并接纳孩子的行为，从而给予孩子更多的关爱；对教师进行培训，让教师知道怎样去解决欺辱事件；通过看电影的方式唤起孩子的同情心，进而减少攻击性行为。其次，在班级中开展关于减少欺辱和增加对孤独孩子善意的讨论，指导孩子将这些有效的方法运用到实际中；学校还对某些可能会发生攻击性行为的场所进行有效监督管理。最后，对于那些侮辱他人的学生，会采取顾问介入、轻微惩罚、集中教育、与父母商讨、转到其他班级或学校相结合的办法。一段时间后，侮辱事件减少了一半，每个年级都有进步。此外，巴赫（N. F. Bach）也曾为小学生开设教授同情的课程，通过角色扮演和故事分析的方法，成功地培养了美国孩子的同情心，这些参加该门课程的孩子相对于没有参加这一课程的孩子更富有同情心，表现出更强的自尊、宽容、更积极的态度和更少的攻击。因此，我们可以通过培养学生与人沟通和解决问题的能力来减少他们的暴力行为。我们不可能在一生中都没有挫折经历、困扰、愤怒或者冲突，但是我们可以用一些建设性的方式来表达愤怒与批判，协调冲突，而非采取暴力手段来实行报复。

（五）点评

大多数社会心理学家认为攻击是一个选择性策略。动物和人类都存在攻击性，但是在考虑人类时，因为人类社会互动的复杂性与重要性，相对于动物而言，社会情境就更加重要。人类在遇到某些具有煽动性的刺激时，似乎天生倾向于打击犯罪者。而这种攻击性行为的表现不仅同与生俱来的攻击性有关，还与各种学习到的抑制反应及社会情境的真实本质有关，三者产生复杂的交互作用，共同对攻击行为造成影响。因此，人类天生的行为模式有极大的可修正性与可塑性。跨文化研究也表明，生活在不同文化中的人，天生具有不同水平的攻击性。例如，某些生活在和平与和谐的环境中的原始部落的人（如锡金的雷布查人、中非的匹克米人、新几内亚的阿拉培怡人），就极少表现出攻击性。多数研究也表明，尽管人类的行为有本能的成分，但攻击并不完全是由本能引起的。尽管社会事件和情境会导致攻击性行为，但是这些行为是可以通过情境和社会事件而改变的。因此，为了减少人们的攻击性，避免发生这种校园枪击案或更严重的攻击性行为，我们需要关注事件本身发生时的情境因素，对当时的社会情境进行适当的控制和改善。通过对社会情境因素的控制和改善，预防各种人际冲突，从而形成良好的人际关系和安全的社会氛围。

第七章　阿伦森的社会心理学思想

阿伦森在社会心理学领域的伟大建树突出体现在四个方面：理论上，他继承并借鉴了勒温场论的分析模式，发展了费斯廷格的认知失调理论，开启了人际关系研究的新浪潮。在研究方法上，他进一步发展了高影响力实验模式，为战后社会心理学扩张时代的研究方法规范化做出了卓越的贡献。在教学领域中，他所撰写的教科书和社会心理学读物广受欢迎，成为美国最早走出实验室、面向公众的社会心理学家。在应用方面，他继承了勒温关注社会问题的精神，致力于将精密的心理学研究方法和理论用于解决真正有影响力的社会问题。

阿伦森被誉为一位卓越的“科学家和人文主义者”，毫不为过。

第一节 理论发展脉络

1908年是现代社会心理学的创始之年。这一年美国社会心理学家麦独孤（W. McDougall）和美国社会心理学家罗斯（E. A. Rose）各自出版了一本带有“社会心理学”字样的著作。麦独孤的《社会心理学导论》（*An Introduction to Social Psychology*）深受英国本能心理学影响，试图用人类与生俱来的本能来解释行为的背后动力，象征着心理学取向的社会心理学的出现。与之相对，罗斯受法国群众心理学影响较深，倾向于从群体的集群行为角度来探讨社会心理学，他所撰写的《社会心理学：大纲与资料集》（*Social Psychology: An Outline and Source Book*），象征着社会学取向的社会心理学的诞生。可见，两人虽同被尊为现代社会心理学的创始人，但研究社会心理学的出发点却南辕北辙。有趣的是，这两种取向的社会心理学，恰好印证了冯特认为的心理学的两个分支——生理心理学和民族心理学。两种不同取向社会心理学著作的不期而遇，也预示了现代社会心理学在接下来的一个多世纪发展历程中不断对立、冲突的主线，即社会心理学是研究个体，随后研究个体聚集（aggregate）的心理过程，还是研究群体作为独特实在物的社会结构与过程，随后聚焦于这些结构与过程对个体心理的作用。当然，在一个多世纪的争论与发展中，双方都在相互调和，理论在发展变化，两种取向的内部也存在各种不同的分支。

美国历来是方法论个体主义的大本营。从特里普利特（M. Triplett，1897）对社会助长效应的实验研究，到詹姆士提出“主我”（I）与“客我”（Me），再到新精神分析对社会心理学理论中对权威人格（Authoritarian Personality）的论述，美国社会心理学一直侧重社会环境刺激对个体心理历程的影响。这一倾向在奥尔波特对社会心理学的定义上体现得最为明晰：“社会心理学对社会情境中的个人进行研究。”在这种研究风潮下，以符号互动论为首的关注社会结构的理论研究被排除在社会心理学领域之外。然而，这一情况在第二次世界大战爆发时发生了改变。

一、勒温及其心理场论的影响

1890年，勒温生于德国莫吉尔诺小城（现属波兰）。1916年，他毕业于柏林大学，在哲学家、心理学家斯顿夫（C. Stumpf，1848—1936）的指导下获得博士学位。1921年，他在柏林大学心理学研究所任职，与格式塔学派的心理学家苛勒接触较多，在学术思想上逐渐接受格式塔学派的理念。1929年，勒温在美国国际心理学大会上的报告使他一举成名，于是在1932年，他受推孟（L. M. Terman）邀请，前往斯坦福大学进行为期半年的交流。而当他准备回德国时，希特勒上台了。作为犹太人，勒温对希特勒的上台深感不安。回到德国后，勒温立刻辞去教职，并于1933年移民美国。勒温得到美国“外国流亡科学家援助应急委员会”的资助，在康奈尔大学待了两年。1935年，他发表了著名的《人格动力理论》（*A Dynamic Theory of Personality*），同年迁往艾奥瓦大学。1936年，发表《拓扑心理学原理》（*Principles of Topological Psychology*）。此时，勒温的学术思想已经成熟，接下来的任务是集中更多理念相同的学者共同展开研究。1944—1945年，勒温在麻省理工学院成立了著名的群体动力学研究中心（Research Center for Group Dynamics），这里成为勒温思想的大本营，他身边逐渐聚集起一群光彩熠熠的社会心理学家。这群人由于均受到勒温思想的影响，后被称为社会心理学中的“勒温传统”（Lewinian Tradition），其中最为人熟知的两位学生分别是因情绪研究而知名的沙赫特（S. Schachter）和后来被俗称为实验社会心理学“教皇”的费斯廷格。两人分别培养出了第三代“勒温传统”下的社会心理学家，阿伦森便是费斯廷格在斯坦福大学培养的一名卓越的实验社会心理学研究者。

勒温被称为实验社会心理学之父，对社会心理学的贡献集中体现在他提出的心理场论。“心理场”受物理学中“场”概念的启发，同时借用了数学中“拓扑学”的概念与符号。二者结合使分析个体行为和社会行为成为可能。因此，他的理论经常被称为场心理学或拓扑心理学。勒温认为，在个体行为表象背后，存在着决定性的内在动力，而这种决定力量就是生活空间，即行为主体所存在的整个主观环境，即个体心理经验的总和。他为心理场论研究提供了六条重要的原则：

（1）运用构造式的方法而不是分类式的方法；

（2）着眼于事件的动力性方面；

（3）是心理的研究而非物理的研究；

（4）从情境的整体着手分析；

（5）区别有规律的问题和历史性的问题；

（6）对场进行数学描述。

心理场论视角下的个体是一个处于张力之中的系统。只有对个体心理场中各种心理张力进行全面分析，才能理解个体的行为。场论中常见的术语如需要、张力、效价、力、能量等概念和场之间的关系通过拓扑学的符号进行图示。

在一篇非常重要的论文《亚里士多德和伽利略的思维模式在心理学中的冲突》（1935）中，勒温指出，亚里士多德式的思维模式在心理学中的代表是联结主义。在这一思维模式下，原因寓于事件本身的属性之中。因此要理解某一现象，应该将这一现象的所有样例分类整理，研究发生频率最高的案例。人们可以凭借某一行为在过去发生的频率来对未来进行预测。与之相反，伽利略的思维模式（或称为关联性的思维模式）认为，原因寓于事件的结构之中。如果对某一个案例从整体上加以把握，那么只研究一个案例就足够了。根据勒温的观点，只有把握特定时间下特定情境下所有的作用力，人们才能真正理解某一行为，并据此理解行为在过去发生的频率。

场论关注个体的因素，侧重个体的内部动力系统，但是他的心理场同时考虑了环境的作用。对于某一个体而言，环境因素恰恰可以视为内部心理张力的一种成分。场论的这一特性使得综合考察个体与环境的互动成为可能。并且，同时考察“场”中的多个“作用力”，也超越了简单的行为主义、联结主义对个体行为失之简略的描述。更进一步，虽然场论是基于个体的行为动力系统的理论，但是由于能够兼顾环境因素，使得研究社会结构性因素的心理对应物成为可能。比如，勒温在艾奥瓦大学的学生利皮特以群体氛围作为硕士论文，开始探讨群体生活中的社会过程。以此为开端的一系列研究最后形成关于群体氛围的经典研究结论，群体氛围被分为专制型、民主型和放任型，这种结构性的群体氛围会通过学习传递给新一代的群体成员。

从这一思路上，似乎可以看到个体主义的社会心理学研究与整体主义的社会心理学研究相互调和的可能。

二、费斯廷格及认知失调理论的影响

费斯廷格是勒温最著名的学生之一，他对社会心理学最大的贡献是认知失调理论。该理论以个体内在的心理动力为出发点，认为人们对自己的态度和对行为的认知如果不一致，便会导致动机性的认知失调；为了降低失调带来的不愉快体验，人们会改变自己的认知或者改变自己的行为，重新使自己获得认知上的协调。

认知失调理论可以用于解释大量的现象。比如，史密斯和费斯廷格在一项有关被迫服从的实验中表明，在被迫向他人陈述与自己观点相反的态度（告诉他人任务很有趣，实际上任务非常无聊）后，金钱报酬较少的情况下，人们自身观点改变的程度反而大于金钱报酬较多的情况。原因是金钱报酬较多时，人们会清楚地认识到自己的行为仅仅是为了金钱，所以不会真正相信自己违心表达的态度；而金钱报酬较少的情况下，自己的行为与金钱报酬不成比例带来认知失调。为了降低失调，人们便会改变自己对行为的认知，如“这行为本来就值得去做”“我本来就这样认为”等。

很显然，作为一种动机理论，该理论假定认知失调会带来负面的心理体验，因此人们有很强的动机去消除这一负面体验。与之对应，失调程度越强，人们消除它的动机也会越强。如果套用勒温的理论术语，认知失调理论反映的正是个体的行为与认知的张力，为避免这一张力带来负面的情感体验，人们便努力改变认知或行为，以消除这种张力。认知失调理论自发表之后，引起了大量学者的研究兴趣。然而，批评的声音也不绝于耳。

对认知失调理论最主要的批评集中在“失调”的定义上。比如，很难对认知失调给出一种形式上的定义，在使用这一理论做出预测时，需要大量借用经验的信息。认知的概念很广泛，究竟在哪种情况下才算产生失调了呢？由于概念存在模糊不清之处，实验操作的合理性便值得怀疑：在被迫服从的实验中，到底多少钱才算“报酬较多”，多少钱才算“报酬较少”？从认知失调理论本身来说，这些问题都得不到确定。

费斯廷格本人及其学生均试图进一步完善这一理论。布雷姆

（J. Brehm）和科恩（D. Cohen）的一系列研究为认知失调理论增加了许多成分。比如，自尊成为认知失调的一个调节变量，即只有自尊程度较高的个体才会发生认知失调，自尊程度较低的个体随时准备服从他人的意见，所以无所谓失调（Sahakian，1982）。

三、阿伦森的独特贡献

（一）认知失调理论的完善与深化

作为费斯廷格的学生，阿伦森早期积极参与了认知失调理论的检验，随后便开始回应对认知失调理论的种种批评意见。1969年，他在《实验心理学进展》第4卷上的《认知失调理论：一种当代视角》一文中，概括了近十年来围绕认知失调理论的实验与争论（Aronson，1969）。

在支持认知失调理论的众多实验中，阿伦森贡献了非常具有启发性的一系列实验。1959年，他对群体入会仪式的研究很好地支持了认知失调理论。这个研究建立在认知失调理论的这一推论上："那些经历过许多麻烦与痛苦才得到某种东西的人，与那些只付出很小的努力就得到该东西的人相比，倾向于高估该东西的价值。"阿伦森将女大学生分为三组：一组入会条件苛刻，让女大学生当众朗读下流的文字以及小说中露骨的性描写段落；另一组条件中等，材料的难堪程度稍弱；还有一组为控制组。结果发现，经历苛刻入会要求的女大学生们认为群体更有吸引力。

除了验证，面对批评者对认知失调理论本身的诸多责难，阿伦森提出了更为深层的理论问题：自我是否在失调中扮演重要的角色？

费斯廷格曾在文章中举例说明何谓“失调”。其中有一个例子是，一个人站在大雨之中，但身上却没有淋湿。对于费斯廷格而言，“站在大雨中”的认知与“身上没有淋湿”的认知无疑产生了失调。阿伦森则觉得这一个例子并未真正反映“认知失调”，一个普通人在大雨中行走，身上没有淋湿，肯定会觉得非常奇怪，会感到很迷惑，但并不一定处于很强的失调状态下。除非这个人坚定地认为人在大雨中一定会淋湿。阿伦森认为，判断一个人是否真正处于失调，并不应该简单地只关注是否存在矛盾的认知。矛盾的认知本身不一定引起失调，只有当认知与人的自我产生矛盾时，认知失调才会产生。

根据这一逻辑，经典认知失调实验的结果便需要重新解读。在被迫服从实验中，被试被要求告诉他人任务很有趣，但是实际上任务很无聊。按照费斯廷格的解释，这是由于认识到任务很无聊与认识到自己口头上表达任务很有趣发生了矛盾。但是按照阿伦森的解释，被试并不是认知上发生了矛盾，而是觉得只有蠢货才会在做完一项极其无聊的任务后，还向他人描述这项任务很有趣。被试感到自己的行为很愚蠢，但是这与被试的自我看法不一致——人人都不认为自己是蠢货。为了使自己显得明智、理性，被试不得不通过改变对任务的看法来消除这一认知失调状态（Cooper，2010）。

阿伦森对自我概念的强调改变了认知失调的性质。先前，研究者们认知失调源于一般性的追求心理一致性的动机，但现在变成了对自我一致性（self-consistency）的追求，这也可以将自尊、自我提升的调节作用纳入认知失调的理论之中。随后，大量的研究也证实了自我一致性的重要作用。近年来，基于自我概念在认知失调中的作用，更多的研究对该理论做出了进一步的拓展（Stone，2010）。

（二）人际关系理论及其应用

在阿伦森之前，关于人际关系的心理学研究并没有形成一个专门的研究领域。关注人际关系的研究均是不同心理学流派零碎的、细枝末节的研究，没有形成体系。新弗洛伊德主义、客体关系理论以及依恋理论都尝试对人际关系进行初步探索（Reis，2012）。但是这些研究侧重人格、个体的因素，人际关系本身带有的“社会”“人际”的色彩并没有得到充分的体现。直到勒温的场论提出之后，他的学生才结合这一极具启发性的理论框架，开始探讨社会心理学视野下的人际关系问题。复杂的人际关系现象不可能用一种理论取向完全解释。阿伦森的人际关系思想包含了早先社会学中的交换论观点，以及从“勒温传统”中获得的动力性（动机）取向。

社会交换理论最早的代表人物是社会学家霍曼斯（G. C. Homans），随后社会学家布劳（P. M. Blau）进一步发展了社会交换理论，使其颇具影响力。霍曼斯的社会交换理论被称为心理还原主义的社会交换理论，其核心观点是“根据动机和隐含的心理学原理来解释个体为什么参与特定的交换关系”。交换关系是一个意义广泛的概念，在人际关系中，如果行为能够获得认可、陪伴、喜爱等社会回报，个体便会受到强化，会重复自己的行为。与之相对，给予他人人格、陪伴、喜爱的人，也会从他人身上寻求满足，这种满足可能是信息性的（可以学到东西）、关系性的（对方也给予同等的关爱）或是自尊性的（与对方站在一起便能显得很风光）。简言之，社会交换理论认为人际关系建立在一种交换关系上，即便当事人自己并不见得能够清醒地意识到这种交换关系，他们还是会不由自主地受其制约。比如，长期单方面付出的关系必然内在不稳定，很容易解体。社会交换理论后期有许多发展，但核心的观点并没有发生变化。

在社会交换理论的视野下，可以理解阿伦森及其学生开展的一系列研究。1969年，在内布拉斯加的动机专题研讨会上，阿伦森概括了这一系列研究，即与人际吸引有关的诸多影响因素。这些因素包括：

（1）空间的接近性；

（2）价值观与信仰的相似性；

（3）人格特征的相似性；

（4）需要系统的互补性；

（5）高能力；

（6）令人愉快或具有令人赞许的特征与行为；

（7）外表相似。

当然，仅仅从社会交换理论的角度思考人际关系，会隐约地将人视为完全逐利的经济人。虽然该理论并未直接提及，但是人们很容易觉得该理论有一种将人际关系还原成市场上讨价还价的感觉。其实，在社会交换理论的视野下，正如霍曼斯所说的，关注的对象并不是心理过程与机制，而只是行为本身。高能力、外表迷人的个体对他人有极强的吸引力，价值观、立场相似的人也具有很强的吸引力，至于为何如此，乃至这两类看上去并不一样的个体属性为何都能构成社会交换理论中所说的“价值”，该理论并不关注。换句话说，社会交换理论不能解释驱动人们产生人际吸引的动机，毋宁说它关注的只是人际关系过程中的动态平衡问题。

阿伦森在认知失调领域的研究，使其渐渐将勒温的动力系统和费斯廷格的认知失调概念引入了人际关系的研究。换句话说，他不再将人际关系视为“刺激—反应”以及强化等过程决定，而是开始从动机的角度审视人际关系研究。他最早结合交换论与动机理论的研究是基于“得—失”理论所进行的一项开创性的研究。这一研究试图表明，在影响一个人对另一个人的吸引力上，对方在一段时间内体验到的积极或消极事件的模式比积极或消极事件的数量影响更大。

在这个实验中，被试与实验者伪装成的同伴进行互动。他们一共需要进行七段简短的对话。每次互动结束后，被试都会“不小心”偷听到“同伴”在向实验主试描述自己对被试的印象。实验自变量有四个水平：被试偷听到的全是积极的印象/全是消极的印象/先是积极的印象随后逐渐变消极/先是消极的印象随后逐渐变积极。按照纯粹交换论的观点，在听到的全是积极印象条件下，“同伴”对被试的吸引力应该最高，先积极后消极、先消极后积极两个条件应该没有多大差异——积极、消极信息的数量是相当的，而全部都是在消极印象的条件下的人际吸引力应该最低。但是与交换论观点完全相反，研究结果表明，吸引力最强的是先听到消极信息，随后逐渐积极的情境，而在先积极、后消极的条件下，“同伴”的吸引力最低（Simpson，2010）。

与之类似，1966年阿伦森和他的学生开展的有关“出丑效应”研究也反映了人际吸引中动力性的一面。出丑效应的基本意涵是一个能力很强的人，如果有一些无伤大雅的小缺点反而会显得更惹人喜爱。这一结论其实并不新鲜，很早就有人指出太厉害、太有吸引力的人反而不是人群中最受欢迎的人[1]。根据出丑效应，轻微的“不完美”使人显得更讨人喜欢、更易于接触。

大体而言，阿伦森在人际关系的研究领域，主要承袭了交换论的研究取向，同时与“勒温传统”的动机理论结合，促进了人际关系研究的成长与发展。在阿伦森之后，他的许多学生继续在人际关系领域开展研究，最著名的是伯奇德（E. Berscheid），她的著作《人际吸引力》（*Interpersonal Attraction*）至今仍是该领

[1] 彼得·布劳在《社会生活中的交换与权力》中试图通过交换论的视角解释“出丑效应”，认为“一个人展现自己的缺陷并不会使他具有吸引力；这样的自我退避只能激发业已存在的却一直被抑制着的吸引感。因此，除非一个群体成员唤起人们注意的弱点不如他所展示的吸引人的品质那么重要，否则他在向别人证明自己是一个可以接近的也是有吸引力的伙伴方面将不会成功，而是会让他人确信，他根本不是一个吸引人的伙伴”（李国武译，商务印书馆2013年版，第98—99页）。

域很重要的一本参考书。

阿伦森对人际关系领域的研究，甚至对社会心理学的整体发展还有很大的贡献，即社会心理学中的实验方法。

第二节 实验方法的推进：影响实验

社会心理学包含着心理学、社会学和人类学的不同取向，因而在研究方法上一直存在争议。在欧洲的社会心理学传统下，法国利本（G. Lebon）的群众心理学、布鲁尔（L. Bruhl）关于集体表征的研究，以及莫斯科维奇（S. Moscovici）的社会表征理论，德国心理学家荣格（C. G. Jung）关于集体无意识的论述等，采用的都是类似社会学、人类学的质性研究方法。1898年，美国心理学家特里普利特发表了后来被称为社会助长效应的实验研究[1]。在此之后，美国的社会心理学一直侧重实验研究方法。当然，即便如此，在20世纪30年代之前，社会心理学仍然不是一个以实验为主的学科。

[1] 虽然近期的研究指出特里普利特的研究本意并非关注社会助长效应，而且并不是最早的社会心理学实验研究，甚至也不是最早涉及社会助长效应的研究，法国心理学家早在其十年前便已论述过这一现象，也有法国研究者进行了实验。更不用说用当代的统计方法重新分析特里普利特的研究时，其实验似乎是失败的（Stroebe，2012）。因此，本文提到“欧洲”“美国”的社会心理学研究，并不是严格的地理划分，而是基于学术取向的粗略分类，以便于论述。

一、影响实验的发展

根据实验的地点，可以划分为现场实验和实验室实验，心理现实性（Psychology Realism）是评价实验质量的重要因素，根据这个标准，可以把实验分成影响实验（Impact Experiment）和判断实验（Judgement Experiment）。影响实验的实验情境非常逼真，被试更深地卷入实验，其主动性反应更强。比如，社会心理学教科书中脍炙人口的阿希从众实验、米尔格拉姆权威服从实验、津巴多斯坦福监狱实验。相对而言，判断实验中的被试更像是被动观察者，他们按照实验者的要求对材料进行认知、回忆、分类或评价。可见判断实验主要通过文字描述呈现实验情境，通过问卷、短文等方式测量因变量，当代社会心理学中大多数研究都是这一类研究。

影响实验是社会心理学最为迷人的“风景”，许多外行主要是通过这类著名实验了解社会心理学的。而当代很多著名社会心理学家，当初也是受影响实验的吸引，才开始对社会心理学感兴趣（Ellsworth，2010）。从研究的角度看，影响实验的生态效度远远高于文字描述的实验，因而能够很有效地考察实验者关心的问题，得出的结果也可以扩展到现实生活中。如果设计得法，影响实验还能够避免文字实验中容易出现的被试疲劳、虚假反应等现象。此外，这种实验记录被试直接的行为反应，得出的实验结果意义清晰。相比之下，通过文字选项判断的实验，一般只能测量某些因素对被试行为意向的影响，而无法真正考察被试的行为反应。

在社会心理学方法论的发展过程中，一般认为影响实验能获得极大的发展源于勒温的努力。早期的影响实验一般都在麻省理工学院、明尼苏达大学以及斯坦福大学进行，它们均是勒温及其学生工作过的地方。早期与影响实验方法相对，侧重文字描述、量表测量等的低影响力方法则是以霍夫兰（C. Hovland）等人为代表的，他们被称为“耶鲁传统”的研究者（Ellsworth，2010）。

作为“勒温传统”下的重要人物，阿伦森为影响实验的发展做出了突出的贡献。评述阿伦森的贡献，首先必须追溯至勒温本人的实验社会心理学思想以及“勒温传统”下的实验方式。

正如前文所述，根据勒温的场论，要理解人的行为，必须理解在特定情境下特定时间段起作用的所有作用力。如果说人的行为随着作用力的变化而变化，那么系统地改变这些作用力，观察其对行为的影响，则可以深入了解这些作用力的性质，进而使人们更好地理解行为本身。这为在实验室中系统地考察现实社会生活现象提供了理论的基础。

对社会心理学中“基因型”（genotype）和“现象型”（phenotype）角度的区分也为实验室实验提供了具体的理论框架。所谓基因型，指的是某一情境背后的动力系统；而现象型指的是用日常语言表达的对该情境的体验。比如，一名男孩想要一辆自行车，这一现象从基因型的角度可以理解为“男孩的心理场中，有一个指向特定目标的矢量”，即日常语言中男孩对一个物品的喜爱被抽象为一个动力系统，该系统的张力指向某一个目标（Patnoe，1988）。

既然所有的情境都可以用现象型的方式描述，而这些现象型的描述进一步都可以被抽象为基因型的表达，那么勒温和他的学生便可以在实验室中人为地构筑一些简略的、单纯的情境，这些情境与想要探讨的真实世界的现象在复杂程度上相差很大，但是核心的“基因型”是相同的。这样，通过实验室的简单操作，人们便可以理解复杂生活中许多同类现象背后的动力系统。

事实上，这正是勒温本人和他的学生所做的事情。早期勒温亲自指导的大量实验均带有明显的“将生活现象转化为实验室中可以探讨的形式”的特点。在这一过程中，研究者需要非常仔细，以便能够将现实生活中多面、复杂的现象抽丝剥茧，保留其最核心的问题，排除各种偶然的、关联较低的其他因素，将其转化为实验中可操作的变量，进而在实验室中重现。勒温的学生费斯廷格后来曾认为这种将数据与理论联系的能力是勒温最突出的天赋（Patnoe，1988）。

勒温对社会心理学实验所做的开创性尝试在他的许多学生，如卡特赖特（D. Cartwright）、赞德（A. Zander）、费斯廷格、蒂博（J. Thibaut）、多伊奇（M. Deutsch）等身上得到了很好的继承。

在麻省理工学院时，费斯廷格便开始在勒温的基础上完善实验方法。勒温的兴趣更多是在理论和实践上，真正实验技术层面的规范和操作要点是费斯廷格等开创并确立下来的。费斯廷格的学生曾经称他为“实验社会心理学之父”，恐怕并不为过。在费斯廷格确立的实验流程中，最突出的特点是关注实验过程中被试的体验。要保证被试在实验中体验到的东西确实是实验者感兴趣、意欲探讨的，这样才能使数据有意义。为了做到这一点，实验者往往要具备编剧本的能力。在接受口述史采访时，费斯廷格说：“即便你不得不建构一个人为的、非常简单的情境，你也希望这个情境在被试看来是真实而且重要的。”因此，并不是做实验就能使一项研究变得可靠、可信，更重要的是通过精细的实验操作和认真的分析来得出有价值的实验结果。或许费斯廷格的这段话很能体现他对社会心理学实验的认识：

> 产生科学的过程——产生新知识，与生产任何艺术作品的过程并无很大区别。我觉得它们是相同的。产生科学的过程本身并不会使一个东西变得科学起来。真正使一个东西变得科学的是成果以及成果的可重复性。想出一个点子，然后执行这个点子，这就是一门艺术。（Patnoe，1988）

二、阿伦森对影响实验的继承与创新

在实验中，费斯廷格对实验细节的重视给阿伦森留下了深刻的印象。按照阿伦森的表述，费斯廷格在高影响力实验（High Impact Experiment）中重视的是实验处理是否真正带来研究者期待的效果。为了确保实验处理真实有效，阿伦森和学生们设计的实验脚本都必须在费斯廷格面前试演，费斯廷格则不时纠正某些细微的指导语。直到所有人觉得实验脚本没有任何问题时，才能进行实验。甚至在实验过程中，费斯廷格也时不时地躲在单向玻璃后面观察阿伦森等学生的实验操作，以保证不会由于时间推移导致指导语发生变化。

阿伦森曾表示这些指导均无法直接从阅读论文的过程中获得，是最为珍贵的社会心理学实验经验。所以，当阿伦森开始成为独立的研究者，成功地完成许多经典实验并开始面对自己的学生时，他才感到费斯廷格所开创的影响实验的经验是多么可贵。1968年，在《社会心理学手册》上，阿伦森和卡尔·史密斯合作写了一章《社会心理学中的实验》，将费斯廷格的思想和自己实验中的经验系统地进行了总结。其中许多内容在现在看来已不新鲜，但是在当时，作为社会心理学领域第一次系统阐述实验方法的文章，阿伦森的这一章内容立即成了学科的经典。许多实验室中的“缄默知识”第一次被系统地总结、转化为文字，这对于实验社会心理学的发展起到的作用是不可低估的。甚至40年后，新版的《社会心理学手册》中有关社会心理学实验的部分仍然由阿伦森等撰写。

阿伦森对于社会心理学实验的贡献不仅限于总结经验。在经验的基础上，他还关注了实验的本质问题。高影响力实验的核心在于使实验情境尽可能接近“现实”，因此“现实”这个概念具体指的是什么便十分关键。阿伦森和卡尔·史密斯在1968年的《社会心理学中的实验》这一章中，区分了两类使实验接近“现实”的情况。一类是所谓“实验现实”（Experimental Realism），即实验任务对于被试而言有卷入感，实验会对被试产生影响，在实验中被试会不得不严肃地对待实验任务。另一类是所谓“庸常现实”（Mundane Realism），指的是实验室中的情境与日常生活中的情境很类似，很可能在日常生活中发生。当然，某个事件经常在日常生活中发生并不代表它很重要。因此，如果实验情境很接近庸常现实，而在实验现实上得分很低，被试在实验中可能会感到十分无聊。最理想的状态是实验既有较高的实验现实程度，也有一定的庸常现实程度。

比如，阿希关于从众的研究有较高的实验现实程度：被试发现“同伴”睁眼说瞎话，自己被迫做出一种选择——遵循自己的知觉或随大流。但这一实验并没有较高的庸常现实程度。在日常生活中，很少有明确的、客观的指标可以确定众人的意见确实是错误的，只有在实验室中看上去与日常现实不符的人造情境中，阿希的实验意图才能得到最为有效的呈现。所以，实验现实与庸常现实不符并不是最重要的因素，核心在于必须具有较好的实验现实。

在此基础上，鉴于对心理机制的研究日益增多，阿伦森等后期又补充了第三种现实——“心理现实”。它是指实验中被试的心理过程与在日常生活（可能是实验假设的来源）中的心理过程相同。这样，实验可能与日常生活毫无共通之处，但是只要两者背后的心理机制是一样的，也可以认为这一实验是“现实的”。比如，当代社会认知领域的大量实验室实验采用各种内隐测量的范式探讨刻板印象、群际知觉等课题，这些实验在“庸常现实”上显然得分很低，在“实验现实”上得分也不高——实验任务很简单、单调，谈不上有卷入感。但群际知觉背后的心理机制与内隐实验中关注的机制是一样的，所以可以认为它们达到了“心理现实”（Wilson，Aronson，& Carlsmith，2010）。

影响实验是阿伦森时代社会心理学的突出特点。这一方法经过二十余年的辉煌后逐渐不再流行。原因自然是多方面的。首先，当高影响实验兴起之时，就有人批评这些方法存在严重的伦理问题。影响实验的情境一般都涉及对被试的欺骗，有些会导致被试高度紧张、焦虑，还会迫使被试做出一些涉及自身道德标准的艰难决定。这些在米尔格拉姆的权威服从实验中体现得非常明显，在其他实验中也或多或少存在，以至于在当代的心理学研究方法教科书中，许多影响实验被当成违背实验伦理的典型教材。其次，影响实验能够很有效地揭示某种现象，但是基本无法在不引起被试怀疑的情况下测量被试的内部心理机制。最后，正如费斯廷格和阿伦森一再强调的，实验要重视被试的感受，要在细节上非常精确，这使得高影响力实验必须进行复杂的前期排练和预实验。实验耗时长，非常耗费实验者的精力。当代社会心理学期刊一般要求一篇论文必须报告多个实验，对于周期漫长的影响实验而言，多个实验显然是研究者难以承担的（Ellsworth，2010）。

即便如此，也不能抹杀影响实验对社会心理学发展产生的深远影响。在对某现象的研究之初，通过影响实验把握该现象的核心，仍然是许多研究领域的基本取向。只有在确定现象之后，才能进一步使用复杂的范式研究其中的心理机制。从这个意义上来说，阿伦森为实验社会心理学打下了坚实的方法论基础，他在这一领域的贡献不应该被忽视。

第三节 社会心理学教学与应用

在任何学科的发展中，单个学者所起的作用都是有限的。而由有相同研究目标、相同研究方法的学者构成的学术团体，往往能够产出成体系的高水平研究成果。学科发展需要研究者的研究成果，但要使学科真正发展壮大，源源不断的新鲜血液必不可少。使前沿学术成果转化为普通大众可以理解、乐于接受、产生兴趣的内容，对于学科的发展壮大与普及也是十分重要的一步。

一、社会心理学教学与教材

与许多研究者不同，在求学期间阿伦森已经对教学表现出明确的兴趣。在斯坦福大学受费斯廷格指导展开有关认知失调的研究时，阿伦森便对助教等职位非常感兴趣。担任助教时，他曾将一群比较有天分的本科生组成一个学习小组，在一般的教科书之外带领这些学生一起学习弗洛伊德、斯金纳、勒温等著名心理学家的原著。他的这些做法曾引起老师费斯廷格的不满。对于费斯廷格而言，利用本可以做科研的时间进行教学太过于浪费。费斯廷格认为，只有少数人真正知道怎样去做实验，如果某个人属于这少数人，那么任何事情都不应该干扰他去做研究。但是阿伦森并不这样认为。

比起老师费斯廷格只对纯粹的学术、实验感兴趣，阿伦森似乎与勒温的风格更为接近。即在认真地进行纯粹的实验研究同时，对实验室之外的学术普及和应用也保持浓厚的兴趣。勒温后期将大量的时间放在行动研究上，探讨如何将心理学的原理应用于社会生活，基本上不再关注之前的场论、抱负水平等理论研究。这曾经使慕名而来求学的费斯廷格感到奇怪。但在阿伦森身上，勒温的入世精神似乎得到了重现。

阿伦森是美国心理学会至今唯一包揽其三个主要奖项的人，即杰出写作奖、杰出教学奖和杰出研究奖。杰出研究奖与他在认知失调和人际关系等方面的贡献密不可分，而杰出写作奖和杰出教学奖则与他在社会心理学教育、推广上做出的杰出贡献有关。

首先，阿伦森著述不辍。20世纪70年代之后，阿伦森已经很少直接参与纯粹的心理学理论研究，大部分时间花在社会心理学普及读物和教材的写作上。这些作品数量多，质量好，每一本基本都是社会心理学的经典之作。在这些作品中，最著名的莫过于1972年的《社会性动物》。在《社会性动物》一书中，阿伦森的语言非常平实生动，大量的真实案例配以流畅的理论解释和实验证据，使得这本书成为绝佳的社会心理学入门导引著作。许多日后成名的心理学家，最初便是因为阅读了阿伦森的这本《社会性动物》而对社会心理学产生了极大的兴趣。比如：

> 我最初“认识”阿伦森是通过他的作品，尤其是他写

的《社会性动物》（1988）和《社会心理学研究方法》（Aronson, Ellsworth, Carlsmith, & Gonzales, 1990），以及他关于认知失调理论的论文（Aronson, 1968, 1969, 1992；Aronson & Carlsmith, 1962；Aronson & Mills, 1959）。他的作品中传递出的对心理学研究的激情极具感染力。所以当我1997年在得克萨斯州阿灵顿市召开的认知失调大会上第一次见到阿伦森时，我对他说："我觉得您是心理学界最好的作家。"他侧身过来，回答道："你知道吗，我同意你的观点。"我们一起大笑，而这仅是未来无数次欢笑的起点。我每次遇到阿伦森，他都能使我捧腹大笑。（Harmon-Jones, 2010）

《社会性动物》的中译者郑日昌，在译者前言中，也提到中译版一经推出就出现了洛阳纸贵的现象，连续两次印刷9万册都几乎很快被一扫而光。更有多位年轻人读了《社会性动物》而放弃原专业，改行钻研心理学。这本书的吸引力甚至引起海峡对岸中国台湾书商的注意，导致郑日昌的翻译版本被台湾盗印多年，直至两岸学术交流频繁之后问题才得到解决。

与《社会性动物》相类似的是阿伦森、威尔逊和阿卡特合著的《社会心理学》教材。它继承了《社会性动物》的许多内容，但是补充了更多研究，使之更适合教学。《社会心理学》至今已经出版到第8版，有多种语言的译本，足可见其在全世界范围内受欢迎的程度。

除了关于社会心理学一般性的介绍，阿伦森的另外一些著作关注具体的社会心理问题或领域。比如《谁会认错》[*Mistake*

Were Made（*but Not by Me*）]、《不恨任何人：哥伦比亚枪杀案之后的同情教育》（*Nobody Left to Hate: Teaching Compassion After Columbine*）、《宣传时代：说服的日常使用与滥用》（*Age of Propaganda: The Everyday Use and Abuse of Persuasion*）、《职业倦怠：从单调乏味到个人成长》（*Burnout: From Tedium to Personal Growth*）、《能源利用：人类的维度》（*Energy Use: The Human Dimension*）等。阿伦森甚至还为儿童编写了《露丝和一个小男孩“爷爷”的历险记》（*The Adventures of Ruthie and a Little Boy Named Grandpa*）。

其次，阿伦森在对学生小组培养、教学上付出了很多努力。与老师费斯廷格不一样，阿伦森在教学上的兴趣更为浓厚。在课堂上，他的教学风格带有很强的个人色彩：幽默、善于运用案例与故事，与许多榜样教师的模式不同——他不善于在课堂上进行民主互动、讨论。他不喜欢在授课时学生随时打断他的讲话，或者提出一些很简单的问题。中途提问会破坏他流畅而富有激情的演讲。当然，由于他的课内容丰富有趣，学生们非常乐于做安静的听众。

作为导师，阿伦森很大程度上继承了自己的老师费斯廷格的习惯。他对学生提出很高的要求，绝不会出于善意违心地表扬实际上表现不佳的学生。他鼓励学生通过做实验来学习社会心理学的研究，而不是单纯地阅读书本。他效仿费斯廷格，每周二晚上举办讨论会，邀请那些对实验感兴趣的学生和同事聚在一起讨论学术问题。由于学生都非常优秀，讨论会上往往气氛十分活跃。

之所以这样做，是因为他非常清楚地认识到真正使学生进步的除了学生本身的努力外，还有很多是身边同学的影响。身边的同学在实验设计、研究上不断有新的想法时，良好的氛围就能够促使学生积极主动。

在这样的环境下，阿伦森确实培养出了一大批非常杰出的学生。比如达利（J. Darley）、伯奇德、林德尔（D. Linder）、辛普森（J. A. Simpson）等。其中伯奇德和辛普森等都在人际关系领域取得了很大的成就。伯奇德的《人际吸引力》至今仍是该领域的重要著作，而辛普森因其对成人依恋过程、共情准确性等领域的研究而知名，他还担任《人格与社会心理学》杂志中人际关系与群体过程板块的副主编。

二、T小组活动

T小组训练法，又称为敏感性训练，由勒温于1946年创造。T小组是一种群体心理训练，主要目的是让参与者学会如何在社交时有效地交流，如何倾听，如何了解自己与他人的情绪感受。T小组关注的核心是人际关系。T小组参与者集中在实验室，由心理学家或T小组领导主持，在一到四周的时间内活动。在小组内，成员起初并没有要解决任何问题的特殊企图，也不想控制人。所有参与者坦诚相见，互相坦率地交流自己的感受，但是交谈的内容只限于“此时此地”发生的事情。随着交谈进行，人们会逐渐注意到自己的内心感受，开始比平时更为注意自己的言语。同时，由于与他人坦诚地交流，也会注意到不同人身上细微的言语与情感差别。经过一段时间的训练后，人们会提高对自己的言语和情绪的敏感性，能够开始设身处地地体察他人的细微情感，并理解他人。

20世纪60年代末，阿伦森的职业生涯发生了变化。他从积极活跃的心理学前沿研究中抽身出来，开始对T小组的活动感兴趣。他受到同事卡恩（M. Kahn）的影响，加入了T小组。对于阿伦森而言，T小组的活动是观察人际交往现象的绝佳途径。同时，T小组可以更为直接地助人。在心理学前沿的研究中积累了丰富的理论后，这些理论似乎在T小组中可以得到直接的、迅速的、明显的应用。毕竟，人际关系领域和动机领域的理论和实验大多针对个体的内部动力以及人际互动过程，这些知识用于指导在人际关系中欠缺经验的个体最为合适。

阿伦森回忆他第一次参加T小组：

当然，我知道勒温创立T小组是为了观察群体动力，我觉得这个点子很不错，但也有些失望，对T小组有些批评。因为据我了解，在实际操作时采用T小组的研究并不是很科学，其中得不出任何高质量的数据。得到的数据也基本上属于“证词”一类，我有些瞧不起。那时我对迈克尔·卡恩参与T小组的活动也不看好，但他向我发起了挑战。他说：“好吧，你是一位科学家，可你不加考察便下结论，真令我吃惊。我正在咨询中心开始一个新的团体，它很专业，你在那儿会很适应的。你可以作为参与者来参加几周，然后再告诉我你怎么想。”

我无法拒绝这样的挑战。我去参加了，第一次活动结束后，我十分兴奋。我觉得那里的活动对于社会心理学非常重要。给我的印象是，活动非常真实而且很有用。这是活生生的社会心理学。（Patnoe，1988）

T小组的活动在很大程度上改变了阿伦森的职业生涯。他积极参与T小组的活动，从中获得了很多有关人际关系问题的启发。而他的学生伯奇德等则为严格的心理学理论和假设做出了很多至今在教科书上仍然可见的经典研究。此外，T小组的活动也使阿伦森将自己研究的重心转向应用研究。20世纪70年代之后，他所做的大部分研究都变成了现场实验，关注的主题开始围绕重要的社会问题。这其中包括美国去种族隔离后的“拼图教室”实践和80年代之后有关水资源保护的研究。

三、拼图教室

拼图教室是阿伦森在20世纪70年代最为著名的一项心理学实践。1971年，得克萨斯州奥斯汀一所小学的校长，同时也是阿伦森之前的一个学生，给阿伦森打电话请求帮助。他的学校执行了美国最高法院的去种族隔离政策，不同种族的学生开始在一起上课。最初几天的情况非常糟糕，不同种族的学生相互敌视，打架斗殴成了家常便饭，甚至差点儿闹出命案。这时这个学生想起了阿伦森在课堂上讲到的社会心理学的应用价值，以及社会心理学对解决社会问题的意义，于是他请求阿伦森前来帮助。

自从参加T小组的活动之后，阿伦森对社会心理学的应用非常感兴趣。他到他学生的学校里深入观察了几天，发现导致不同种族学生之间的敌意不能弥合的一个重要原因是学校里的整体环境是竞争性的。学业上的考核使得这种竞争有时变得白热化。学业成绩上的差异常常被归因于种族，这不但激起了许多学生脑中陈旧的族群偏见，也加剧了彼此的敌意。为了解决这一问题，阿伦森试图扭转学校的竞争氛围。他设计的方案便是所谓的“拼图教室”。

在第一批拼图教室实验时，五年级的学生被安排成五人一个小组，课程的内容也被分为五个部分。小组内每个人先独立学习其中一个部分。掌握自己的内容后，学生进入小组，轮流将自己的内容教给组里的其他同学。课堂最后进行测验。学生为了使自己在测验中取得好成绩不得不认真合作，互相学习对方掌握的那部分知识。短短几周后，效果是惊人的。参与拼图教室的班级，种族偏见大大缓解，学生彼此变得友爱，原先成绩较差的学生在学习上明显提高，他们的自尊水平上升了，并且开始愿意上学。很多人变得更乐于关注他人的想法，不再以自我为中心。很快，拼图教室在全美国推广开来，四十多年后的今天依然。

阿伦森使用的拼图教室策略并非凭空想象。早在1954年，奥尔波特（G. W. Allport）的群际接触理论便提出：能够有效降低群际偏见的方法是不同的群体合作追求共同的目标，减少竞争，彼此地位平等。谢里夫（M. Sherif）的夏令营实验也表明群体的竞争与合作会直接导致群体间的偏见。但是在阿伦森之前，没有人系统地将这些社会心理学的理论整合为一个干预策略，更没有人真正将这些策略运用到实际生活中去。阿伦森本人对社会心理学应用的热情使他非常乐于走出实验室，将社会心理学理论推向实际。在这一过程中，他在高影响力实验中积累的“舞台设计”经验发挥了作用，他能够关注各种细节，保证干预确实有效。他在T小组中获得的关注他人、带领他人相互关注的能力也在拼图教室中得到了运用。

在阿伦森的努力下，拼图教室成为社会心理学历史上最为成功的实践运用之一。

四、能源与环境保护

除了T小组和拼图教室，阿伦森还曾积极关注过能源、环境问题。20世纪80年代，美国卡特政府能源部的一位官员产生了利用行为科学和社会科学帮助解决美国能源问题的想法。许多知名的社会科学家受邀组成一个跨学科的委员会。阿伦森是其中的一位心理学家。在这个委员会工作期间，阿伦森参与撰写了三篇政策报告，对于美国能源政策产生过一些影响。

在此期间，阿伦森做了几个很有趣的社会心理学实验。其中一个是关于学校澡堂中用水的问题。阿伦森等在学校澡堂中设置一些标语，鼓励学生在用肥皂擦身时关水。结果发现标语数量增加之后，学生的服从频率上升了，同时学生的不满也有所上升。

于是，阿伦森采用另一种策略，派一位实验助手在澡堂里按照规则洗澡，作为示范，效果很好；如果将模范的数量增加一倍，效果更加明显。在另一个实验中，阿伦森利用认知失调理论劝说学生节约用水，做法非常类似早期的认知失调实验。实验中，首先提醒学生曾经浪费水，随后劝这些学生公开承诺以后节约用水。结果发现，意识到自己的公众承诺和过去的行为之间存在差异的学生，后来确实更倾向于节约用水，体现为洗澡时间变短。

当然，并不能说这些简单的实验便已经解决了节约能源的问题。在直接影响人们行为习惯的因素中，纯粹心理的因素只占一小部分。如果能源价格上升，即便不需要任何心理干预，很多人都会开始注意节约能源。阿伦森的努力成功地将社会心理学引入了环境保护领域，但还需要未来更多的心理学研究致力于这一领域，有更多的人努力将心理学的原理转化为适合应用的形式，才能尽可能充分地发挥社会心理学在环境保护领域以及其他领域中的作用。

五、作为科学家与人文主义者的社会心理学家

在研究生期间，阿伦森给我留下了三个不可磨灭的印象。首先，也许最重要的是，他是一位高超的实验社会心理学家。不同于前人与后来者，他在研究中已将技艺与科学融为一体。在读一篇论文时，我们不需要看作者栏就知道研究是否由技巧娴熟的阿伦森执笔。从研究的风格，其中体现出的眼光，情境的设置，以及情境的戏剧性便可知晓作者是

谁。其次，阿伦森是“勒温传统”的一位忠实的践行者。在我们的课程中，许多人教导学生时，强调行为取决于人以及当时的环境，因而人们最终应该使用理论和实验方法去解决重要的社会问题。然而，我们中大多数人所教的却并不总是我们自己所践行的。贯穿阿伦森的职业生涯，他身体力行地遵守了勒温的原则，即“好的理论最为实用”，解决困难的社会问题是我们这门学科的中心任务，以及通过田野情境学到的知识可以而且应该以交互的方式启发、完善我们的理论。最后，阿伦森是社会心理学领域第一批伟大的公共传播者和形象大使之一。他不仅向我们介绍了这门学科的迷人之处，而且花了不少时间向社会大众介绍社会心理学所能提供的价值。（Simpson，2010）

阿伦森是一位优秀的社会心理学家，他在社会心理学理论、研究方法上的建树影响了几代社会心理学家和普通大众。他同时是一位真挚的人文主义者。他在《社会心理学》《社会性动物》中都提到最初促使他思考社会心理学问题的事件，即童年生活环境中的反犹太情绪，以及作为犹太人他个人遭受的暴力袭击。因此，综览他的研究工作，可以看出，努力利用心理学解决人类的苦难，消除种族歧视、减少人际冲突、增进友谊关爱、促进环境保护等主题一直吸引着他的注意力。阿伦森不单纯是一位书斋里的理论家，也不是纯粹关注实验的实验家，而是一位继承了勒温行动研究精神的科学家和人文主义者，他运用精密的科学方法，去解决有真正影响力的社会问题。

第八章　结语

阿伦森曾说过："每一位杰出的社会心理学家都生活在社会的激流之中，他们醉心于研究人们是如何受到社会生活的影响和改变的，而他们本身也最为充分地体现了这种影响和改变。这使得他们的人生对普通人充满了巨大的吸引力，他们对人类行为的关注，使得他们本人的行为看起来尤为浓墨重彩、特立独行。"

阿伦森人如其言。

第一节　时代印迹

“我经历过经济大萧条、第二次世界大战、麦卡锡猎巫运动、人权运动、性解放运动、‘要做爱，不要作战’反战运动、女权运动、新左派运动和新右派运动。”在阿伦森的自传中，他用这样简单的一句话表明了他所经历过的时代。他所列举的这些事件，无疑都对美国社会产生了深远的影响，并且由于美国的特殊地位，或多或少地影响了世界。经历过由这些事件所组成的大时代，对于投身社会心理学研究的阿伦森来说或许是幸运的，但是对于一个普通的美国犹太人而言，就不可能全是美好的回忆了。这不禁使人联想到狄更斯在《双城记》开篇的一段文字：“这是最好的时代，这是最坏的时代；这是智慧的年代，这是愚蠢的年代；这是信仰的时期，这是怀疑的时期……我们拥有一切，我们一无所有；我们正走向天堂，我们都在奔向与其相反的地方……”

阿伦森7岁时第二次世界大战爆发，屠杀犹太人成为他生命早期的最大梦魇，13岁时第二次世界大战结束，23岁时美国宣布参加越南战争，29岁时美国袭击古巴……战争构成了阿伦森成长过程中难以忘却的记忆。频繁的战争与不景气的经济，带来的是国内社会运动的风起云涌。20世纪50年代人权运动的兴起，使得美国社会开始正视种族偏见和歧视问题。经济衰败和越南战争泥潭，引起了美国国内声势浩大的反战运动。这场和平反战运动持续的时间之长，规模之大，影响之深远，在美国历史上前所未有，并逐渐拓展到政治领域。人权运动和反战运动交织在一起，引起了美国社会中激进人士的强烈反应。他们领导了“新左派”运动，大肆批判美国社会的种族歧视、性别歧视和分配不公，认为美国社会的主要弊病是对人的压抑。一系列社会运动动摇了美国人对传统价值观的固守，使得当时的学生和年轻人走向了另一个极端——追求和夸大个人价值和欲望，并进一步引发了“性解放”运动和“女权运动”。即使在这样的社会环境下，38岁的阿伦森在得州大学奥斯汀分校工作期间，仍因为支持黑人权益的言论而被蔑称为“黑鬼情人”并遭到恐吓和威胁。

此时的心理学界也同样处于风云变幻的动荡时期。实证主义经由行为主义学派被引入到心理学，科学性成为评价心理学研究的重要标准之一。随后，人本主义的兴起又给行为主义统治下的心理学界带来巨大冲击。一面是科学主义对操作性、可验证性的强调以及对实验室实验的依赖；一面是人文主义强调对个人存在的尊重和对个人成长的引导。两者之间的矛盾可以从同行对阿伦森同时进行实验室实验和“T小组”领导的反应中看出。“我的实证主义同行们认为我失去了理智，可能是脑子都坏掉了，无法理解我为什么要浪费时间去做会心团体的领导者。他们甚至请我在一次学术会议中做特邀报告，题目就是《埃利奥特·阿伦森将来会怎样？》。另一方面，我新认识的人本主义同行也不能相信，我居然花费大把大把的时间进行严格的实验室实验。”但是阿伦森对这个矛盾的回答是斩钉截铁的：“我自己并未觉得两者之间有脱节之处。”

科学主义和人文主义在阿伦森身上的兼容并包源于他独特的求学经历。阿伦森求学过程中的三位导师麦克利兰、马斯洛和费斯廷格之中，后面的两位导师是阿伦森学术道路上重要的思想来源。费斯廷格的教导使得他承接了勒温的学术传统，马斯洛的人本主义思想对阿伦森而言，带来的不仅仅是学术上的启发，还有生活中的体悟和对人生的积极信念。阿伦森这样评价马斯洛的人本主义思想对他的影响：

> 马斯洛还给我注入了充满生机而影响深远的人文主义观，他四处宣讲他的观点，这是他人生快乐的源泉。他的很多教诲都让我受益终生，对我影响最大的就是他对人类发展的乐观态度，他相信人们拥有成长、学习和改善自我的潜力，社会也可以变得更健康。这种乐观主义已融入我的血液。受马斯洛的影响，我决定运用心理学的智慧和知识去改变人类的境况。虽然当时这只是一个模糊的想法，但却是马斯洛送给我的一份厚礼。

第二节 社会影响与学术贡献

在市面上随便挑选一本中文的通俗心理学读物，浏览一下其中的内容，你就有可能会发现和“阿伦森效应”有关的内容。有些是教导新入职的职员，如何更好地在公司中建立良好的人际关系；有些是告诉家长和教师，如何有效地发挥表扬教育的作用；有些是给恋爱中的情侣出谋划策，帮助他们维持亲密关系。这个听起来有些像人际关系万金油的“阿伦森效应”，准确地说，就是前面章节中提到的得—失效应。“阿伦森效应”的流行，说明了阿伦森对人际关系的研究产生了巨大的社会影响。其实阿伦森在人际关系的研究中，还发现了另一个特别的现象，他命名为“出丑效应”（或译为“失态效应”）：一个优秀的人，偶尔犯一个小错误，不仅瑕不掩瑜，还会提高自己的吸引力。这一现象也常出现在各类心理学通俗读物中。

阿伦森不是一个躲在书斋之中自成一家的学者，他是一位真正的社会心理学家。他接触社会，直接在社会中发现研究课题，并试图通过研究中的发现去影响社会。阿伦森的努力成功地将社会心理学引入了现实社会之中，为解决现实社会中存在的问题提供了自己的力量，同时也提高了社会心理学对现实社会的影响。

阿伦森的研究和思想在学术界的影响力是毋庸置疑的，尤其是他对人际吸引力的研究被认为是社会心理学中人际关系研究的源头之一。阿伦森（1969）提出了影响人际吸引的七个因素：空间的接近性；价值观与信仰的相似性；人格特征的相似性；需要系统的互补性；高能力；令人愉快或具有令人赞许的特征与行为；外表相似。虽然这些影响因素的提出至今已有半个世纪，但是这些内容在心理学的课本中依然以经典的形式保留了下来。

但仅将阿伦森看作人际关系领域早期经典研究的实施者，无疑是低估了他的研究和思想所产生的影响。如果将人际关系的研究看作是一块园地，相比一个园丁，阿伦森更像是一位拓荒者（Simpson，2010）。他关于人际吸引、亲密关系和人际关系中的认知失调的研究等，就像是一颗颗种子，为以后丰茂的草场提供了基础。

首先，阿伦森激发和启迪了第一代关系科学的研究者进行研究。阿伦森关于认知失调的研究，吸引了很多青年社会心理学研究者的目光。他所进行的高影响力实验在学生中也有很多拥趸。特别是他的专著《社会性动物》，在当时的美国学生中产生了巨大的影响，此书多年后被翻译为中文，同样被中国的心理学学生奉为经典。许多青年读到这本经典著作之后，不由地被阿伦森描绘的社会心理学图景所吸引，纷纷投入到社会心理学的研究之中。曾任 JPSP 主编的辛普森教授便是其中的一员。他在17岁接触到《社会性动物》之后，便决定要学习社会心理学，最终拜在阿伦森的博士生伯奇德的门下进行社会心理学的学习与研究。辛普森将阿伦森视为学术上的祖父，他记录下了阿伦森对年轻学者的影响。如果阿伦森觉得这个（研究）是有意义的，那可能就是有意义的（Simpson，2010）。在当时的心理学界，许多年轻的社会心理学者都抱有这样的念头。

其次，阿伦森使得在社会心理学中研究人际现象具有可信度。在早期的社会心理学研究中，研究者们觉得人际现象是无法研究的，发表的一些零散的研究也是不可信的。虽然人际关系是社会中不可或缺的组成部分，对于社会心理学的研究和发展也有着重要的作用，但是获得学术界的认可和信任却成为研究人际关系的学者的首要问题。得益于费斯廷格的严格要求和“勒温传统”的实证主义取向，阿伦森设计的精巧严密的实验室研究，说服了大多数的研究者。和以往的人际关系研究不同，阿伦森在实验室中对干扰变量进行了较好的控制，提高了人际关系研究的内部效度。阿伦森的研究使得人际关系的研究为学术界所接纳。阿伦森进行的得—失效应、出丑效应等研究非常有趣，并能很好地解释现实人际关系中的许多现象，使许多年轻的社会心理学者纷纷加入到人际关系的研究之中。这些学者的加入壮大了人际关系研究的力量，取得了许多重要的研究成果。例如，伯奇德和沃斯特尔（G. W. Walster）（1969）在阿伦森的影响下撰写了对人际吸引研究影响深远的著作，成为关系科学研究的先驱。

最后，阿伦森拓宽了人际关系的研究领域，为关系科学（Relationship Science）的诞生奠定了基础。关系科学主要研究人际关系的环境如何影响个体的行为，以及在整个生命历程中的发展（Reis，Collins，& Berscheid，2000）。作为一门交叉学科，关系科学以社会心理学为核心，采用多学科的视角来研究社会中的关系。阿伦森的研究并未将视野局限在社会心理学这一单一的学科之中。同时，阿伦森转移了人际关系研究中的理论焦点。得—失效应的研究，将第三者引入到研究之中，改变了以往人际关系研究中只研究互动的两人之间的关系。最为重要的一点是，阿伦森的早期研究给关系科学的研究带来了许多的研究问题和启发。总的来说，阿伦森的研究可以看作是关系科学的发端。

第三节　理论延展

有生命力的理论会不断地发展，有价值的研究问题会持续吸引研究者的注意力。阿伦森关于人际关系的研究成果为社会心理学的人际关系理论及关系科学的发展奠定了坚实的基础。阿伦森提出的观点、关注的问题并未随着时间的流逝而淡出研究者的视野，反而在更为广阔的研究领域中被不断地发展与传承。

在评述阿伦森人际关系思想的发展之前，不能不提到美国心理学会颁发给他的杰出教学奖。如果对社会心理学有所了解，只需看看阿伦森的学生名单，就会觉得这一奖项绝对是实至名归。在当代社会心理学界中，阿伦森的许多学生已成为著名学者，这里所指的还仅仅是受阿伦森直接指导的研究生。例如，阿伦森早年在哈佛大学培养的格林沃尔德（A. G. Greenwald）等人，以及到明尼苏达大学工作后，又先后招收的伯奇德和沃斯特尔等人，他们共同建立了社会心理学中的“明尼苏达传统”。

由于阿伦森在人际关系领域中的重要研究基本上都是在明尼苏达大学执教期间完成的，所以具有“明尼苏达传统”的学者自然就成为继承和发展阿伦森人际关系思想的重要人选。其中最为突出的是伯奇德和沃斯特尔以及伯奇德的学生辛普森。阿伦森的弟子与再传弟子们，不仅继承了阿伦森在人际吸引、亲密关系和人际关系中认知失调的理论观点，而且通过吸收和融合其他学科所包含的理论观点发展出自己的理论，这又进一步发展了阿伦森的人际关系思想。下面分别从人际吸引、亲密关系和人际关系中的认知失调来梳理阿伦森人际关系思想的发展进程。

尽管外貌在社会生活中具有明显的重要性，但是心理学家对这个领域的研究相对较晚，相关的实证研究直到20世纪60年代才开始，到1974年才出现大量有关体态吸引力的研究文献。阿伦森对人们长期忽视体态吸引力研究的原因做了如下推测："体态吸引力的作用没有被更加系统地加以研究的原因可能在于，在某种程度上，我们并不愿意去寻找证明漂亮女人比不漂亮女人更招人喜欢的依据——似乎这样做就好像不民主似的。"（Aronson，1969）。

阿伦森推测体态吸引力在人物评价方面起着重要的作用。天生丽质或体态魅力对处于表面接触中的个人关系有着特别重要的影响。在一项可控的对照性研究中发现，在由计算机匹配舞伴的舞会上，体态魅力是喜欢程度的有效预测变量，有体态魅力的舞伴们甚至在舞会之后还会在一起待上几小时（Walster，Aronson，Abrahams，& Rothman，1966）。伯奇德的研究团队试图证明是否存在体态吸引力的定型；如果有，就可以从几个角度来研究这种定型的内容（Dion，Berscheid，& Walster，1972）。在研究过程中，主试向被试出示一些人物照片，照片上的人事先已被分为体貌有魅力、无魅力或一般水平三类，要求被试根据多项差别量表对其进行评价。评价结果表明，长相漂亮的人，除胜任父母的能力一项外，几乎在所有方面都得到了较好的评价。和漂亮的同龄孩子相比，长相丑的孩子更容易被认为是坏孩子，或者轻微的不良举动就被视为非常恶劣的行为（Dion，Berscheid，& Walster，1972）。

随着对这一问题研究的展开，许多研究者都遵循伯奇德和沃斯特尔（1974）的建议，不仅在亲密关系的领域来研究体态吸引力，而且将体态吸引力的研究拓展到其他领域。例如近年来肖尔茨（Scholz）和西斯丽克（Sicinslci）对儿童同伴友谊和劳动收入的研究发现，男性高中时的面孔吸引力，与其成年后30—50岁获得的劳动收入成正相关（Scholz&Sicinslci，2014）。

亲密关系作为一种特殊的人际关系，在人们的生活中占据着重要的位置。通过对体态吸引力的研究，阿伦森的注意力也转移到亲密关系之中。阿伦森推测，大多数典型的婚姻中，吸引力在初恋阶段的影响是最大的，在以后阶段的影响则呈下降趋势。这种常见的“丧失”模式可能是导致吸引力不均衡下降的原因，继而可能导致婚姻破裂。

随后伯奇德等人对如何发展、维持和终结亲密关系（Berscheid & Reis，1998）进行了系统研究。伯奇德和沃斯特尔（1974）提出一种爱情理论，认为爱由两种成分构成：（1）兴奋；（2）对该人来说这种兴奋可以被标记为“爱”的适当提示。一个人体验到的生理兴奋——不论它产生于何种原因，只要周围的提示是恰当的——越强烈，他便越感觉到“爱”。也就是说，只要我们把兴奋的原因归因于爱，任何兴奋都能导致爱意增加。阿伦森对亲密关系的研究也为辛普森研究成人依恋（Adult Attachment）和共情准确性的研究提供了基础。

将自我概念引入到认知失调理论的研究中，无疑是阿伦森对认知失调理论的重要贡献。随着自我概念的引入，认知失调被看作是个体行为与自我概念的不一致。认知失调理论不仅能解释个体内部信念的失调，还可以用来解释人际关系中的现象。阿伦森和迈尔斯（S. M. Miles）发现，难加入的俱乐部相比于容易加入的对人们的吸引力更大。这一现象可以用来解释德里斯科尔（R. Driscoll）提出的“罗密欧与朱丽叶效应”（Romeo and Juliet Effect），即父母越反对，两人的感情越牢固。阿伦森和柯普（V. Cope）（1968）还发现了人际关系中“敌人的敌人就是朋友”的现象。在研究中，一些被试受到实验者无理的对待，另一些被试则受到热情的接待。随后让他们当中有些人“偷听到”这个实验者的上司对实验者的严厉训斥，另一些人则听到那位上司对他的赞扬。最后，这位上司逐个慰问了被试，并请他们以打电话的方式给他的工作提供帮助。结果，打来电话的大多数是那些受到实验者伤害而讨厌实验者，并偷听到这位上司对实验者加以训斥的被试。而那些听到这位上司对他们的敌人（实验者）加以赞扬的被试们，则不乐于提供这种帮助。

伯奇德等人在阿伦森认知失调理论和社会交换理论的基础上，提出了人际关系中利益分配的公平理论（Equity Theory）。该理论的核心假设是：人的本性是自私自利的，在人际交往中人们会把自己的收益当作首要因素，一切以自己的利益为重。但是，个体必须在社会中生存，不能脱离社会而单独存在，为了促进与他人良好的交往及更好地生存和发展，人们在一对一的交往中（包含亲密关系），会内隐地采用一种公平原则。人际关系中的公平主要依靠交往过程中的投入和产出的比例来体现。在人际交往中，个体感到自己在关系中的投入与产出的比例，与交往对象的投入与产出比例基本相当的时候，可以被视为公平的关系，反之则是不公平的状态。关系中的不公平会带来苦恼，进而促使个体产生减少这种不公平状态的内驱力。需要注意的是，这种不公平在“收益不足”和“收益过度”的情况下都会发生。个体并不会因为自身在交往中获得过多的收益而感到公平。

基于公平理论，伯奇德和她的团队进行了许多有趣的研究，发现这一理论能够解释许多人际关系中的现象。例如，人们选择同伴的行为符合体态吸引力匹配假设（Berscheid，Dion，Walster，& Walster，1971），即在选择同伴时人们倾向于挑选与自身体态吸引力相匹配的个体。伯奇德和她的团队还对人际交往中给同伴提供收益的动机与情感后果（Berscheid & Walster，1967）以及当不公平存在时的恢复过程（Boye & Walster，1968）进行了仔细的探讨。即使到现在，这些研究问题依然受到研究者们的重视（Bakker，Petrou，& Tsaousis，2012；Guerrero，La Valley，& Farinelli，2008；Taylor，Fiore，Mendelsohn，& Cheshire，2011）。

第四节　展望

阿伦森开展的人际关系研究已经过去半个世纪，但是其中蕴含的人际关系思想，现在看来依然充满活力。一方面，这些思想在社会心理学的科学研究中不断得到发展；另一方面，虽然社会在不停发展，但是这些思想对于解释社会现实生活中的人际关系依然有效。这些充满活力的思想源头就来自阿伦森——一位兼具科学主义和人文主义的社会心理学家。科学主义为这些思想提供严谨的实证研究依据，而不是空中楼阁；人文主义使得这些思想并非高高在上，而是平视人们的需要，重视个人的发展；而阿伦森最重要的身份就是社会心理学家，这一身份使得这些思想来自于社会生活，同时运用于社会生活之中。这三者的有机结合使得阿伦森人际思想充满活力的同时，也为以后的人际关系研究者以及社会心理学家指明了一个努力的方向。

人际关系作为一种复杂的心理现象，绝不是一个简单的研究课题。关系科学所带来的多学科结合的视角，必然会成为往后人际关系研究的方向。阿伦森的人际思想虽然是人际关系研究中的经典，但是社会心理学经过半个世纪的发展，仅仅描述和解释社会心理现象、发现一些简单的人际关系规律，这已经不能满足研究者们的需要。对人际关系现象不断地细化，以及发现和探索复杂的人际关系现象背后的心理加工机制，不但可以补充阿伦森的理论观点，还可能超越并发展出新的人际关系思想。随着科学技术的发展，使用新的研究技术和工具可以解决以往研究中存在的许多问题。新兴技术带来的人际关系的改变也会对原有的人际关系理论产生冲击。阿伦森的人际关系思想必将被未来的研究所超越，但毋庸置疑的是，阿伦森的思想为新的思想奠定了坚实的基础。

参考文献

中文文献

[1] 阿伦森.(2012).绝非偶然——社会心理学家阿伦森自传.沈捷，译.杭州：浙江人民出版社.

[2] 阿伦森，等.(2007).社会心理学(第五版).侯玉波，等，译.北京：中国轻工业出版社.

[3] 阿伦森.(2007).社会性动物(第九版).邢占军，译.上海：华东师范大学出版社.

[4] 普拉卡尼斯，阿伦森.(2014).宣传力:政治与商业中的心理操纵.林夕榆，译.北京：新华出版社.

[5] 彼得·M.布劳.(2013).社会生活中的交换与权力.李国武，译.北京：商务印书馆.

[6] 车文博.(1998).西方心理学史.杭州：浙江教育出版社.

[7] 丛晓波，张向葵.(2004).找回心理学失去的自我——心理学研究主题的历史探寻与当代启示.南京师大学报(社会科学版)，5，85-89.

[8] 丛晓波.(2003).心理学的社会性回归.东北师大学报(哲学社会科学版)，6，122-127.

[9] 崔高鹏.(2016).浅析阿伦森的拼拆课堂教学策略.课程教育研究，26，205.

[10] 董彦旭.(1999).巧用“阿伦森效应”矫正不良行为.天津教育(Z1)，37.

[11] 古畑和孝.(1986).人际关系社会心理学.王康乐，译.天津：南开大学出版社.

[12] 何顺果.(2012).美国历史十五讲.北京：北京大学出版社.

[13] 胡吉红.(2000).从社会心理学角度浅谈大学生的人际交往.广西教育学院学报，1，75-79.
[14] 卡罗尔·塔夫里斯，艾略特·阿伦森.(2008).谁会认错?.邢占军，等，译.上海:华东师范大学出版社.
[15] 乐国安.(2010).社会心理学教程.北京：中央广播电视大学出版社.
[16] 李国武.(2010).重要他人对大学生参加志愿活动的影响.青年研究，5，1-11.
[17] 李莉莉.(2008).论E.阿伦森的认知失调理论.长春理工大学学报(社会科学版)，21(2)，27-28.
[18] 李双.(2004).人际交往三原则.教书育人，3，21.
[19] 郦腊凤.(2003).浅谈“阿伦森效应”.天津教育，12，35.
[20] 秦旭芳，赵静.(2012).心理学效应在幼儿行为塑造中的运用——“阿伦森效应”巧用.教育导刊(下半月)，2，31-34.
[21] 申荷永.(1999).充满张力的生活空间：勒温的动力心理学.武汉：湖北教育出版社.
[22] 王德江，姚锡清.(2011).也谈“犯错误效应”.现代教育(Z2)，67.
[23] 王沛，张国礼.(2005).广告传播途径与人们对产品确信度的影响.心理科学，28，614-618.
[24] 许小波.(2015).用强化理论解析“阿伦森效应”在教学中的运用.科学导报，19，69-70.
[25] 叶浩生(2006).心理学通史.北京：北京师范大学出版社.
[26] 俞国良，王拥军.(2012).建立和谐人际关系的社会心理学探索(专题讨论)——构建和谐人际关系:基于人际知觉偏差的视角.黑龙江社会科学，3，85-90.
[27] 俞国良.(2010).社会心理学前沿.北京：北京师范大学出版社.
[28] 章志光.(2015).社会心理学.北京：人民教育出版社.
[29] 郑全全.(1999).人际关系心理学.北京：人民教育出版社.
[30] 佐斌.(2009).社会心理学.北京：高等教育出版社.

外文文献

[1] Barbara Tversky and Elizabeth J. Marsh (2000), Biased retellings of events yield biased memories, *Cognitive Psychology*, 40, 1-38 ; See also Elizabeth J. Marsh and Barbara Tversky (2004), Spinning the stories of our lives, *Applied Congitive Psychology*, 18, 291-503.

[2] Macrae, C. Neil, A. B. Miline, G. V. Bodenhausen(1994). Stereotypes as Energy-Saving Devices: A peek inside the cognitive toolbox, *Journal of Personality and Social Psychology*, 66, 37-47.

[3] Katherine S. Mangan (2005, April 1), A brush with a new life, *The Chromicle of Higher Education*, A28-A30.

[4] Marilynn B. Brewer (1993), Social identity, distinctiveness, and in-group homogeneity, *Social Cognition*, 11, 150-164.

[5] Allport, F. H. (1924). *Social Psychology*. Boston, Mass. Houghton Millflin.

[6] Messick, D. M. , & Mackie, D. M. (1989). Intergroup relations. *Annual Review of Psychology*, 40, 45-81.

[7] Banaji, M. R. , & Prentice, D. A. (1994). The self in social contexts. *Annual Review of Psychology*, 45, 297-332.

[8] Aronson, E. (1969). Some antecedents of interpersonal attraction. *In Nebraska Symposium on Motivation*. Lincoln, Nebraska: University of Nebraska Press.

[9] Aronson, E. (1969). The theory of cognitive dissonance: A current perspective. In L. Berkowitz (Ed.), *Advances in Experimental Social Psychology* (Vol. 4). New York: Academic Press, Inc.

[10] Aronson, E. (1978). *The Jigsaw Classroom*. Bevely Hills, California: Sage Publications, Inc.

[11] Aronson, E., & Carlsmith, L. M. (1963).Effect of the severity of threat on the devaluation of Forbidden Behavior. *Journal of Abnormal and Social Psychology*, 66(6), 584-588.

[12] Aronson, J., Fried, C. B., & Good, C. (2002). Reducing the effects of stereotype threat on african american college students by shaping theories of intelligence. *Journal of Experimental Social Psychology*,

38(2), 113-125.

[13] Bakker, A. B., Petrou, P., & Tsaousis, I. (2012). Inequity in work and intimate relationships: A spillover-crossover model. *Anxiety, Stress & Coping*, 25(5), 491-506.

[14] Barbara Tversky and Elizabeth J. Marsh. (2000). Biased Retellings of Events Yield Biased Memories. *Cognitive Psychology*, 40, 1-38; See also Elizabeth J. Marsh and Barbara Tversky. (2004). Spinning the Stories of Our lives. *Applied Congitive Psychology*, 18, 291-503.

[15] Baumeister, R. F. (1997). Esteem threat, self-regulatory breakdown, and emotional distress as factors in self-defeating behavior. *Review of General Psychology*, 1(2), 145-174.

[16] Baumeister, R. F. Smart, L., & Boden, J. M. (1996). Relation of threatened egotism to violence and aggression: The dark side of high self-esteem. *Psychological Review*, 103(1), 5-33.

[17] Berscheid, E. & Walster, E. (1967). When does a harm-doer compensate a victim? *Journal of Personality and Social Psychology*, 6, 435.

[18] Berscheid, E. & Walster, E. (1974). Physical attractiveness. *Advances in Experimental Social Psychology*, 7, 157-215.

[19] Berscheid, E., Boye, D., & Walster, E. (1968). Retaliation as a means of restoring equity. *Journal of Personality and Social Psychology*, 10(4), 370.

[20] Brown, A. L. (1992). Design experiments: Theoretical and methodological challenges in creating complex interventions in classroom settings. *Journal of the Learning Sciences*, 2(2), 141-178.

[21] Buss, D. M. (1987). Selection, evocation, and manipulation. *Journal of Personality & Social Psychology*, 53(6), 1214-21.

[22] Cohen, E. G. (1994). Restructuring the classroom: conditions for productive small groups. *Review of Educational Research*, 64(1), 1-35.

[23] Cohen, G. L. & Sherman, D. K. (2014). The psychology of change: Self-affirmation and social psychological intervention. *Annual Review of Psychology*, 65(1), 333-371.

[24] Cooper, J. (2010). Riding the D train with Elliot: The Aronsonian legacy of cognitive dissonance. In M. H. Gonzales, C. Tavris, & J. Aronson (Eds.), *The Scientist and the Humanist: A Festschrist in Honor of Elliot*

Aronson. New York: Psychology Press.

[25] Cowen, E. L. (1994). The enhancement of psychological wellness: Challenges and opportunities. *American Journal of Community Psychology*, 22(2), 149-179.

[26] Dion, K., Berscheid, E., & Walster, E. (1972). What is beautiful is good. *Journal of Personality and Social Psychology*, 24(3), 285-290.

[27] Ellemers, N., Spears, R., & Doosje, B. (2002). Self and social identity. *Annual Review of Psychology*, 53(1), 161-186.

[28] Ellsworth, P. C. (2010). The rise and fall of the high-impact experiment. In M. H. Gonzales, C. Tavris, & J. Aronson (Eds.), *The Scientist and the Humanist: A Festschrift in Honor of Elliot Aronson*. New York: Psychology Press.

[29] Festinger, & Leon. (1950). *Social Pressures in Informal Groups : A Study of Human Factors in Housing*. Redwood City, California: Stanford University Press.

[30] Festinger, L. (1957). A theory of cognitive dissonance. *American Journal of Psychology*, 207(4), 2112-2114.

[31] Foa, U. G. & Foa, E. B. (1974). *Societal Structures of the Mind*. Springfield, Illinois: Charles C Thomas Publisher.

[32] Graziano, W., Brothen, T., & Berscheid, E. (1978). Height and attraction: Do men and women see eye-to-eye? *Journal of Personality*, 46(1), 128-145.

[33] Greeno, J. G., Collins, A. M., & Resnick, L. B. (1996). Cognition and learning. Dc Berliner & Rc Calfee, *Handbook of Educational Psychology*, 98, 15-46.

[34] Greenwald, A. G. & Banaji, M. R. (1995). Implicit social cognition: Attitudes, self-esteem, and stereotypes. *Psychological Review*, 102(1), 4-27.

[35] Greenwald, A. G., Pratkanis, A. R., Leippe, M. R., & Baumgardner, M. H. (1986). Under what conditions does theory obstruct research progress?. *Psychological Review*, 93(2), 216-29.

[36] Guerrero, L. K., La Valley, A. G., & Farinelli, L. (2008). The experience and expression of anger, guilt, and sadness in marriage: An equity theory explanation. *Journal of Social and Personal Relationships*,

25(5), 699-724.

[37] Harmon-Jones, E. (2010). Decision, action, and neuroscience: A contemporary perspective on cognitive dissonance. In M. H. Gonzales, C. Tavris, & J. Aronson (Eds.), *The Scientist and the Humanist: A Festschrift in Honor of Elliot Aronson*. New York: Psychology Press.

[38] Harmonjones, E., Brehm, J. W., Greenberg, J., Simon, L., & Nelson, D. E. (1996). Evidence that the production of aversive consequences is not necessary to create cognitive dissonance. *Journal of Personality & Social Psychology*, 70(1), 5-16.

[39] Heider, F. (1944). Social perception and phenomenal causality. *Psychological Review*, 51(6), 358-374.

[40] Heider, F. (1982). The psychology of interpersonal relations. *The Psychology of Interpersonal Behaviour*. London: Penquin Books.

[41] Heslin, P. A., Latham, G. P., & Vandewalle, D. (2005). The effect of implicit person theory on performance appraisals. *Journal of Applied Psychology*, 90(5), 842-856.

[42] Hidi, S. & Harackiewicz, J. M. (2000). Motivating the academically unmotivated: A critical issue for the 21st century. *Review of Educational Research*, 70(2), 151-179.

[43] Higgins, E. T. (1987). Self-discrepancy: A theory relating self and affect. *Psychological Review*, 94(3), 319-340.

[44] Hogg, M. A., & Terry, D. J. (2000). Social identity and self-categorization processes in organizational contexts. *Academy of Management Review,* 25(1), 121-140.

[45] Hornsey, M. J., & Hogg, M. A. (2000). Intergroup similarity and subgroup relations: some implications for assimilation. *Personality & Social Psychology Bulletin*, 26(8), 948-958.

[46] Jost, J. T. & Banaji, M. R. (1994). The role of stereotyping in system-justification and the production of false consciousness. *British Journal of Social Psychology*, 33(1), 1-27.

[47] Jost, J. T., Glaser, J., Kruglanski, A. W., & Sulloway, F. J. (2003). Political conservatism as motivated social cognition. *Psychological Bulletin*, 129(3), 339-375.

[48] Kahneman, D. (2003). A perspective on judgment and choice: Mapping

bounded rationality. *American Psychologist*, 58(9), 697.

[49] Karremans, J. C., Stroebe, W., & Claus, J. (2006). Beyond vicary's fantasies: The impact of subliminal priming and brand choice. *Journal of Experimental Social Psychology*, 42(6), 792-798.

[50] Katherine S. Mangan (2005, April 1), A Brush With a New Life. *The Chromicle of Higher Education*, A28-A30.

[51] Landy, D., & Aronson, E. (1969).The influence of the character of the criminal and his victim on the decisions of simulated jurors. *Journal of Experimental Social Psychology*, 5(2), 141-152.

[52] Langlois, J. H., Kalakanis, L., Rubenstein, A. J., Larson, A., Hallam, M., & Smoot, M. (2000). Maxims or myths of beauty? A meta-analytic and theoretical review. *Psychological Bulletin*, 126, 390-423.

[53] Leary, M. R., & Baumeister, R. F. (2000). The nature and function of self-esteem: sociometer theory. In M. Zanna (Ed.), *Advances in Experimental Social Psychology*. San Diego, CA: Academic Press.

[54] Lewin, & Kurt. (2013). *A Dynamic Theory of Personality*. New York McGraw-Hill.

[55] Lewin, K. (1938). *Explorations in Personality*. Oxford: Oxford University Press.

[56] Lewin, K., Heider, F., & Heider, G. M. (1936). *Principles of Topological Psychology*. New York: McGraw-Hill.

[57] Marilynn B. Brewer (1993), Social Identity, Distinctiveness, and In-group Homogeneity, *Social Cognition*, 11, 150-164.

[58] Mark D. Alicke, & Constantine Sedikides. (2009). Self-enhancement and self-protection: What they are and what they do. *European Review of Social Psychology*, 20(1), 1-48.

[59] Mazar, N., Amir, O., & Dan, A. (2008). The dishonesty of honest people: A theory of self-concept maintenance. *Journal of Marketing Research*, 45(6), 633-644.

[60] Mcmillan, D. W. & Chavis, D. M. (1986). Sense of community: A definition and theory. *Journal of Community Psychology*, 14(1), 6-23.

[61] Moscovici, S. (1977). *Attitudes and Opinions*. Upper Saddle River, New Jersey: Prentice-Hall.

[62] O'Donnell, A. M., & O'Kelly, J. (1994). Learning from peers: Beyond

the rhetoric of positive results. *Educational Psychology Review*, 6(4), 321-349.

[63] Ostrom, T. M. (1988). Computer simulation: The third symbol system. *Journal of Experimental Social Psychology*, 24(5), 381-392.

[64] Paluck, E. L., & Green, D. P. (2009). Prejudice reduction: What works? A review and assessment of research and practice. *Annual Review of Psychology*, 60, 339-367.

[65] Patnoe, S. (1988). *A Narrative History of Experimental Social Psychology: The Lewin Tradition*. New York: Springer-Verlag.

[66] Petty, R. E., Wegener, D. T., & Fabrigar, L. R. (2010). Attitudes and attitude change. *Annual Review of Psychology*, 62(1), 479-523.

[67] Reis, H. T. (2012). A history of relationship research in social psychology. In A. W. Kruglanski & W. Stroebe (Eds.), *Handbook of the History of Social Psychology*. New York: Psychology Press.

[68] Reis, H.T., Collins, W.A., & Berscheid, E. (2000). The relationship context of human behavior and development. *Psychological Bulletin*, 126, 844-872.

[69] Rothbaum, F., Weisz, J. R., & Snyder, S. S. (1982). Changing the world and changing the self: A two-process model of perceived control. *Journal of Personality & Social Psychology*, 42(1), 5-37.

[70] Sahakian, W. S. (1982). *History and Systems of Social Psychology*. Washington: Hemisphere Publishing Corporation.

[71] Scher, S. J., & Cooper, J. (1989). Motivational basis of dissonance: The singular role of behavioral consequences. *Journal of Personality & Social Psychology*, 56(6), 899-906.

[72] Scholz, J. K. & Sicinski, K. (2014). Facial attractiveness and lifetime earnings: Evidence from a cohort study. *Review of Economics and Statistics*.97(1),14-28.

[73] Shaw Taylor, L., Fiore, A. T., Mendelsohn, G. A., & Cheshire, C. (2011). "Out of my league" : A real-world test of the matching hypothesis. *Personality and Social Psychology Bulletin*, 37(7), 942-954.

[74] Sherman, David K. & Cohen, Geoffrey L. (2006). The psychology of self-defense: Self-affirmation theory. *Advances in Experimental Social Psychology*, 38(6), 183-242.

[75] Sigall, H. & Aronson, E. (1969).Liking for an evaluator as a function of her physical attractiveness and nature of the evaluations. *Journal of Experimental Social Psychology*, 5(1), 93-100.

[76] Simpson, J. A. (2010). A tiller in the greening of relationship science. In M. H. Gonzales, C. Tavris & J. Aronson (Eds.), *The Scientist and the Humanist: A Festschrift in Honor of Elliot Aronson*. New York: Psychology Press.

[77] Springer, L., Stanne, M. E., & Donovan, S. S. (1999). Effects of small-group learning on undergraduates in science, mathematics, engineering, and technology: A meta-analysis. *Review of Educational Research*, 69(1), 21-51.

[78] Stone, J. (2010). The power of the self-consistency motive in social life. In M. H. Gonzales, C. Tavris & J. Aronson (Eds.), *The Scientist and the Humanist: A Festschrift in honor of Elliot Aronson*. New York: Psychology Press.

[79] Stroebe, W. (2012). The truth about Triplett (1898), but nobody seems to care. *Perspectives on Psychological Science*, 7(1), 54-57.

[80] Tesser, A. (1985). Toward a self-evaluation maintenance model of social behavior. *Advances in Experimental Social Psychology*, 21, 181-227.

[81] Thaler, R. (1980). Toward a positive theory of consumer choice. *Journal of Economic Behavior & Organization*, 1(1), 39-60.

[82] Walster, E., Aronson, V., Abrahams, D., & Rottman, L. (1966). Importance of physical attractiveness in dating behavior. *Journal of Personality and Social Psychology*, 4(5), 508.

[83] Walter, S. D., Eliasziw, M., & Donner, A. (1998). Sample size and optimal designs for reliability studies. *Statistics in Medicine*, 17(1), 101-110.

[84] Wilson, T. D., Aronson, E., & Carlsmith, K. (2010). The art of laboratory experimentation. In S. T. Fiske, D. T. Gilbert & G. Lindzey (Eds.), *Handbook of Social Psychology*. Hoboken, New Jersey: John Wiley & Sons, Inc.

[85] Wood, G. & Newborough, M. (2003). Dynamic energy-consumption indicators for domestic appliances: Environment, behaviour and design. *Energy & Buildings*, 35(8), 821-841.

[86] Wood, W. (2000). Attitude change: persuasion and social influence. *Annual Review of Psychology*, 51(1), 539-570.

[87] Wright, S. C., Aron, A., Mclaughlinvolpe, T., & Ropp, S. A. (1997). The extended contact effect: Knowledge of cross-group friendships and prejudice. *Journal of Personality & Social Psychology*, 73(73), 73-90.

[88] Zimbardo, P. G. (1969). The human choice: Individuation, reason, and order versus deindividuation, impulse, and chaos. *Nebraska Symposium on Motivation* (Vol.17). Lincoln, Nebraska: University of Nebraska Press.

阿伦森主要著述

1958年

Wertheimer, M. & Aronson, E. (1958). Personality rigidity as measured by aniseikonic lenses and by perceptual tests of metabolic efficiency. *The Journal of General Psychology*, 58(1), 41-49.

1959年

Aronson, E. & Mills, J. (1959). The effect of severity of initiation on liking for a group. *The Journal of Abnormal and Social Psychology*, 59(2), 177-181.

Mills, J., Aronson, E., & Robinson, H. (1959). Selectivity in exposure to information. *The Journal of Abnormal and Social Psychology*, 59(2), 250-253.

1960年

Aronson, E. (1960). *The Social Animal*. Permission Granted By Julian Bach Literary Agency, Inc.

1961年

Aronson, E. (1961). The effect of effort on the attractiveness of rewarded and unrewarded stimuli. *The Journal of Abnormal and Social Psychology*, 63(2), 375-380.

1962年

Aronson, E. & Carlsmith, J. M. (1962). Performance expectancy as a determinant of actual performance. *The Journal of Abnormal and Social Psychology*, 65(3), 178-182.

Aronson, E. & Golden, B. (1962). The effect of relevant and irrelevant communicator credibility on opinion change. *Journal of Personality*, 30(2), 135-146.

Theios, J., Derivera, J., & Aronson, E. (1962). Modification of the rat's saline intake gradient by experience with specific concentrations. *Psychological*

Reports, 10(2), 487-490.

1963年

Aronson, E. (1963). Effort, attractiveness, and the anticipation of reward: A reply to Lott's critique. *The Journal of Abnormal and Social Psychology*, 67(5), 522-525.

Aronson, E. & Carlsmith, J. M. (1963). Effect of the severity of threat on the devaluation of forbidden behavior. *The Journal of Abnormal and Social Psychology*, 66(6), 584-588.

Aronson, E., Carlsmith, J. M., & Darley, J. M. (1963). The effects of expectancy on volunteering for an unpleasant experience. *The Journal of Abnormal and Social Psychology*, 66(3), 220-224.

Aronson, E., Turner, J. A., & Carlsmith, J. M. (1963). Communicator credibility and communication discrepancy as determinants of opinion change. *The Journal of Abnormal and Social Psychology*, 67(1), 31-36.

Carlsmith, J. M., & Aronson, E. (1963). Some hedonic consequences of the confirmation and disconfirmation of expectances. *The Journal of Abnormal and Social Psychology*, 66(2), 151-156.

1965年

Aronson, E. & Linder, D. (1965). Gain and loss of esteem as determinants of interpersonal attractiveness. *Journal of Experimental Social Psychology*, 1(2), 156-171.

Mills, J. & Aronson, E. (1965). Opinion change as a function of the communicator's attractiveness and desire to influence. *Journal of Personality and Social Psychology*, 1(2), 173-177.

1966年

Aronson, E. (1966). Avoidance of inter-subject communication. *Psychological Reports*, 19(1), 238.

Aronson, E. (1966). The psychology of insufficient justification: An analysis of some conflicting data. *Cognitive Consistency*, 27, 109-133.

Aronson, E. & Gerard, E. (1966). Beyond Parkinson's law: The effect of excess time on subsequent performance. *Journal of Personality and Social Psychology*, 3(3), 336-339.

Aronson, E. & Worchel, P. (1966). Similarity versus liking as determinants of interpersonal attractiveness. *Psychonomic Science*, 5(4), 157-158.

Aronson, E., Willerman, B., & Floyd, J. (1966). The effect of a pratfall on increasing interpersonal attractiveness. *Psychonomic Science*, 4(6), 227-228.

Darley, J. M. & Aronson, E. (1966). Self-evaluation vs. direct anxiety reduction as determinants of the fear-affiliation relationship. *Journal of Experimental Social Psychology*, 1(S1), 66-79.

Walster, E., Aronson, E., & Abrahams, D. (1966). On increasing the persuasiveness of a low prestige communicator. *Journal of Experimental Social Psychology*, 2(4), 325-342.

Walster, E., Aronson, E., & Brown, Z. (1966). Choosing to suffer as a consequence of expecting to suffer: an unexpected finding. *Journal of Experimental Social Psychology*, 2(4), 400-406.

1967年

Aronson, E. & Landy, D. (1967). Further steps beyond Parkinson's law: A replication and extension of the excess time effect. *Journal of Experimental Social Psychology*, 3(3), 274-285.

Sigall, H. & Aronson, E. (1967). Opinion change and the gain-loss model of interpersonal attraction. *Journal of Experimental Social Psychology*, 3(2), 178-188.

Walster, B. & Aronson, E. (1967). Effect of expectancy of task duration on the experience of fatigue. *Journal of Experimental Social Psychology*, 3(1), 41-46.

1968年

Abelson, R. P., Aronson, E., McGuire, W. J., Newcomb, T. M., Rosenberg, M. J., & Tannenbaum, P. H. (Eds.). (1968). *Theories of Cognitive Consistency: A Sourcebook*. Chicago: Rand-McNally.

Aronson, E. & Cope, V. (1968). My enemy's enemy is my friend. *Journal of Personality and Social Psychology*, 8(1, Pt.1), 8-12.

Aronson, E. & Mettee, D. R. (1968). Dishonest behavior as a function of differential levels of induced self-esteem. *Journal of Personality and Social Psychology*, 9(2, Pt.1), 121-127.

Landy, D. & Aronson, E. (1968). Liking for an evaluator as a function of his discernment. *Journal of Personality and Social Psychology*, 9(2, Pt.1), 133-141.

Lindzey, G. & Aronson, E. (Eds.) (1968 & 1985). *The Handbook of Social*

Psychology (2nd & 3rd ed.). New York: Random House.

1969年

Aronson, E. (1969). Some antecedents of interpersonal attraction. *Nebraska Symposium on Motivation*, 17, 143-173.

Aronson, E. (1969). The theory of cognitive dissonance: A current perspective. *Advances in Experimental Social Psychology,* 4, 1-34.

Landy, D. & Aronson, E. (1969). The influence of the character of the criminal and his victim on the decisions of simulated jurors. *Journal of Experimental Social Psychology*, 5(2), 141-152.

Landy, D., Mccue, K., & Aronson, E. (1969). Beyond Parkinson's law: III. The effect of protractive and contractive distractions on the wasting of time on subsequent tasks. *Journal of Applied Psychology*, 53(3, Pt.1), 236-239.

Nel, E., Helmreich, R., & Aronson, E. (1969). Opinion change in the advocate as a function of the persuasibility of his audience: A clarification of the meaning of dissonance. *Journal of Personality and Social Psychology*, 12(2), 117-124.

Sigall, H. & Aronson, E. (1969). Liking for an evaluator as a function of her physical attractiveness and nature of the evaluations. *Journal of Experimental Social Psychology*, 5(1), 93-100.

1970年

Helmreich, R., Aronson, E., & Lefan, J. (1970). To err is humanizing-sometimes: Effects of self-esteem, competence, and a pratfall on interpersonal attraction. *Journal of Personality and Social Psychology*, 16(2), 259-264.

Sigall, H., Aronson, E., & Hoose, T. V. (1970). The cooperative subject: Myth or reality? *Journal of Experimental Social Psychology*, 6(1), 1-10.

1972年

Aronson, E. & Hansen, C. J. (1972). Thermal equilibrium states of a classical system with gravitation. *Astrophysical Journal*, 177, 145-153.

1973年

Jones, C. & Aronson, E. (1973). Attribution of fault to a rape victim as a function of respectability of the victim. *Journal of Personality and Social Psychology*, 26(3), 415-419.

1974年

Mettee, D. R. & Aronson, E. (1974). 11-affective reactions to appraisal from others. *Foundations of Interpersonal Attraction*, 235-283.

1976年

Stephan, W. G., William Lucker, G., & Aronson, E. (1976). The interpersonal consequences of self-disclosure and internal attributions for success. *Personality and Social Psychology Bulletin*, 2(3), 252-255.

William Lucker, G., Rosenfield, D., Sikes, J., & Aronson, E. (1976). Performance in the interdependent classroom: A field study. *American Educational Research Journal*, 13(2), 115-123.

1977年

Aronson, E. (1977). Research in social psychology as a leap of faith. *Personality and Social Psychology Bulletin*, 3(2), 190-195.

Blaney, N. T., Stephan, C., Rosenfield, D., Aronson, E., & Sikes, J. (1977). Interdependence in the classroom: A field study. *Journal of Educational Psychology*, 69(2), 121-128.

Stephan, C., Kennedy, J. C., & Aronson, E. (1977). The effects of friendship and outcome on task attribution. *Sociometry*, 40(2), 107-112.

1978年

Stephan, C., Nan, R. P., Kennedy, J. C., & Aronson, E. (1978). Attributions to success and failure after cooperative or competitive interaction. *European Journal of Social Psychology*, 8(2), 269-274.

1979年

Aronson, E. & Bridgeman, D. (1979). Jigsaw groups and the desegregated classroom: In pursuit of common goals. *Personality and Social Psychology Bulletin*, 5(4), 438-446.

Stephan, C., Burnam, M. A., & Aronson, E. (1979). Attributions for success and failure after cooperation, competition, or team competition. *European Journal of Social Psychology*, 9, 109-114.

1980年

Aronson, E. & Osherow, N. (1980). Cooperation, prosocial behavior, and academic performance: Experiments in the desegregated classroom. *Applied Social Psychology Annual*, 1, 163-196.

1982年

Aronson, E. & O'Leary, M. (1982). The relative effectiveness of models and prompts on energy conservation: A field experiment in a shower room.

Journal of Environmental Systems, 12(3), 219-224.

1983年

Pines, A. & Aronson, E. (1983). Combatting burnout. *Children and Youth Services Review*, 5(3), 263-275.

Pines, A. & Aronson, E. (1983). Antecedents, correlates, and consequences of sexual jealousy. *Journal of Personality*, 51(1), 108-136.

Yates, S. M. & Aronson, E. (1983). A social psychological perspective on energy conservation in residential buildings. *American Psychologist*, 38(4), 435-444.

1984年

Stern, P. C. & Aronson, E. (Eds.). (1984). *Energy Use: The Human Dimension*. New York: W. H. Freeman.

1986年

Coltrane, S., Archer, D., & Aronson, E. (1986). The social-psychological foundations of successful energy conservation programmes. *Energy Policy*, 14(2),133-148.

Costanzo, M., Archer, D., Aronson, E., & Pettigrew, T. (1986). Energy conservation behavior: The difficult path from information to action. *American Psychologist*, 41(5), 521-528.

Stern, P. C., Aronson, E., Darley, J. M., Hill, D. H., Hirst, E., Kempton, W., & Wilbanks, T. J. (1986). The effectiveness of incentives for residential energy conservation. *Evaluation Review*, 10(2), 147-176.

1987年

Aronson, E. (1987). Teaching students what they think they already know about prejudice and desegregation. In V. P. Makosky (Ed.), *The G. Stanley Hall Lecture Series* (Vol. 7). Washington, DC: American Psychological Association.

Stern, P. C., Aronson, E., Darley, J. M., Kempton, W., Hill, D. H., Hirst, E., Wilbanks, T. J. (1987). Answering behavioral questions about energy efficiency in buildings. *Energy*, 12(5), 339-353.

1988年

Gonzales, M. H., Aronson, E., & Costanzo, M. A. (1988). Using social cognition and persuasion to promote energy conservation: A quasi-experiment. *Journal of Applied Social Psychology*, 18(12), 1049-1066.

Pines, A. & Aronson, E. (Eds). (1988). *Career burnout*. New York: Free

Press.

1990年

Aronson, E. (1990). Applying social psychology to desegregation and energy conservation. *Personality and Social Psychology Bulletin*, 16(1), 118-132.

Aronson, E., Ellsworth, P., Carslmith, J. M., & Gonzales, M. (Eds). (1990). *Methods of Research in Social Psychology* (2nd ed.). New York: McGraw-Hill.

1991年

Aronson, E. (1991). Leon Festinger and the art of audacity. *Psychological Science*, 2(4), 213-222.

Aronson E. (1991). How to Change Behavior. In Curtis R.C., Stricker G. (Eds). *How People Change*. Springer, Boston, MA.The Springer Series in Social / Clinical Psychology.

1992年

Archer, D., Pettigrew, T. F., & Aronson, E. (1992). Making research apply: High stakes public policy in a regulatory environment. *American Psychologist*, 47(10), 1233-1236.

Aronson, E. (1992). The return of the repressed: Dissonance theory makes a comeback. *Psychological Inquiry*, 3(4), 303-311.

Aronson, E. (1992). Totally provocative and perhaps partly right. *Psychological Inquiry*, 3(4), 353-356.

Dickerson, C. A., Thibodeau, R., Aronson, E., & Miller, D. (1992). Using cognitive dissonance to encourage water conservation. *Journal of Applied Social Psychology*, 22(11), 841-854.

Thibodeau, R. & Aronson, E. (1992). Taking a closer look: reasserting the role of the self-concept in dissonance theory. *Personality and Social Psychology Bulletin*, 18(5), 591-602.

1993年

Aronson, E. & Pratkanis, A. R. (Eds). (1993). *Social Psychology: The Most Outstanding Research* (Vol. 1, 2, & 3). London: Elgar Ltd.

1994年

Stone, J., Aronson, E., Lauren Crain, A., Winslow, M. P., & Fried, C. B. (1994). Inducing hypocrisy as a means of encouraging young adults to use condoms. *Personality and Social Psychology Bulletin*, 20(1), 116-128.

1995年

Fried, C. B., & Aronson, E. (1995). Hypocrisy, misattribution, and dissonance reduction. *Personality and Social Psychology Bulletin*, 21(9), 925-933.

Orr, E., Thein, R. D., & Aronson, E. (1995). Orthopedic disability, conformity, and social support. *Journal of Psychology*, 129(2), 203-219.

1996年

Archer, D., Pettigrew, T. F., & Aronson, E. (1996). Making research apply: High stakes public policy in a regulatory environment. In R. P. Lorion, I. Iscoe, P. H. DeLeon, & G. R. VandenBos (Eds.), *Psychology and Public policy: Balancing Public Service and Professional Need*. Washington, DC: American Psychological.

1997年

Aronson, E. (1997). Back to the future: Retrospective review of Leon Festinger's "a theory of cognitive dissonance" . *American Journal of Psychology*, 110(1), 127-137.

Aronson, E. (1997). The theory of cognitive dissonance: The evolution and vicissitudes of an idea. In C. McGarty & S. A. Haslam (Eds.), *The Message of Social Psychology: Perspectives on Mind in Society* (pp. 20-35). Malden: Blackwell Publishing.

Stone, J., Wiegand, A. W., Cooper, J., & Aronson, E. (1997). When exemplification fails: hypocrisy and the motive for self-integrity. *Journal of Personality and Social Psychology*, 72(1), 54-65.

1998年

Aronson, E., Wilson, T. D., & Brewer, M. B. (1998). Experimentation in social psychology. In D. T. Gilbert, S. T. Fiske, & G. Lindzey (Eds.), *The Handbook of Social Psychology*. New York: McGraw-Hill.

1999年

Aronson, E. (1999). Adventures in experimental social psychology: Roots, branches, and sticky new leaves. In A. Rodrigues & R. V. Levine (Eds.), *Reflections on 100 Years of Experimental Social Psychology*. New York: Basic Books.

Aronson, E. (1999). Dissonance, hypocrisy, and the self-concept. In E. Harmon-Jones & J. Mills (Eds.), *Cognitive Dissonance: Progress on a Pivotal Theory in Social Psychology*. Washington, DC: American Psychological.

Aronson, E. (1999). The power of self-persuasion. *American Psychologist*, 54(11), 875-884.

2000年

Aronson, E. (2000). *Nobody Left to Hate: Teaching Compassion after Columbine*. New York: Henry Holt.

Aronson, E. (2000). Cognitive dissonance. In A. E. Kazdin (Ed.), *Encyclopedia of Psychology* (Vol. 2). Washington, DC: American Psychological Association.

2001年

Pratkanis, A. R. & Aronson, E. (Eds). (2001). *Age of Propaganda: The Everyday Use and Abuse of Persuasion*. New York: Henry Holt.

2002年

Aronson, E. (2002). Building empathy, compassion, and achievement in the jigsaw classroom. In J. Aronson (Ed.), *Improving Academic Achievement: Impact of Psychological Factors on Education*. San Diego, CA, US: Academic Press.

2003年

Aronson, E. (2003). Drifting my own way: Following my nose and my heart. In R. J. Sternberg (Ed.), *Psychologists Defying the Crowd: Stories of Those Who Battled the Establishment and Won*. Washington, DC: American Psychological Association.

Stone, J., Aronson, E., Crain, A. L., Winslow, M. P., & Fried, C. B. (2003). Inducing hypocrisy as a means of encouraging young adults to use condoms. In P. Salovey & A. J. Rothman (Eds.), *Key Readings in Social Psychology. Social Psychology of Health*. New York: Psychology Press.

2004年

Aronson, E. (2004). How the columbine high school tragedy could have been prevented. *Journal of Individual Psychology*, 60(4), 355-360.

2007年

Aronson, E. (2007). Elliot Aronson. In G. Lindzey & W. M. Runyan (Eds.), *A History of Psychology in Autobiography* (Vol. 9). Washington, DC: American Psychological Association.

Aronson, E. (2007). The evolution of cognitive dissonance theory: A personal appraisal. In A. R. Pratkanis (Ed.), *The Science of Social Influence: Advances and Future Progress*. New York: Psychology Press.

Macias, C., Aronson, E., Barreira, P. J., Rodican, C. F., & Gold, P. B. (2007). Integrating peer providers into traditional service settings: The Jigsaw strategy in action. *Administration and Policy in Mental Health and Mental Health Services Research*, 34(5), 494-496.

2008年

Aronson, E. (2008). Fear, denial, and sensible action in the face of disasters. *Social Research: An International Quarterly*, 75(3), 855-872.

2009年

Macias, C., Aronson, E., Hargreaves, W., Weary, G., Barreira, P. J., Harvey, J., Rodican, C. F., Bickman, L. & Fisher, W. (2009). Transforming dissatisfaction with services into self-determination: A social psychological perspective on community program effectiveness. *Journal of Applied Social Psychology*, 39, 1835-1859.

2010年

Aronson, E. (2010). Leon Festinger and the art of audacity. *Psychological Science*, 2(4), 213-217.

Aronson, E. (2010). *Not by Chance Alone: My Life as a Social Psychologist*. New York: Basic Books.

2011年

Aronson, E. (2011). *The Social Animal* (11th ed.). New York: Worth/Freeman.

Aronson, E. & Patnoe, S. (2011). *Cooperation in the Classroom: The Jigsaw Method* (3rd ed.). New York: Pinter & Martin Ltd.

Aronson, J. & Aronson, E. (Eds.). (2011). *Readings about the Social Animal* (11th ed.). New York: Worth/Freeman.

2015年

Aronson, E. & Patnoe, S. (2015). Cooperation in the classroom. *Classical Journal*, 11(5), 262-277.

Aronson, E., Wilson, T. D., Akert, R. M., & Sommers S. R. (2015). *Social Psychology* (9th ed.). New York: Prentice Hall.

Tavris, C., & Aronson, E. (2015). *Mistakes were Made (but not by Me): Why We Justify Foolish Beliefs, Bad Decisions, and Hurtful Acts* (Rev. ed.). New York: Harcourt.

术语索引

(数字为该术语在本书首次出现的章节，如5.1 表示第五章第一节。)

人名索引

（数字为该人名在本书首次出现的章节，如4.2 表示第四章第二节。）

后 记

《社会心理学手册》主编、美国心理学家加德纳·林齐说："如果社会心理学界有诺贝尔奖，我相信埃利奥特·阿伦森一定是第一位获奖者。"受中国人民大学俞国良教授之邀，负责整理和评析社会心理学大师阿伦森的人际关系心理学思想，是我的荣幸。

作为一名社会心理学者，我对阿伦森一点儿也不陌生。他的《社会性动物》《社会心理学》《谁会认错》《绝非偶然》等作品，不仅是心理学专业学生的必读经典之作，也是深受心理学爱好者和社会公众喜爱的畅销读本。在我的社会心理学课堂上，阿伦森的名字会无数次被提及，他的理论、实验以及他的人生故事成为社会心理学的不可或缺。正因为如此，学习、分析和整理阿伦森的人际关系心理学思想，对我而言，既是履行一份心理学人学术研究的责任与义务，更是一次慢慢重温并享受阿伦森经典的社会心理学愉悦之旅。

近两年的时间，断断续续，不紧不慢，阿伦森教授时不时陪着我，我们交流着对人际关系的看法，对社会心理学的理解。当然，我一直表达着对他的喜爱与崇拜。此刻，当我完成这本书稿的时候，我不由自主地凝视着阿伦森的照片，看着这位长着络腮胡子的英俊的心理学家肖像，内心却有着一种忐忑："我写您的这本书，尽管无法和您的大作相比，但是我很努力，我很享受。谢谢您，阿伦森。"

1932年出生的阿伦森，到2019年，已经87岁高龄了。按理说，阿伦森是美国心理学会（APA）120多年历史上唯一一位获得杰出研究奖、杰出教学奖和杰出著作奖三项大奖的心理学家，现在应该好好享受人生了。然而据了解，目前阿伦森虽然双目失明，但是依然坚持心理学写作和教学工作，继续为社会心理学事业而奉献着。阿伦森之所以成为我们的偶像，不仅仅因为他是一位伟大的实验社会心理学家，还由于他是一位有着卓绝奋斗历程和丰富人生的充满激情的社会生活者。

在阿伦森的自传《绝非偶然》一书中，我们能够看到一个真实的现实社会中人的成长之路。一个天资一般、性格腼腆的"笨小子"，在相对贫穷、父母经常争吵的家庭中长大，后来成为哈佛大学心理学教授。阿伦森用自己的人生经历阐明了社会心理学的本真之义：无论是个人还是社会，都可以向着美好的方向发展。不受儿时不愉快经历和个性缺陷的束缚，一个人完全可以通过自我完善成就可能的自我。而这种自我完善的路径，在阿伦森身上的体现就是人与人的交往，就是人向人的学习，就是人与人的合作。阿伦森的人际关系思想，也是阿伦森现实人生的写照。给我印象非常深刻的一个片段，是《绝非偶然》中的"我失去了女孩，却找到了天堂"这样一段[1]：

> 一天下午我和一位打算深交的迷人女孩一起喝咖啡。突然她看了看表说上课要迟到了。我决定陪她一起上课，这样两人就可以手牵手地坐在教室后面。这门课叫作"心理学导论"，授课教师亚伯拉罕·马斯洛是布兰迪斯大学新聘的教授。我们走进教室时，马斯洛正在从心理学角度阐述种族和民族偏见。
>
> 我听后震惊万分，他提出的问题不就是年前困扰我的那些难题吗？那时我坐在里维尔的马路边上，擦着流血的鼻子，不明白为什么这些爱尔兰天主教徒如此痛恨犹太人。偏见从何而来？是与生俱来的，还是后天习得的？若和自己讨厌的群体中的成员有过愉快的交往经历，

[1] 阿伦森.（2012）. 绝非偶然：社会心理学家阿伦森自传. 沈捷，译. 杭州：浙江人民出版社.

是不是会改变这种偏见？抑或持有偏见者只是把这种经历当作例外而不予重视？此刻我才知道原来有一门学科能解决我的这些困惑。我着迷了，放开身边女孩的手，开始记笔记。那一刻，我失去了女孩，却找到了天堂。第二天我就转到心理学系了。

的确，一个非心理学专业的学生后来能够成为著名的社会心理学家绝非偶然。如果没有与这个迷人的女孩交往，阿伦森会去听“心理学导论”这门课吗？如果没有遇到马斯洛，阿伦森会走进“心理学天堂”吗？从阿伦森的作品中，我能够看到具体的人际关系的偶然与必然，能够感受到人际关系的重要影响和巨大力量。我们每个人都处于一定的人际关系之中，有的是主动，有的是被动；有的人交往的人多，有的人交往的人少；有的人觉得幸运，感念有贵人相助；有的人遭人嫌弃，因为缺乏人际吸引。如何理解人与人的关系？如何解决人际困扰？如何解释人际交往中的认知失调？如何让自己成为受人喜爱的人？这些现实问题，在阿伦森的心理学实验中、在阿伦森的思想理论里都可以找到一定的答案。这一本书，正是希望通过系统介绍阿伦森的人生历程，通过他的经典论文、代表性著作解读、案例分析，来理解阿伦森的人际关系理论和他的核心社会心理学思想。我努力了，也由此而受益匪浅，同时希望关注阿伦森的心理学同行和读者们能够因为我的努力而有所收获。

当然，我也很清楚，写出一本关于阿伦森的好书似乎是不可能完成的任务，因为阿伦森是公认的“写作高手”和“教学名师”。我们都领略了他用讲故事的笔法将心理学的理论和方法娓娓道来的个中意味，他的每一本著作都好读易懂，堪称经典，让人爱不释手。然而，由于本人水平所限，这本书还有很多不尽如人意之处，如果阿伦森有机会看到也许不一定满意，但是我想，阿伦森教授一定不会责备我，而且肯定会鼓励我。想到这一点，我内心的不安就缓解了许多。同时，阅读阿伦森的作品，研究阿伦森的理论，写出阿伦森的人际关系思想，在这一过程中，阿伦森以一名普通的学生成长为伟大的心理学家的故事，也一直激励着我。阿伦森曾说，社会心理学就是那些自称为社会心理学家的人所弄出来的那些知识，不同的社会心理学家对于社会心理学的理解各有不同。循着阿伦森的这一观点，如果本书关于阿伦森的人际关系心理学思想述评与读者的理解有所不同，应该属于正常的情况。因此，我真诚欢迎大家对这本书提出宝贵的意见。

作为当代最杰出的社会心理学家之一，阿伦森丰富精彩的人生以及对心理学的卓越贡献，是社会心理学的巨大精神财富，对我的学术和人生有一种心灵共鸣的美妙启迪。他是一位兼具科学理性和人文情怀的社会心理学家，他的思想来自于社会生活，同时应用于社会生活；他从解决现实问题的角度出发开展研究，从人们身边发生的事情阐发深奥的理论，使接触到他作品的读者不仅能够领略一门学问严谨科学的魅力，同时也深深浸润在希望以科学使世界更美好的人文关怀之中。

阿伦森在自传《绝非偶然》中这样写道："人生犹如过山车，无论上下起伏还是骤然扭转，都只是过山车行驶中的一部分。我们之所以无法享受所有的路程，是因为只等待某一刻的到来，如果非要我选择最喜欢哪一段，我会说：此时此刻。"同样，我坚信，坚持科学精神的引领，坚持理解社会和服务人民，保持对社会心理学事业的热爱与专注，把握美好的每一段此时此刻，也是我们这些"社会中人"在新时代应该有的心态、责任与使命。

阿伦森说，他幸运地遇到了卓越的导师，包括本科生导师马斯洛、硕士生导师麦克莱兰、博士生导师费斯廷格。而作为学生的阿伦森后来的成就丝毫不逊于他的几位导师。我要说的是，我也幸运地遇到了好的团队和好的学生。本书凝聚着华中师范大学心理学院社会心理学团队的共同心智，也是我们师生共同努力研究的成果。温芳芳老师不仅承担了本书写作的组织协调与部分文章的翻译工作，而且帮我分担了许多学术研究、学会及社会服务事务。我们的研究生孙山、吴漾、严磊、刘珂、宋静静、代涛涛、谭潇、魏谨、谢志杰、赵苗苗、谭开桦、吴月鹏、朱雯琪、冯珂、王苗、戴月娥、刘国琪、叶姝槿、游之悦、张天然、刘晨、蔡馥、李娜、潘文静、高佳、王阳、张业丹、何赛飞、王雅菲、朱佳佳、杨珂等协助收集资料和校对文字，特别是孙山、严磊、吴漾和代涛涛等博士生做了大量文字整理工作。张晓斌、温芳芳、张翔、卢柳颖、崔京月等参与了阿伦森论文的翻译。丛书主编俞国良教授为我撰写本书提供了机会并在编写过程中给予了具体指导。人民教育出版社有关编辑同志为这本书的编辑出版付出了辛勤劳动。在此，我对他们一并表示衷心的感谢。

人际关系是一种复杂的社会心理现象，也绝不是一个简单的研究课题。随着科学技术特别是网络信息技术与人工智能的发展，使用新的技术和工具也许可以解决阿伦森在以往研究中遇到的许多问题；社会经济文化发展与新兴技术带来的人际关系变化也会对原有的人际关系理论产生冲击；改革开放以来，传承中华传统美德与勇于开拓创新的当代中国人的社会心理与行为方式与阿伦森所研究的美国社会和时代也大不相同。阿伦森的人际关系思想，也会被我们这些“一直在路上”的社会心理学者所继承和超越。

佐 斌

2019年4月12日